MO.CO. HÔTEL DES COLLECTIONS

Collection Cranford : les années 2000
Cranford Collection: the 2000s

MO.CO.MONTPELLIER CONTEMPORAIN
SilvanaEditoriale

Introduction

L'an 2000 fut tellement attendu, redouté, mythifié... Une date trop parfaite, un chiffre trop rond. Le début du nouveau millénaire fut, on l'oublie trop souvent, également celui d'une décennie nouvelle, aux contours flous, qui semble n'avoir pas encore pris fin. A-t-elle d'ailleurs commencé en 2000 ou en 2001 ? La puissance des chiffres brouille ici nos repères calendaires.

Décennie sans fin donc, et qu'on ne sait ni comment nommer, ni réellement identifier, les années 2000 ou 00 sont indissociables d'un événement qui leur a donné une tonalité spectaculaire, grandiose et sinistre : le 11 septembre 2001, la chute des Twin Towers. Celle du mur de Berlin, à la fin 1989, donna aux années 1990 une allure d'illimité, les frontières s'ouvrant alors sur un monde redevenu global et utopique, sur la « fin de l'Histoire », croyait-on. À l'inverse, l'explosion du World Trade Center marqua le début de la reconstruction des murs, de la réhabilitation des communautarismes et des scissions — une séquence hélas toujours en cours. Chacun sait, spontanément, ce qu'ont été les années 1970, 1980 ou 1990 : nous avons des images en tête, des styles à reproduire, des modes et des goûts à se remémorer. Mais plus de dix ans après, qui pourrait définir les années 2000 sans les inclure dans un présent infini dont nous échouons à nous extraire mentalement ? Pourtant, chaque période de l'histoire, même si la « décennie » est un mode de classement des plus arbitraires, possède ses caractéristiques esthétiques propres, son ambiance visuelle et mentale. Est-ce un effet de la sidération qui a fait des années 2000 cette rivière temporelle toujours en crue ? Est-ce parce qu'elles ouvrent sur un événement inouï, qui va redessiner les frontières et les mentalités ? Dix ans plus tard, c'est une artiste, Ghada Amer, qui pourrait bien avoir eu l'intuition la plus juste : « Je commence à croire que ce que j'ai vécu en Égypte », disait-elle, « est en train de se passer en Occident. Depuis le 11 Septembre 2001, je constate, partout dans le monde, une affirmation du conservatisme ». Ouvrant sur un traumatisme mondial, les années 2000 se sont déroulées sous l'égide de ce « choc des civilisations » diagnostiqué par Samuel Huntington. Un clivage entre la globalisation et le fondamentalisme succède alors au clivage purement politique qui régissait, depuis 1917, le siècle précédent. Parallèlement, c'est une mutation civilisationnelle qui s'est déployée, sans équivalent depuis la révolution industrielle. Le tout-numérique, la massification des communications par l'entremise des réseaux sociaux et des smartphones, ont produit une nouvelle société. Et ils ont également facilité la prise de conscience d'un changement irréversible : le terme d'*Anthropocène*, qui date de 2001, a permis de mettre un mot sur des mutations climatiques de plus en plus sensibles.

C'est à partir de ce nœud de contradictions et de ces spectaculaires changements que le monde de l'art a opéré ses propres transformations, qui ont convergé vers une réelle industrialisation de ses méthodes et de son marché. Des chaînes de galeries internationales ont apparu (Gagosian, Hauser & Wirth, David Zwirner...), et une génération de collectionneurs moins portés sur leurs obsessions personnelles. Auparavant, les galeristes faisaient se rencontrer des collectionneurs et des œuvres qui les interpellaient et questionnaient leurs goûts, ce seront désormais, souvent, des *advisors* qui orientent des achats. Mais au-delà des cotes et des valeurs sûres, que peuvent-ils/elles capter de ce qui émerge ? L'émergence, ce fut le grand thème du Palais de Tokyo inauguré en 2002, dans un Paris alors si en retard qu'il laissait aux grands centres d'art régionaux le rôle de défricheurs.

C'est aussi l'ère pendant laquelle « l'esthétique a basculé dans l'éthique », pour reprendre la formule (prophétique) de Pierre Restany. À ceci près que le critique d'art, qui disparaît en 2003, pensait à l'éthique personnelle des artistes davantage qu'à la morale commune. Toujours est-il que cette décennie fut la première à largement penser en termes d'équilibres et de quotas, et considérer l'art comme un espace de *représentation* communautaire, de prises de parole minoritaires. La documenta de 2002, dont le *curator* était Okwui Enwezor, fut ainsi dominée par le médium privilégié du recueil de la parole : la vidéo. Cette exposition marqua l'essor du format *documentaire* dans l'art, de Shirin Neshat à Phil Collins. Les biennales de la décennie 2000 ont été marquées par la domination de la photographie et de la vidéo documentaire, qu'il s'agisse d'entretiens avec des individus ou de reportages plus ou moins formalisés. Cet engouement pour le document rapporté témoignait à la fois d'un engagement politique, d'une conception « réaliste » de l'art, et de l'ambition des artistes de relayer, dans l'espace de l'exposition, le grand projet du cinéma des années 1950-1960 : donner des nouvelles du monde. Cette entreprise d'arpentage de la planète, pour en ramener les pièces à conviction de la globalisation en marche, s'articula aux théories postcoloniales, qui furent l'une des plus puissantes matrices conceptuelles des années 2000.

Cette décennie interminable, comme sidérée par un *trauma*, vit surgir la plupart des thèmes qui nous préoccupent encore aujourd'hui. Mais notre vision de cette époque serait-elle si nette si l'on ne pouvait aujourd'hui compter sur le tamisage patient et attentif effectué par certaines grandes collections ? Ce qui s'avère remarquable avec la collection Cranford, c'est qu'elle a pris la liberté de se tenir à l'écart de ces thématiques dominantes, pour affirmer, au-delà des modes de l'époque, la persistance de pensées formelles tout aussi intenses que singulières. L'esprit du temps n'est pas forcément réductible à son bruit de fond. L'excellence de la Collection Cranford, au-delà de la qualité des œuvres qu'elle rassemble, tient à ce qu'elle met en rapport de grands artistes en dehors de toute préoccupation de « tendances » ou de familles artistiques. C'est ce regard d'altitude qui nous permet aujourd'hui de présenter une rétrospective des années 2000 où se côtoient des artistes déjà légendaires à l'époque et ceux/celles qui y émergent. Comme une exposition sur les années 1920 qui confronterait le Monet des *Nymphéas* et le jeune Miró... Ici, c'est Louise Bourgeois qui éclaire Sarah Lucas, Wolfgang Tillmans qui prolonge Sigmar Polke. La richesse de la Collection Cranford nous permet d'examiner les années 2000 extirpées de leur bain idéologique, de leur contexte immédiat. Restent des chefs-d'oeuvre, pour la mise à disposition desquels je tiens à remercier Muriel et Freddy Salem, ainsi qu'Anne Pontegnie, dont le regard exigeant les accompagne pour se diriger dans le brouillard du présent.

Nicolas Bourriaud
Directeur Général du MO.CO.

Introduction

The year 2000 was so eagerly expected, feared, mythologized... The date was too perfect, the number too round. We tend to forget that the beginning of the new millennium was also the start of a new, ill-defined, seemingly never-ending decade. Did it, in fact, start in 2000 or 2001? The power of numbers unsettles our timeline.

A never-ending decade we don't know what to call, and cannot even identify, the 2000s or '00s are inseparable from the event that gave them a spectacular, grandiose and sinister tone: September 11, 2001, the fall of the Twin Towers. In late 1989, the fall of the Berlin Wall had given the 1990s a sense of boundless possibility, of borders opening onto a globalized, utopian world; "the end of History", we thought. Conversely, with the explosion of the World Trade Center, walls were rebuilt, communitarianism and scissions rehabilitated – a sequence which, sadly, is still ongoing. Everyone spontaneously knows what the 1970s, 1980s or 1990s were about: we have images in mind, styles to reproduce, fashions and tastes to remember. But more than ten years later, who could define the 2000s without including them within an infinite present from which we cannot mentally extricate ourselves? Yet each period in history, even though "decade" is a very arbitrary classification mode, is endowed with its own aesthetic characteristics, its visual and mental climate. Was it our state of shock that turned the 2000s into this ever-flooding temporal river? Is it because they started with an unprecedented event that redesigned borders and mentalities? Ten years later, it was an artist, Ghada Amer, who might have had the most truthful insight: "I'm starting to believe that what I experienced in Egypt", she said, "is now happening in the West. Since September 11, 2001, everywhere in the world, I see the assertion of conservatism". The 2000s began with a global trauma and unfolded with the "shock of civilizations" diagnosed by Samuel Huntington. A divide between globalization and fundamentalism succeeded to the purely political divide that had driven the preceding century since 1917. At the same time, a civilizational mutation took place, unparalleled since the Industrial Revolution. The all-digital era, the massification of communication via social networks and smartphones, have produced a new kind of society. And they have also helped to promote awareness of an irreversible change: the term *Anthropocene*, coined in 2001, put a word to the increasingly tangible climate changes.

The transformations undergone by the art world arose from this knot of contradictions and spectacular changes, converging towards a genuine industrialization of its methods and market. Chains of international galleries appeared (Gagosian, Hauser & Wirth, David Zwirner...), along with a generation of collectors less driven by personal obsessions. While gallery owners used to show collectors pieces that spoke to them and challenged their tastes, today, advisors guide their choices. But beyond valuations and safe investments, can they really sense what is emerging? Emergence was the overarching theme of the Palais de Tokyo, inaugurated in 2002, at a time when Paris lagged so far behind that it let major regional arts centres act as trailblazers.

This period also saw "a shift from aesthetics to ethics", to quote Pierre Restany's (prophetic) formula. Except that the art critic, who passed away in 2003, was thinking about the personal ethics of artists rather than common morals. The fact remains that this decade was the first to think in terms of balance and quotas, and to consider art as a space for community *representation* and the voices of minorities. The 2002 documenta, curated by Okwui Enwezor, was dominated by the choicest medium for collecting these voices: video. The exhibition marked the rise of the *documentary* format in art, from Shirin Neshat to Phil Collins. The biennials of the 2000s were marked by the domination of documentary photography and video, whether as conversations with individuals, or in the form of reportage. This enthusiasm for documentary reports reflected artists' political engagement, a "realistic" conception of art, and their ambition of taking over, within the exhibition space, the major project of the cinema in the 1950s and '60s: to bring news of the world. This endeavour to survey the planet, in order to bring back evidence of globalisation in motion, was grounded in postcolonial theory, were the most potent conceptual matrices of the 2000s.

This unending decade, stunned by a trauma, saw the emergence of most of the themes that concern us today. But would our vision of this era be so clear if we couldn't count today on the patient and thoughtful sifting achieved by certain major collections? What is remarkable about the Cranford Collection is that it took the liberty to step aside from overarching themes to assert, beyond the fashions of the time, the persistence of formal approaches that were as intense as they were singular. The zeitgeist cannot necessarily be summed up by its background noise. The excellence of the Cranford Collection, beyond the quality of the works it brings together, lies in the fact that it connects great artists without concerning itself with trends or artistic families. It is this bird's-eye view that allows us today to present a retrospective of the 2000s that sees artists who were already legends at the time alongside those who were just emerging then. As if an exhibition on the 1920s confronted Monet's *Water Lilies* with a young Miró... Here, it is Louise Bourgeois who sheds light on Sarah Lucas, Wolfgang Tillmans who prolongs Sigmar Polke. The richness of the Cranford Collection allows us to examine the 2000s, extracted from their ideological bath, their immediate context. What remains are masterpieces, and I wish to thank Muriel and Freddy Salem for putting them at our disposal, as well as Anne Pontegnie, whose keen eye guided them here through the fog of the present.

Nicolas Bourriaud
Chief Executive Officer of MO.CO.

Entretien avec Muriel et Freddy Salem

Vincent Honoré

D'où vient le nom de la collection ?

Muriel Salem : Il s'agit d'un choix à la fois administratif et de principe. Nous n'avons jamais voulu associer notre nom à la collection, et ce afin d'introduire une distance et garantir ainsi une ouverture et une neutralité qui nous paraissaient souhaitables si nous voulions partager nos choix.

Quelle est la première œuvre que vous avez acquise ?

MS : Notre première acquisition a été *Now I've Got Real Worry (Storage Unit)* de Martin Boyce, découvert à la Jerwood Gallery de Londres en 2000. Avant de nous lancer, nous avons entrepris un important travail de recherche en visitant les musées, les *project spaces* et les galeries. L'œuvre de Martin Boyce se distinguait de tout ce que nous connaissions auparavant ; ce n'était pas une sculpture mais la réinterprétation d'un meuble des Eames, un geste très novateur et intrigant. Plus tard, nous sommes devenus amis avec le Modern Institute, la galerie de Martin Boyce à Glasgow, et nous avons acquis d'autres de ses œuvres.

Avez-vous vécu avec cette pièce ? Est-elle toujours présente au sein de la collection ?

MS : Oui, nous avons vécu avec elle un certain temps bien que nous ne l'ayons installée que plus tard. Martin Boyce est un artiste que nous avons suivi par la suite, notamment en soutenant son exposition *No Reflections* au pavillon écossais lors de la 53ème Biennale de Venise en 2009.

Aviez-vous l'ambition de commencer une collection dès vos premières acquisitions ?

MS : Ce souhait était présent dès le départ, même si nous n'avions pas idée du genre de collection que nous voulions, ni ce qu'elle deviendrait. Vous dites « collection » mais il s'agissait plutôt pour moi de développer une « histoire », ce qui explique pourquoi nous avions dès le début sollicité Andrew Renton comme *curator* : c'était vraiment un travail d'équipe. Il nous a aidés à interpréter les œuvres, nous a guidés et éduqués à l'art le plus contemporain.

Freddy Salem : À cette époque, nous avions une ambition sans vision très claire. Andrew a inauguré ce processus d'éducation en nous expliquant qu'on pouvait constituer une collection, qu'il y avait des groupes d'artistes, des œuvres qu'il fallait essayer de comprendre et avec lesquelles il nous a aidés à nous familiariser.

Deux dynamiques semblent motiver la collection à ses débuts : d'une part, la volonté d'apprendre – vous avez parlé de la collection comme d'un outil de savoir, de connaissance et d'apprentissage – et, d'autre part, la question de l'inscription dans un territoire avec Andrew Renton, *curator* et enseignant à Londres, et Martin Boyce, artiste écossais.

MS : Absolument, c'était une façon de s'intégrer, d'appartenir, de comprendre une culture et d'en faire partie.

Martin Boyce, en 1999, est un jeune artiste. La collection était-elle davantage portée sur l'émergence ?

MS : Tout à fait. Pendant les cinq ou six premières années, nous nous sommes investis exclusivement dans la scène anglaise émergente en acquérant les premières œuvres de Rebecca Warren ou des photos de Sarah Lucas. Nous nous sommes également intéressés à la peinture, je pense aux *Gloss Paintings* de Gary Hume ou aux tableaux de Glenn Brown.

Ce qui explique cette importante présence d'artistes britanniques dans la collection qui, depuis, s'est diversifiée puisque vous êtes allés explorer d'autres territoires.

MS : Oui, c'est tout à fait normal. Nous avons commencé localement et ensuite, les conversations avec les artistes et leurs galeristes nous ont introduits à la scène allemande. En réalité, toute cette génération d'artistes anglais ne regardait que vers l'Allemagne.

FS : Ce qui nous a amenés à cette grande découverte : l'œuvre de Martin Kippenberger !

À quel moment Kippenberger a-t-il fait irruption dans la collection ?

MS : Kippenberger était là depuis le début, c'est un artiste complexe. Son travail exige du temps pour le comprendre. Un de nos regrets est de ne pas avoir choisi différemment les œuvres de Kippenberger, parce qu'à l'époque nous aurions pu avoir accès à d'autres pièces encore plus importantes. Il faut parfois un peu de temps avant de bien saisir l'œuvre d'un artiste, surtout quand celle-ci est aussi complexe que celle de Kippenberger.

Au début des années 2000, le marché de l'art n'est pas celui d'aujourd'hui. Entre 2000 et 2008 à Londres, beaucoup de collectionneurs ouvrent des fondations : Parasol Unit, Zabludowicz Collection, David Roberts Art Foundation. C'est un moment d'émulation parmi les collectionneurs attirés par les artistes émergents, qui visitent les ateliers, les *graduation shows*… Après 2008, s'opère un changement un peu brutal, marqué par la crise économique, où la plupart des collectionneurs se tournent davantage vers des artistes plus confirmés.

MS : Je ne crois pas qu'on y ait vraiment réfléchi en ces termes. Notre évolution a été plus organique : partir de ce qui était proche de nous pour progressivement s'ouvrir vers le monde, par des connexions humaines et esthétiques. C'est une aventure dans laquelle nous sommes toujours engagés vingt ans plus tard.

À partir d'un certain moment, les collections parfois nous échappent, parce qu'elles se collectionnent elles-mêmes, nous obligent à avoir des réserves pour conserver les œuvres…

MS : … et les problèmes commencent ! Dès lors, on prend conscience de l'autre aspect de la collection : la responsabilité. Ce n'est plus un caprice, c'est un engagement.

Vingt ans plus tard, la collection existe encore et vous êtes toujours actifs. On peut la penser comme un paysage : elle ne se complète jamais, elle s'étend ou se résorbe, elle vit au rythme des acquisitions. Depuis quelques années, il semble que vous explorez de nouveaux territoires en allant vers des pièces plus historiques et vers des femmes artistes comme Marisa Merz ou Alice Neel.

MS : Nous avons toujours fonctionné de cette manière. On prend un sujet qui nous intéresse, on l'analyse, on le creuse, on s'engage. Quand on nous demande s'il y a un fil conducteur à cette collection, je tendrais plutôt à dire que non. Il y a une cohérence qui tient à notre évolution personnelle autant qu'à un apprentissage continu.

Quel est votre chef-d'œuvre ?

MS : Ah, *le* chef-d'œuvre ? Le quadriptyque de Polke que vous allez exposer est quand même un de nos grands coups de cœur. Nous l'avons attendu longtemps. On parlait de Polke, on guettait l'occasion d'en acquérir un, et un jour…

FS : Un jour nous recevons un appel de Michael Werner, son galeriste, qui nous informe qu'il va présenter quatre Polke à Miami.

MS : Il nous dit que Polke l'a contacté et qu'il veut absolument sortir ces quatre toiles de son atelier. Je ne pensais même pas aller à la foire de Miami mais j'ai décidé que, pour un Polke, cela valait la peine. En vingt-quatre heures, nous avons pris nos billets, nous sommes arrivés à Miami, les œuvres nous ont été présentées, et nous avons dit : « oui ».

FS : On ne pouvait pas résister !

Ce sont des acquisitions qui peuvent paraître spontanées mais qui ne le sont pas en réalité ?

FS : On attendait le moment...

MS : On ne savait pas si le moment allait se présenter. En fait, on ne sait jamais ce à quoi on va pouvoir accéder. On a des désirs et puis la vie décide.

D'autres œuvres de peintres allemands de la même génération sont présentes dans la collection, les trois Albert Oehlen, par exemple, montrées dans l'exposition. Avez-vous fait l'acquisition de ces tableaux à la même période ou plus tard ?

MS : Oui, au même moment. Nous avons commencé avec Kippenberger. Nous avons acheté de nombreuses œuvres lors de ventes aux enchères. Des galeristes comme Gisela Capitain, Max Hetzler ou Bärbel Grässlin nous ont aussi guidés. J'ai eu le privilège de passer une journée avec Richter dans son atelier, toute seule, assise sur une chaise pendant qu'il peignait ses *Cage Paintings.* Cela a été un moment incroyable. Je ne réalisais pas, à l'époque, la chance que j'avais de vivre ces instants privilégiés.

La collection est aussi une série de rencontres avec les artistes ?

MS : Oui, mais moins pour nous que pour d'autres collectionneurs. Je reste assez timide et réservée avec les artistes. Je crois que je les place sur un piédestal, j'ai un profond respect pour eux. À moins d'y être invitée, l'atelier d'artiste est pour moi un endroit très intime. Je trouve un peu indécent de la part des collectionneurs de toujours vouloir y pénétrer. Je suis peut-être un peu *old-fashioned* à ce sujet. Cependant, on a quand même eu des moments assez étonnants dans des ateliers d'artistes. Par exemple, nous avons toujours apprécié Charles Ray, et passer une journée avec lui et sa femme nous a vraiment permis d'aller plus loin dans la compréhension de son travail. Il a fallu signer un accord de confidentialité à l'arrivée, on s'est alors rendu compte que nous étions entré dans une sorte de sanctuaire privé. Nous devions y passer une petite demi-heure et finalement on y est resté la journée ; c'est devenu une toute autre expérience.

Plusieurs artistes réapparaissent dans la collection au fil des années, notamment Karen Kilimnik, Raymond Pettibon ou Lali Chetwynd. Suivez-vous systématiquement l'évolution des artistes que vous collectionnez ?

MS : Oui, c'est important. Parfois, on dévie légèrement puisqu'on se retrouve dans une autre histoire, mais on y revient. C'est comme les relations humaines qui évoluent et changent avec le temps, deviennent plus intenses, plus significatives.

Pour cette exposition, nous avons décidé d'explorer les années 2000 à travers les œuvres de votre collection. Un choix qui entre en résonance avec l'histoire de la collection puisqu'elle est initiée en 1999. Nous allons créer une genèse en montrant les œuvres selon leur année de création, ce qui va provoquer

des rapports formels et conceptuels parfois évidents, parfois moins entre les œuvres. Un Louise Bourgeois qui rencontre un Sarah Lucas. Un Sarah Lucas qui rencontre un Franz West – ils étaient très amis par ailleurs. Des Christopher Wool avec des Josh Smith, un grand tableau d'Albert Oehlen face à une petite toile d'Edward Ruscha, etc. Quelle a été votre réaction quand nous vous avons proposé de nous concentrer sur les années 2000 ?

MS : Il est vrai que nous étions très actifs dans les années 2000, et à l'écoute. À Londres, il y avait Maureen Paley qui représente Wolfgang Tillmans, Sadie Coles, White Cube… On se repérait aussi grâce aux galeristes avec lesquels on avait des conversations soutenues.

FS : Je me souviens que tous les ans on retrouvait dans notre collection des œuvres d'au moins trois des quatre artistes qui étaient nommés pour le Turner Prize[1]. Nous étions vraiment très en phase avec l'actualité artistique.

Vous est-il arrivé de commander des pièces directement à un artiste ?

FS : Cela tient à cœur de notre *curator*, Anne Pontegnie[2] qui a succédé à Andrew Renton en 2011. Nous sommes en train de construire un immeuble à Mayfair, juste à côté de la galerie Gagosian et j'avais envie d'y intégrer de l'art. Anne a pensé demander à Albert Oehlen d'y installer une œuvre. Cette commande s'est décidée de manière très informelle, lors d'un dîner où je lui ai parlé du projet. Il a proposé une mosaïque de 7,5 × 2,5 mètres qui intégrera cet immeuble qui sera achevé en février 2021. Nous sommes aussi en discussion avec Vivian Suter pour un projet dans la maison.

Vous vivez entourés par vos œuvres. D'ailleurs, dans l'exposition, il n'y a pas une œuvre avec laquelle vous n'avez pas vécu. La collection, si elle demeure exclusivement privée, est régulièrement présentée au public ?

MS : Chaque année, nous ouvrons la maison à l'occasion de Frieze[3] lors d'un petit-déjeuner. Cette idée nous a été proposée par Matthew Slotover, le cofondateur de Frieze, qui nous a convaincus. Il m'a posé la question : « Muriel, tu ne t'en rends pas compte mais vous êtes situés juste à l'entrée de Frieze. Tu nous as aidés pour la foire et pour Zoo[4], pourquoi n'ouvres-tu pas la maison ? ». Je lui ai répondu qu'il s'agissait d'une collection privée qui n'intéresserait personne. Ce à quoi il a répondu : « Non, tu seras étonnée, tout le monde a envie de venir voir l'intimité d'un collectionneur. Essaie ! ». On a commencé avec un accrochage un peu thématique et cela fait une quinzaine d'années maintenant que l'on poursuit l'invitation. Après les deux premières fois, nous avons décidé de renouveler l'accrochage tous les dix-huit mois, jouant au *curator* dans notre maison. C'est une façon de voir et de vivre avec les œuvres ; des œuvres qui ne sont plus seulement là pour nous mais pour être partagées. Pour mieux les comprendre, il faut passer du temps avec elles. Depuis que la maison a été réaménagée par David Chipperfield pour en faciliter l'accès, nous accueillons un public plus large. Par petits groupes, bien sûr, parce que c'est quand même l'endroit où l'on vit.

Nous avons décidé de changer un peu les modalités de ces visites, de cibler et de les ouvrir à un public différent afin de ne pas seulement prêcher à des convertis, sinon cela devient ennuyeux.

FS : Nous avons aussi accueilli plusieurs fois des artistes dans une petite maison située juste derrière la nôtre, qui sert de bureau avec trois chambres à coucher. On peut donc offrir une résidence aux artistes de passage à Londres.

MS : On collabore aussi avec le Camden Art Centre[5], une institution au nord de Londres qui est notre associé local. Sans ce soutien, ils n'étaient plus en mesure d'inviter des artistes étrangers au sein de leur programme d'atelier en résidence.

Comment abordez-vous l'accrochage des œuvres dans ce cadre domestique ? Y a-t-il certaines idées ou questions thématiques que vous souhaitez soulever à chaque fois ?

MS : Au tout début, quand nous travaillions avec Andrew, l'accrochage était pensé d'une manière thématique. Désormais, et depuis que Anne est à nos côtés, on s'autorise plus de libertés. Il faut vivre avec les œuvres. On commence donc souvent par les nouvelles acquisitions, en organisant l'installation en fonction d'elles et de la maison.

Certaines œuvres restent-elles plusieurs années, d'accrochage en accrochage, ou renouvelez-vous systématiquement tout ?

MS : Nous avions l'habitude de changer toutes les œuvres, mais depuis quelques années il arrive que certaines restent accrochées plus longtemps, parce qu'elles ont trouvé leur place ou qu'on n'arrive pas à s'en séparer. Par exemple, j'ai récemment décidé de déplacer une magnifique peinture de Frank Bowling d'une pièce à une autre pour pouvoir encore en profiter. Certaines œuvres reviennent souvent et nous manquent quand elles sont absentes trop longtemps. Elles finissent par constituer une certaine *essence de la collection.* Je ne crois pas que nous puissions vivre sans une œuvre de Christopher Wool ou d'Albert Oehlen, dont un certain nombre de leurs tableaux ont d'ailleurs été retenus pour l'exposition.

Qu'est-ce que cela vous apporte d'ouvrir votre maison ?

MS : Les visiteurs apportent un regard différent, une autre perspective, une autre histoire. Chacun a son interprétation, ses affinités.

L'autre manière de donner à voir la collection réside dans les prêts que vous faites aux institutions. Les œuvres sont toujours en circulation.

MS : Nous sommes bien sûr flattés de prêter à de grands musées ainsi qu'à de plus petites structures. C'est la raison d'être de la collection, sinon à quoi sert-elle ? Les œuvres doivent rester disponibles pour les artistes et le public.

Avez-vous pensé à ouvrir un lieu davantage accessible, comme une fondation ?

MS : Au départ oui, parce qu'on est plus inconscient quand on est jeune. Mais, surtout dans une ville comme Londres, plus j'avance en âge, plus je me dis qu'ouvrir une fondation est un exercice pour des ego plus grands que le mien.

Vous dites que votre collection a une responsabilité publique. À quel moment la décision de la rendre accessible, tout en restant dans l'espace privé, a-t-elle été prise ?

MS : On s'est rendu compte en ouvrant régulièrement cette maison à des groupes que cela était faisable. J'ai omis de vous dire que la collection que j'admire et qui a eu la plus grande influence sur moi est la collection Hoffmann[6], que j'ai découverte à Berlin lors d'une visite dans les années 1990 et dans laquelle j'ai puisé mon inspiration. Tout ce qui me plaisait était là, chez ce couple. Par exemple, je me souviens encore des œuvres d'Ernesto Neto qui envahissaient l'espace.

FS : La seule contrainte est la question de la sécurité, sans laquelle on ouvrirait beaucoup plus souvent au public qu'on ne le fait maintenant.

MS : Donc il est tout à fait possible d'avoir une collection privée et en même temps...

FS : ... accessible et publique.

Concernant la question de la responsabilité publique, il y a les prêts, mais il y a aussi votre rôle auprès des institutions. Avez-vous déjà procédé à des donations d'œuvres ?

MS : Cela s'est produit récemment avec Anne Pontegnie. Après avoir examiné la collection, nous nous sommes rendu compte que certaines œuvres ne pouvaient plus être montrées dans ce contexte domestique. Ainsi, nous avons souhaité les donner à des organismes qui ont trop peu de moyens pour leurs acquisitions. La Contemporary Arts Society (CAS)[7] et sa directrice Caroline Douglas nous ont aidés à structurer le don d'une douzaine d'œuvres d'artistes britanniques et étrangers à plusieurs institutions régionales du Royaume-Uni.

S'agit-il d'un accomplissement pour vous ? Commencer en 1999 par l'acquisition d'œuvres d'artistes britanniques pour s'inscrire dans un territoire, et vingt ans plus tard, voir ces créations intégrer des collections inaliénables et publiques, est-ce un geste important?

MS : Petit à petit... en continuant à faire les choses pour les bonnes raisons, avec la bonne vision, un jour tout s'aligne.

Avez-vous déjà présenté des œuvres de votre collection en dehors de votre maison londonienne ?

MS : Oui en 2013, à la Fundación Banco Santander à Madrid. D'ailleurs le titre de l'exposition était explicite : *Cranford Collection. Out of the House* ! Cette exposition se concentrait sur les artistes britanniques et allemands de la collection, en réponse à une invitation de la banque Santander qui expose régulièrement des collections privées internationales dans leur Fondation. Ils ont été très généreux, sans aucune restriction. L'exposition a eu lieu pendant ARCO[8], il y a donc eu des interactions avec le Prado, la Reina Sofía et beaucoup d'autres collectionneurs. Cette expérience madrilène nous a prouvé que la collection pouvait assumer d'être présentée dans un cadre institutionnel.

L'exposition au MO.CO. est donc la deuxième fois où la collection sera montrée au public ?

MS : Oui, et je suis très contente du contexte, d'exposer dans une cité universitaire, au sein de votre concept exceptionnel qui associe éducation – avec l'école des beaux-arts – et pratique – avec les lieux d'exposition. Je crois que vous allez nous apprendre des choses.

Quel futur envisagez-vous pour la collection ?

MS : Nous avons souvent cette discussion. La collection devrait avoir suffisamment de fonds pour nous survivre encore au moins deux ou trois générations. Tout dépendra de la sensibilité de celle qui arrive.

FS : On continue d'échanger avec Anne Pontegnie sur la direction à prendre maintenant, sur ce qui reste à faire et ce qui se passe autour de nous.

Quel est le dernier artiste à être entré dans la collection ?

MS : La dernière acquisition est un portrait de Lubaina Himid[9], une artiste que nous suivons depuis cinq ans mais pour laquelle nous attendions l'œuvre qui nous conviendrait pleinement. Elle incarne ce vers quoi nous nous orientons actuellement : des artistes trop longtemps sous-estimés par manque d'information mais aussi de curiosité, présents mais souffrant d'un manque de visibilité car peut-être ne cadrant pas avec les grands récits de l'époque. Aujourd'hui, les récits sont multiples, c'est passionnant.

C'est une collection qui est aussi une œuvre de patience… Attendre la pièce qui vous parle, qui vous correspond. Ce n'est pas une boulimie.

FS : En effet, on n'achète pas des noms mais des œuvres.

MS : Nous étions avides au début, cela nous a permis de constituer une collection. Maintenant les choix sont moins capricieux, plus réfléchis. Le féminisme, la diaspora, le rapport à la nature sont des thèmes qui ont fait leur apparition dans notre manière de regarder l'art.

Avez-vous des regrets ?

MS : J'aurais aimé avoir un grand portrait de Kippenberger.

FS : Un autoportrait.

MS : Ce qui nous manque ? Deux directions : Francis Bacon et Agnes Martin.

1 Récompense annuelle décernée à un artiste contemporain. Le Turner Prize est organisé par la Tate Britain à Londres depuis 1984.

2 Commissaire d'exposition et critique d'art, Anne Pontegnie gère la collection Cranford.

3 Foire londonienne d'art contemporain fondée en 2003 par les créateurs de la revue *Frieze*.

4 Zoo Art Fair présentait l'art britannique contemporain nouveau et innovant. Basée à Londres, elle a perdu de sa vitalité en raison de la concurrence avec Frieze et disparu en 2009.

5 Situé à Londres dans le quartier de Camden, le Camden Art Centre est une ancienne bibliothèque reconvertie en galerie d'art contemporain et résidence d'artistes.

6 Collection réunie par Erika Hoffmann et son défunt mari, que l'on peut visiter chez eux, dans une ancienne fabrique de Mitte à Berlin.

7 La Société d'art contemporain est une organisation fondée pour encourager la sensibilisation et l'appréciation de l'art contemporain au Royaume-Uni.

8 Foire d'art contemporain de Madrid.

9 Artiste britannique et tanzanienne, commissaire d'exposition et enseignante à l'université du Lancashire central. Elle reçoit le Turner Prize en 2017.

In Conversation with Muriel and Freddy Salem

Vincent Honoré

Where does the collection's name come from?

Muriel Salem: It was a decision that was, simultaneously, administrative and based on a principle. We never wanted to have our name associated with the collection in order to maintain a distance, and thereby to guarantee the openness and the neutrality that we feel are necessary if we wish to share our choices.

What is the first work that you acquired?

MS: Our first acquisition was Martin Boyce's *Now I've Got Real Worry (Storage Unit)*, who we discovered at the Jerwood Gallery in London in 2000. Before we began acquiring artworks, we undertook significant research by visiting museums, project spaces and galleries. Martin Boyce's work was different from anything I had seen before; it wasn't a sculpture but a reinterpretation of an Eames piece of furniture – a very innovative and intriguing gesture. Later, we became friends with Modern Institute, his gallery in Glasgow, and we bought other pieces by him.

Did you live with this piece? Is it still part of the collection?

MS: Yes, we did live with it for quite some time, although we didn't install it until much later. Martin Boyce is an artist whose work we continued to follow, notably by supporting his exhibition *No Reflections* in the Scottish Pavilion at the 53rd Venice Biennale in 2011.

Did you have an ambition to form a collection from your very first acquisitions?

MS: The desire existed since the beginning, even though we didn't know what kind of collection we wanted, nor what it would become. You say "collection", but for me, it was more about developing a "story" – which explains why, from the beginning, we asked Andrew Renton to work with us as a curator: it was really team work. He helped us interpret the pieces, guided us and educated us in the most contemporary art.

Freddy Salem: We had an ambition at the time, but we didn't have a precise vision. Andrew started educating us by explaining that we could create a collection, that there were groups of artists, artworks that we should try to understand, and he helped us become acquainted with them.

Two dynamics appear to motivate the collection in its early days: on the one hand, the will to learn – you talked about the collection as an instrument of knowledge, understanding and learning. And, on the other hand, the question of inscribing oneself in a territory with Andrew Renton, a curator and lecturer in London, and Martin Boyce, a Scottish artist.

MS: Absolutely, it was a way of integrating, of belonging, of understanding a culture and being part of it.

In 1999, Martin Boyce was a young artist. Did the collection specifically focus on emerging artists?

MS: It did. During the first five or six years, we only focused on emerging British artists, by acquiring Rebecca Warren's first artworks or Sarah Lucas' photographs. We were also interested in painting – I'm thinking of Gary Hume's *Gloss Paintings* and Glenn Brown's canvases.

That explains why there are so many British artists in the collection, which has, since then, diversified because you began exploring other territories.

MS: Yes, it is completely normal. We started locally and, subsequently, the conversations we were having with artists and their galleries introduced us to the German art scene. This whole generation of British artists was only looking towards Germany.

FS: And that led us to this big discovery: the work of Martin Kippenberger.

When did Kippenberger appear in the collection?

MS: Kippenberger was there since the beginning, but he is a complex artist. His work demands time in order to understand it. One of our regrets is not to have chosen Kippenberger's works differently, because at the time, we could have had access to other, even more important pieces. Sometimes, a bit of time is necessary to truly understand an artist's work, especially when it is as complex as Kippenberger's.

At the beginning of the 2000s, the art market was different from what it is today. Between 2000 and 2008, many collectors in London opened foundations: Parasol Unit, Zabludowicz Collection, David Roberts Art Foundation. This was a competitive period among collectors who were interested in emerging artists, who were visiting studios and graduation shows… After 2008, quite a drastic change took place, marked by the financial crisis, and which saw collectors turn their attention towards more established artists.

MS: I don't think we thought about it in these terms. We evolved and grew quite organically: we started from what was close to us and progressively opened up to the world through human and aesthetic connections. It is an adventure that we are still engaged in twenty years later.

After a certain while, collections can slip from our grasp – they begin collecting themselves, they force us to have storage in which to conserve artworks…

MS: … and that is when the problems begin! That is when you understand the other aspect of collecting: responsibility. It is no longer a whim, but a commitment.

Twenty years later, the collection still exists and you are still active. We could think of it in terms of a landscape: it is never complete, it grows or shrinks, it lives following the rhythm of acquisitions. In the last few years, it appears that you have been exploring new territories by acquiring more historical pieces and as well as work by women artists, such as Marisa Merz and Alice Neel.

MS: The truth is, the collection has always functioned in this manner. We take a subject matter that interests us, we analyse it, we look deeper into it, we commit ourselves to it. When we are asked if our collection is based around a common thread, I tend to say that there isn't one. There is a coherence that comes from our personal evolution as well as from constant learning.

What is your masterpiece?

MS: Ah, *the* masterpiece? Polke's quadriptych, which you will be exhibiting, is one of our firm favourites. We waited for a Polke for a long time. We talked about Polke, we were waiting for the opportunity to buy one of his works, and one day…

FS: One day, Michael Werner, who is Polke's gallerist, calls and informs us that he will show four Polkes in Miami.

MS: He tells us that Polke called him and that he absolutely wanted to have four paintings leave his studio. I wasn't even thinking about going to the Miami art fair, but I thought that for Polke, it was worth it. In 24 hours, we bought our tickets, arrived in Miami, were shown the works, and said "yes".

FS: We could not resist!

These acquisitions may appear spontaneous, but in actual fact they are not.

FS: We were waiting for the right moment...

MS: We didn't know if the right moment would ever present itself. In fact, we never know what we will have access to. We have desires, and afterwards life makes choices.

There are works by other German artists of the same generation in your collection, such as the three Albert Oehlen paintings presented in this exhibition. Did you buy the artworks at that same time as the Polke paintings, or were these acquisitions made at a later date?

MS: At the same time, yes. We started with Kippenberger. We bought many artworks at auctions. Gallerists such as Gisela Capitain, Max Hetzler and Barbel Grässlin also guided us. I was lucky enough to spend a day with Richter, in his studio, on my own, sitting on a chair while he was painting his *Cage Paintings*. It was an unbelievable moment. At the time, I did not realise how lucky I was to live such privileged moments.

The collection is also a series of encounters with artists?

MS: Yes, but less so than for other collectors. I am rather shy and reserved with artists. I think I place them on a pedestal; I have the deepest respect for them. Unless I'm invited in, the artist's studio is, for me, a very intimate place. It's a bit indecent for collectors to always want to enter them. I may be rather old-fashioned when it comes to this question. But we had some quite unexpected moments in artists' studios. We always loved Charles Ray very much, and spending an afternoon with him and his wife really allowed us to gain a deeper understanding of his work. When we arrived, we had to sign a confidentiality agreement; we were aware that we were about to enter a kind of private sanctuary. We were supposed to stay for half-an-hour but ended up staying the whole day, which became a wholly different experience.

Several artists, such as Karen Kilimnik, Raymond Pettibon and Monster Chetwynd appear throughout in the collection across the years. Do you follow closely the evolution of artists' practice whose works you collect?

MS: Yes, it is important. Sometimes, we deviate ever so slightly because we find ourselves in a different narrative, but we always return. It's like human relationships – they evolve and change over time, they become more intense, more meaningful.

In this exhibition, we decided to explore the 2000s through the artworks from your collection. This choice resonates with the collection's history, as it was initiated in 1999. We will create a genealogy by presenting the artworks according to the year in which they were produced. This will provoke formal and conceptual connections between the works, sometimes obvious, at other times, less so. Louise Bourgeois will meet Sarah Lucas. Sarah Lucas will encounter Franz West – they were close friends, by the way. Christopher Wools with Josh Smith; a large Albert Oehlen painting

opposite a small canvas by Edward Ruscha, and so on... What was your reaction when we proposed this particular focus on the 2000s?

MS: It is true that we were very active in the 2000s. We were attentive and in tune with what was happening. In London, there was Maureen Paley, who represents Wolfgang Tillmans, Sadie Coles, White Cube... We found our way thanks to gallerists, with whom we upheld sustained conversations.

FS: I remember that every single year, we would have works in our collection by at least three of the four artists nominated for the Turner Prize.[1] We were very much in tune with our time and the art scene.

Have you ever directly commissioned artworks from an artist?

FS: This is something that is very important to Anne Pontegnie, our curator who replaced Andrew Renton in 2011.[2] We are in the process of constructing a building in Mayfair, close to Gagosian, and I wanted to incorporate art into it. Anne thought of asking Albert Oehlen to install a work there. This commission came about in a very informal way, during a dinner in which I told him about the project. He proposed a 7.5 × 2.5-metre mosaic that will be featured on the building, which is due to be completed in February 2021. We are also in conversation with Vivian Suter for a project in our house.

You live surrounded by your artworks. Moreover, there is not a single work in the exhibition with which you have not lived. Although the collection remains private, it is nevertheless presented to the public on a regular basis?

MS: Each year, we open our house during Frieze, for a breakfast. This idea was first proposed to us by Matthew Slotover, the co-founder of Frieze,[3] who was also the one who convinced us. He asked me, "Muriel, you don't realise it but you are right next door to the entrance to Frieze. You helped us with the fair and with Zoo,[4] why don't you open the house?" I told him it was a private collection that would not interest anyone. And he answered, "No, you would be surprised, everybody wants to come and see the private life of a collector. You should try!" We started with a thematic hang, and it has now been 15 years that we have continued to accept the invitation. After the first two times, we decided to change the hang every 18 months, and we ended up curating our own house. It is a way of seeing and living with the artworks – pieces that are no longer there for our eyes only, but that are to be shared. In order to understand them better, it is necessary to spend time with them. After the house was redesigned by David Chipperfield to facilitate access to it, we have extended the public access. To small groups, of course, because this is still the place we live in.

We decided to change the format of these visits, to target and open the house to a different audience, so as to avoid simply preaching to the converted, otherwise, it becomes boring.

FS: We have also hosted several artists in a small house, just behind ours, that we use as an office and which has three bedrooms. In this way, we can offer a residency space to artists spending time in London.

MS: We collaborate with Camden Art Centre,[5] an institution in North London, and which is our local associate. Without our support, they would not be able to invite foreign artists to their residency programme.

How do you approach hanging your works in the domestic setting of your home? Are there specific ideas or questions that you focus on and address each time?

MS: At the beginning, when we were working with Andrew, there was always a thematic approach to the hang. Now, ever since we work with Anne, we allow ourselves more freedom. We live with the artworks, so we often begin with new acquisitions, and the rest of the hang is organised around them and the house.

Are there works that remain for several years through different hangs, or do you systematically change all the works every time?

MS: We used to change all the artworks, but over the last few years, we have occasionally kept some works for longer, because they have found their place or because we can't part with them. I recently asked for a gorgeous Frank Bowling to be moved from one room to another, for example, because I still wanted to enjoy it. Some works come back often; we miss them when they are away for too long. They end up constituting a certain *essence of the collection*. I don't think we could live without some pieces by Christopher Wool or Albert Oehlen, some of which are featured in the exhibition.

What does opening your house to the public offer you?

MS: Visitors bring with them a different way of looking, another point of view, another story. Everyone has his or her own interpretation, his or her own affinities.

Anoher way of showing the collection is by lending pieces to institutions. The artworks are always in circulation.

MS: We are always flattered to lend pieces to big museums as well as small institutions. This is why we created the collection – otherwise, what purpose does it have? The artworks must remain at the disposal of the public and the artists.

Have you ever thought of opening a more public space, like a foundation?

MS: We did, in the beginning, because when you are young, you are more rash. But the older I grow, the more I think that opening a foundation is for people who have a bigger ego than I do – especially in a city like London.

You said that your collection has a public responsibility. When did you decide to move from a domestic to a more public dimension of the collection – all the while remaining in a private space?

MS: When we started opening the house to groups of people, we realised it was possible to do so. I forgot to tell you that the collection I love the most, which had a tremendous influence on me, is the Hoffmann collection.[6] I discovered it in Berlin in the 1990s and I drew a lot of inspiration from it. Everything that I loved, I found it with this couple. I still remember the Ernesto Neto pieces that invaded the space, for example.

FS: The only constraint is security. Without it, we would open to the public more often.

MS: So, it is completely possible to have a private collection and at the same time...

FS: ... to have it public and easy to access.

Regarding the question of public responsibility: you lend pieces, but there is also your own role with respect to institutions. Have you ever made gifted artworks?

MS: We recently did so with Anne Pontegnie. After having taken a closer look at the collection, we realised that there were certain pieces which could no longer be shown in this domestic context. We wished to offer these works to organisations who lack acquisition funds. The Contemporary Arts Society (CAS)[7] and its director, Caroline Douglas, helped us to formulate a living bequest of a dozen works by British and international artists to several regional institutions across the UK.

Is this an achievement for you? You started in 1999 by buying British artists' pieces in order to inscribe yourselves in a territory, and twenty years later, these same pieces have become part of inalienable, public collections... Is this an important gesture?

MS: Little by little... By continuing to do things for the right reasons and with the right vision, one day, it all comes together.

Have you ever shown artworks outside of your London home?

MS: Yes, in 2013, at the Fundación Banco Santander in Madrid. The exhibition title was unequivocal: *Cranford Collection. Out of the House*! The exhibition focused on British and German artists from the collection and was a response to the Santander bank's invitation, who regularly exhibits international private collections. They were very generous; there were no limitations. The exhibition took place during ARCO,[8] so we had social interactions with the Prado, Reina Sofía and other collectors. This experience in Madrid was proof that the collection could stand being presented in an institutional framework.

The exhibition at MO.CO. then is the second time the collection will be shown to the public?

MS: Yes, and I really love the context: being in a student city, with your unique concept that marries education – with the Ecole des Beaux-Arts – to practice – with your exhibition spaces. I think you will teach us a lot.

What future do you envision for the collection?

MS: It is a discussion that we have often. The collection should have enough funds to survive us by at least two or three generations. It will all depend on the following generation.

FS: We are still discussing with Anne Pontegnie the direction that we want to take now – what we still need to do, what is happening around us.

Who is the latest artist to be included in the collection?

MS: Our latest acquisition is a portrait by Lubaina Himid,[9] an artist we've been following for five years – but we were waiting for the piece that would suit us perfectly. She represents something we're really interested in right now: artists that have been neglected for too long due to a lack of information but also curiosity. They were around but lacked visibility, maybe because they did not fit the main narratives of the time. Now, there are many different narratives, and that is enthralling.

The collection then is also a work of patience... Waiting for the artwork that appeals to you, that corresponds. It is not an insatiable craving.

FS: It's true, we don't buy names, we buy artworks.

MS: In the beginning, we would splurge, which is what allowed us to constitute a collection. Now, the choices are less capricious, we take more time to reflect. Feminism, diaspora, the relationship to nature are topics that we now consider when we look at art.

Do you have any regrets?

MS: I would have loved to have a large portrait by Kippenberger.

FS: A self-portrait.

MS: We are missing two directions: Francis Bacon and Agnes Martin.

1 Annual prize awarded to a contemporary artist. The Turner Prize is organised by Tate Britain in London since 1984.

2 Curator and art critic, Anne Pontegnie is curator for the Cranford Collection.

3 Contemporary art fair in London established in 2003 by the founders of the magazine *Frieze*.

4 Zoo Art Fair presented contemporary art by emerging British artists. Based in London, it lost its vitality due to the competition with Frieze Art Fair and closed in 2009.

5 Situated in the London Borough of Camden, Camden Art Centre is a former library that has been converted into a contemporary art gallery and artist residency.

6 Private collection constituted by Erika Hoffmann and her late husband, which is open to visitors in a former factory in Berlin's Mitte neighbourhood.

7 The Contemporary Art Society is an organisation established to encourage the appreciation of contemporary art in the United Kingdom.

8 Contemporary art fair in Madrid.

9 British artist (born in Tanzania), curator and professor of contemporary art at the University of Central Lancashire. She was awarded the Turner Prize in 2017.

Les années 2000

Aurélien Bellanger

Alors les premiers des milléniaux, les plus âgés, ont fêté leurs 20 ans. Les imprimantes couleur s'étaient largement répandues, et avec elles les premiers outils de retouches numériques grand public. Ils ont ainsi pu mettre leurs visages jeunes sur des montages photographiques et réaliser, faute de réseaux encore, des pêle-mêles nostalgiques de leur enfance disparue, de leur adolescence déjà éteinte ou résorbée.

En 2000 j'ai ainsi accompagné une amie, près de l'université, dans une petite imprimerie spécialisée dans les reliures de thèses : il était convenu que nous fêterions nos 20 ans ensemble et elle avait fait réaliser un petit fascicule humoristique. La chose m'avait considérablement gêné.

J'avais lu Baudrillard, bientôt je verrais *Mulholland Drive* et j'assisterais en direct à la chute des Twin Towers : je ne me voyais pas entrer ainsi dans la civilisation des images – par le kitsch et par l'intime.

De fait je traverserais la décennie quasiment sans image. Comme si j'avais vécu la Renaissance sans feuilleter un livre imprimé, sans voir une seule gravure.

Je n'ai pas de souvenirs précis des années 2000, années de transition terminale entre le monde analogique de mon enfance et le monde numérique de ma mort, pas de souvenirs photographiques : j'ai traversé la décennie sans appareil photo et sans regarder mon visage.

Les rares images qui restent appartiennent aux amis.

À l'âge des premiers appartements je les ai vu planter mon visage sur leurs cheminées, comme le préconisaient les catalogues Ikea, avec de longues pinces crocodile accrochées à des petits cubes de plastique imitant des glaçons translucides.

Nous étions là, tous là, alignés ou en désordre, avec nos corps de 20 ans mais déjà lancés dans diverses aventures conjugales, immobilières, professionnelles. Nous étions tous là à veiller mutuellement sur nos vies et à prier pour que nos amitiés tiennent jusqu'à la mort.

J'avais jugé cela de mauvais goût et n'avais pas cédé à la mode.

Je flotterais ainsi, pendant les années 2000, sans image autour de moi, et presque sans photographie.

J'ai eu des amoureuses dont j'ai oublié les visages, des amis dont même les noms ont disparu, je ne sais rien, rien du tout, du détail de ces années.

Il y a des dates au crayon sur des livres.

Des dédicaces amoureuses.

Sur la cheminée des amitiés perdues, mon visage s'est mystérieusement consumé et tout a fondu dans le petit glaçon du socle : un cube de matière tremblotante et figée, mes années de jeunesse, les années 2000, à jamais disparues.

J'aurais du mal à m'en représenter l'évolution précise. Ce sont des années où j'ai cessé de grandir pour commencer à vieillir.

Le monde, pourtant, donnait exactement l'impression inverse : jamais il n'avait paru aussi jeune. C'était les années de la tech triomphante. Triomphante à un point tel qu'on a du mal à réaliser. Je ne peux parvenir qu'à l'approximation suivante, pour donner à sentir à quel point on y a cru, à quel point, pendant les années 2000, on a cru à quelque chose : avoir 20 ans en 2000 c'était être quasiment certain que l'immortalité de l'âme serait acquise à la fin de la décennie. Comment ? Peu importait au fond, que ce soit par le clonage, le téléchargement de conscience, la conquête du point Oméga ou l'irruption de la singularité technologique.

Cette ligne de pensée, souveraine et rétrospectivement un peu ridicule, domine l'image mentale que je me fais encore de cette décennie, même si je sais maintenant qu'il n'y aurait à la fin que l'oiseau bleu de Twitter et les abysses infinis des silos de Facebook.

Twitter n'aura conféré l'immortalité qu'à Donald Trump et le seul royaume sur lequel n'a jamais débouché Facebook fut le terre-plein d'un rond-point quelconque de la périphérie d'une ville moyenne à l'automne 2018.

Mais une autre ligne temporelle s'entrouvre soudain alors que je repense à ce quiétisme technologique.

Cette éternité magnétique se vrille autour d'un autre attracteur et je tire un autre géodésique de la décennie mystérieuse. Quelque chose qui s'enroule aux images poussiéreuses du 11 septembre et qui clignote dans les chiffres jaunes de la série *24*. 24, comme le nombre d'épisodes d'une saison, comme le nombre d'heures d'une journée, comme le temps à chaque fois imparti à Jack Bauer pour sauver le président, sa fille, Los Angeles et le monde. C'est à cela que je repense exclusivement quand j'entends parler des années 2000 comme de l'âge d'or des séries : à l'or cinglant de ses chiffres à quartz, jaunes comme le gaz sarin, jaunes comme les sables mouvants des guerres irakiennes et afghanes. Pistolet au poing, l'Amérique nous entrainait dans la ronde de nuit addictive de la lutte contre le terrorisme – et il est difficile, tant notre cœur battait alors, de se souvenir que les années 2000 n'auront été marquées, pour la France, par aucun attentat majeur.

La peur était constante et réfutait un peu l'évident messianisme technologique de ces années. Ma mère s'était fait offrir, je ne sais plus pourquoi, j'imagine pour ses 50 ans, une petite horloge de bureau en cristal de Baccarat : c'était bien le cadeau, raffiné et mélancolique, qu'on pouvait offrir à quelqu'un du XXe siècle, quelqu'un qui n'aurait pas connu, enfant, l'exaltation maniaque des chiffres en cristaux liquides, et adolescent, la décisive accélération numérique du temps.

C'est dans la boîte en carton rouge de cette horloge un peu utérine que je devais pourtant retourner me cacher, en attendant que le vent solaire efface mon visage.

Car c'est là que j'avais fini par stocker les petites cassettes de mon journal vidéo.

Si je n'ai pris aucune photo de la dernière décennie de ma jeunesse, j'aurais en revanche tourné frénétiquement une sorte de journal intime sur cristaux liquides : un peu plus de quarante cassettes mini-DV rendues finalement illisibles par la disparition de l'appareil de prise de vue qui m'avait permis de réaliser, en direct, le grand *tourné-monté* de mes années 2000. Un peu moins de deux jours de rushs pour un film que je ne monterais jamais – et que, faute de câble, de logiciel et de lecteur, je ne peux pas tout à fait ranger dans la catégorie des images : tout cela est trop bien archivé pour être exploitable. Cette boîte rouge concentre ironiquement tout mon destin de youtubeur – car je suis certain que né vingt ans plus tard, en 2000 plutôt qu'en 1980, j'aurais été youtubeur, plutôt que romancier.

On trouverait ainsi là, de mémoire, des confessions intimes, des scènes érotiques, l'incendie d'une voiture rue Myrha, des fêtes parisiennes oubliées, des essais de long métrage en costume, un clip vidéo, quantité de choses encore toutes accompagnées du ronronnement du moteur de l'engin et du souffle du vent dans le micro – du souffle de nos vies d'alors. J'ai dû aussi filmer ma petite télé, et l'utiliser comme moniteur pour faire apparaître, dans un fascinant Larsen vidéo, des tunnels révolus. Des tunnels qui attendent inutilement, dans la boîte rouge, mon compte YouTube à zéro vue, qu'on les reprenne un jour.

Je crois que pour trouver l'origine de cette passion ratée et méticuleuse pour les images, c'est encore au 11 septembre qu'il faut remonter, au 11 septembre comme un vitrail d'église, immense et démultiplié – un mur d'images, comme le cerveau de *Matrix* ou comme au fond à droite, après les cafetières et les robots ménagers, celui des téléviseurs des supermarchés de la fin de l'histoire. Il fallait prendre des images, tirer des perspectives, devenir soi-même une caméra de surveillance.

La boîte rouge signifiait seulement que je conservais les images un peu au-delà de la date légale. Qu'il y avait, au-delà du plat mystère criminel, d'autres mystères. Le nom du coupable du 11 septembre ne nous avait-il pas été livré encore plus vite que dans un épisode de *Columbo* ? Ne l'avait-on pas vu, ou presque, se dessiner, poudreux, incandescent, dans la fumée des tours ? Toutes ces images répondaient ainsi à une autre fonction que celle de l'identification criminelle.

Nous cherchions évidemment un autre visage dans les rushs de l'événement – les rushs interminables, les seules images d'actualité que je ne me lasserais jamais de revoir : le visage du mal, évidemment, du mal chimiquement pur et destiné à nous détruire. C'est en cela, seulement, que le 11 septembre fut bien une cérémonie religieuse, entre adoration télévisuelle des icônes et prescience de l'apocalypse.

Je n'avais pas encore ma caméra, mais j'avais fait pousser un plant de cannabis sur le travertin éblouissant de la terrasse familiale – un plant de cannabis comme une hydre qui doublait de volume à chaque fois que j'en sectionnais les branches principales et qui m'a fourni à l'été suivant, le premier été d'après le 11 septembre, le premier été du nouveau siècle, une imposante quantité de têtes consommables. Combien de têtes ? Exactement ce qu'il fallait pour remplir la boîte rouge de l'horloge en cristal.

Tout se mélange alors, se complète, dans les images confites de l'événement qui nous fit entrer dans les années 2000.

On se rappelle qu'on se rappelle de ce qu'on faisait alors ; moi je faisais de la compote, de la compote de pommes et cela a fini par ressembler à l'événement lui-même, à la grande pomme recuite des images et au pourrissement terminal de l'idée qu'on s'était fait de notre civilisation technicienne.

J'aurais voulu relever le défi en écrivain, à peine ai-je pu rassembler en vidéo des demi-objets, des paysages, des commentaires muets de la situation nouvelle.

Mais je n'en étais pas là encore à collecter mes vignettes animées, à décoller, avec impatience, les mauvais autocollants du réel.

À l'été 2002, je me suis contenté de ramener à Paris, où j'emménageai enfin pour mener la vie neuve, insolente et si convenue d'artiste, la boîte pleine d'herbe que je passerais plusieurs mois à fumer, dans un studio meublé d'un seul matelas, en suivant quotidiennement dans *Le Monde* et à la télé les préparatifs de l'invasion de l'Irak par l'Amérique vengeresse.

Et je retrouverais alors, dans ma boîte, les sentiments de fin du monde, de guerre mondiale prochaine qui m'avaient saisi le 11 septembre – une fin du monde à la fois mieux fondée au plan de la géopolitique, et complètement paranoïaque au plan narcotique.

Il me faudra, pour redescendre, lire des livres sur la politique étrangère américaine et m'imprégner, jusqu'à Leo Strauss, de la pensée néoconservatrice pour opposer aux certitudes apocalyptiques de la boîte une ivresse messianique inconnue – je serais alors parvenu, partiellement, à calmer les battements de mon cœur.

Il me reste aussi, de cette époque, le souvenir d'avoir compris, presque de façon religieuse et à la manière d'un psaume, l'esprit du temps, tel qu'il flottait alors dans l'air, ou plutôt tel qu'il s'était subitement incarné dans le toit d'un station-service dont les haut-parleurs diffusaient le duo qu'avait inspiré le 11 septembre à Renaud et Axelle Red : les « guerres de civilisation » que chantait celle-ci d'une voix un peu trainante, j'étais soudain au milieu d'elles.

Comme j'aurais aimé filmer, ces années-là, un attentat terroriste.

Les cassettes vidéo entreposées ici témoignaient bien, encore, du sentiment paranoïaque de l'herbe pure.

Des cassettes d'une heure, des cassettes de la durée exact d'un épisode de la série *24* – quarante minutes qui passaient à soixante avec les pubs, des pubs que nous ne téléchargions évidemment pas, mais dont on entendait l'écho, dont on distinguait les parenthèses carrées et lumineuses, celles de chiffres à quartz.

C'était comme si l'an 2000, avec tous les décomptes que nous avions croisés, dernières secondes avant la fin du siècle, sables encore chauds du millénaire, s'était trouvé concentré, raffiné ici. Le compteur avait provisoirement pris le pouvoir. Nous n'avions pas encore changé d'ère, nous étions coincés quelque part à l'intérieur du temps. Le seul événement qui aurait pu nous réveiller était ainsi bizarrement dilaté – le 11 septembre n'était qu'une péripétie du décompte, un battement de quartz, un accident de bâton.

Il y avait ainsi dans cette boîte à la fois la menace terroriste, résumée un peu pathétiquement à cet incendie de voiture de la rue Myrha, et le souvenir allégorique de la série *24* – d'une victoire finale contre le mal.

La guerre mondiale était concentrée dans cette boîte, ainsi que les projets de paix perpétuelle, de *pax americana*, qui nourrissaient les rêves bizarres des néoconservateurs – et la chute des tours pouvait parfois nous apparaître comme le

premier acte de la doctrine merveilleuse, proche de l'enchantement, des dominos démocratiques.
Comme tout cela est loin – cette ligne paranoïaque et messianique s'est spiralée ici, à ces têtes collantes, à ces bandes magnétiques, et ici repose, dangereux et intact, l'un des derniers récits de l'Occident, moitié rêve oriental, moitié cauchemar de fin du monde. Tout est là dans la boîte rouge, consumé, enregistré, mémorisé et illisible – la fin du monde d'avant et le début du monde d'après, un grand chaos d'images, le temps d'après du millénaire, une autre histoire, d'autres acteurs.
Tout bascule dans *Mulholland Drive*, le grand film de ces années-là, quand l'actrice, aussi naïve que nous, aussi ingénue que l'armée américaine s'engageant en Irak, aussi fragile que le nouvel ordre mondial d'après la guerre froide ouvre subitement une boîte, une boîte dont nous ne verrons jamais le contenu, mais dont le contenu pourrait être la forme du film lui-même – le premier cauchemar du nouveau millénaire.

Tout cela bat faiblement dans notre mémoire de spectateur. Le film a perdu un peu de sa puissance d'effroi. La boîte s'est refermée sans que nous nous en rendions compte – à moins que tout se soit inversé et que nous soyons prisonniers à l'intérieur.

L'hypothèse mérite d'être examinée. Il faudrait arriver à se souvenir de ce qui s'est passé alors. Mais la décennie vacille déjà au loin. La décennie de mes premières grandes amours, de mes premières terreurs de fin du monde. Une décennie qu'on qualifie maintenant de décisive – les premiers pas dans un système global, un système hérissé de menaces, d'avions plantés à travers les tours du siècle d'avant aussi facilement que des aiguilles dans des poupées vaudoues.
J'avais un visage jeune, j'avais emménagé à Paris, j'avais des projets de livres.

Je voyais le désordre comme le complice infréquentable de toutes mes ascensions futures – devenir adulte avec le siècle pour en être l'enfant le plus légitime.

Je me souviens pourtant de ne pas avoir eu d'ordinateur avant la fin de la décennie, et pas d'iPhone avant le début de la décennie suivante. Ma préhistoire électronique : une boîte noire. Un vieux radio-réveil à diodes rouges. Une boîte mail sur les ordinateurs de la fac : j'ai dû attendre mes 25 ans pour être un digital native. Mais le tourbillon était bien présent. J'étais seulement un peu à côté. Ou bien au cœur : un littéraire, un obsédé du code. Il me faudra pour finir écrire un roman, mon premier, *La théorie de l'information*, pour achever de vivre la décennie de ma jeunesse et mettre ses rêves déjà vieillis en forme : le transhumanisme, la singularité technologique, le silence des abysses bleutés de Facebook, le bruit d'avion au décollage des *data centers*.

Rétrospectivement je crois que j'ai connu les années 2000, que j'ai croisé leur visage.

Mais le mien, disparu, reste introuvable.

Les amis ont eu des enfants et les dernières photos de moi ont été rangées dans des boîtes.

J'ai acheté un iPhone et je crois que je possède plus de 15 000 photos des années 2010 – le temps est réparé, le visage du temps lentement cicatrise.

Comme dans cette autre boîte, une boîte sphérique comme une Pokéball et qui vient je crois d'un distributeur de chewing-gums, où je garde le cordon ombilical séché de mon premier enfant – un rêve bizarre de restitution matricielle intégrale par une intelligence artificielle bienveillante et charnelle tout droit sortie des post-humaines années 2000.

Mon visage de pharaon desséché dans des bandelettes d'ADN.

Ces reliques, ce sont encore celles des années 2000, et de leur vague projet de transmutation numérique des âmes.

Il y a là-dedans une religiosité certaine, comme dans cette boîte rouge remplie d'herbe fumée et d'images invisibles, comme dans le souvenir de la destruction des tours – un rite initiatique en vidéosurveillance.

De plus étranges objets flottent dans ma mémoire. Ils ont eux aussi connu la forme de mon visage et l'ont éclairé dans la nuit. Il y eut ce premier téléphone aux formes recourbées et à l'antenne dévissable, un Alcatel One Touch, qui me servit sans doute à envoyer mes premiers textos amoureux, en tremblant comme le reflet de la Lune dans son écran bleu pâle.

Qui se souvient des anti-portables ? Qui se souvient de son premier appel passé au Carrefour, à la mer, en voiture ?
La nouvelle frontière était si proche de nous, Apollo 11 vibrait contre notre visage, et nous nous aimions déjà dans l'autre monde.

Je n'ai pas eu de Nokia incassable, étrangement, mais j'ai joué au jeu du serpent et à celui du labyrinthe.

J'ai eu des téléphones à clapet aussi et même un, prétendument tactile, qui marchait avec un stylet comme une tablette de cire.

Pourquoi c'est cela dont je me rappelle, cette technologie fruste, ces silex mal taillés ?
Sans doute car ce sont sur ces galets bizarres, sur ces pas japonais que l'avenir énorme s'est avancé vers nous.

Il y en a un, je ne l'ai pas eu longtemps, plus petit que les autres, qui m'a spécialement marqué. C'était peut-être un Siemens. On pouvait faire varier sa diode de cinq ou six couleurs différentes, toutes plus pâles et plus futuristes – comme des couleurs vues à travers la peau, ou des couleurs qui m'auraient observé derrière la membrane d'un autre univers.

J'ai tenu ces objets, je les ai utilisés pour vivre et pour aimer. Et ils ont disparu, se sont fait engloutir dans le grand lac noir de l'écran de l'iPhone.

C'est à travers eux, pourtant, qu'une amie m'a dit d'allumer ma télé car un avion venait de percuter la première tour.

C'est à travers eux que j'ai entendu pour la première fois la voix grêle d'une intelligence artificielle à travers le programme T9 qui devinait la fin des mots que nous nous apprêtions à composer. Des lumières vacillantes. Quelques photos inexploitables, pixelisées et minuscules. Les sourires tordus des premiers smileys. Tout un monde hésitant et timide.

Des amis plus avancés que moi dans leur vie professionnelle qui recevaient déjà des mails.

Et puis bientôt les amis retrouvés et perdus des réseaux sociaux.

Quelques-uns qui partiraient, conquérants, envahir le réseau de leurs réflexions et pensées. Le nouveau monde s'est alors un peu restreint à quelques commentaires, comme s'il ne s'agissait plus que de donner notre assentiment aux conditions générales du futur.

Le siècle était lancé, avec un enthousiasme mesuré.

Le siècle était lancé mais il n'apparaissait pas certain qu'on aille au bout du millénaire.

Jamais millénaire qui commence n'a paru plus proche de sa fin. La singularité technologique promise pour le milieu du siècle s'est vue soudain estompée par des préoccupations plus terrestres.

Nous avions provisoirement lâché les commandes du vaisseau planétaire, le temps d'un bref étourdissement automobile, mais au moment de le reprendre, quelque chose d'inattendu commençait à bloquer. Ça ne répondait plus – non pas la Terre, mais nous-même.

Quelque chose d'aussi impensable que la fin de l'ère démocratique était peut-être en train d'advenir. Tout était désormais beaucoup trop administré, bizarrement agencé, en même temps qu'ingouvernable.

On accusera bientôt les algorithmes, les algorithmes biaisés comme un dernier péché originel. Impossible de savoir où et comment nous nous étions trompés.

Un mauvais embranchement pris quelque part dans le rêve déjà lointain de nos années 2000.

Les années 2000 : une boîte posée quelque part et oubliée déjà mais qu'il nous faudra peut-être réouvrir.

Qu'il nous faudra rêver autrement.

Comme si lentement on décidait de retirer l'avion des tours, de guérir les images, de renverser le cours du temps et de finir notre nuit sur les confortables zéros, intacts et molletonnés de cette année 2000 qu'on a à peine eu le temps de toucher.

The 2000s

Aurélien Bellanger

The first millennials, the older ones, had just celebrated their 20th birthday. Colour printers were already widely in use, and with them, the first mainstream digital retouching tools. This is how they managed to insert their youthful faces into photomontages and create, for lack of other appropriate networks, nostalgic albums of their vanished childhood, of their already extinguished or rapidly retreating adolescence.

In 2000, I accompanied a friend to a print shop, close by the university, that specialized in binding academic theses. We had agreed to celebrate our 20th birthdays together, and she decided to put together a small, funny booklet.
That embarrassed me considerably.

I had read Baudrillard and would soon watch *Mulholland Drive*, and watch the fall of the Twin Towers live. I had not imagined such an entrance for myself to the civilization of images, through kitsch and intimacy.

In fact, I would traverse the decade nearly devoid of images. As if I had lived through the Renaissance without leafing through a printed book, without having seen one single engraving.

I don't have any precise memories of the 2000s, years of terminal transition from the analogue world of my childhood to the digital world of my death. No photographic memories. I passed through the decade without a photo camera and without looking at my own face.

The rare images that remain belong to my friends.

During the period of our first apartments, I saw them stick my face on top of their fireplaces just as advised by Ikea catalogues, with long crocodile clips attached to small plastic cubes imitating translucent ice cubes.

We were all there, lined up or in disorder, with our 20-year-old bodies, but already throwing ourselves into conjugal, real estate, and professional adventures. We were all there, mutually keeping watch of our lives and praying for our friendships to last until death.

I considered that to be bad taste and hadn't given in to the trend.

I would hover in this way throughout the 2000s, without images around me, and nearly without photographs.

I had lovers whose faces I've forgotten, friends even whose names have disappeared. I don't know a single thing in detail, nothing at all, of these years.

There are dates written in pencil on books.

Loving dedications.

On the fireplace of lost friendships, my face has mysteriously consumed itself, and everything has melted in the small ice cube base – a cube made of quivering, fixed matter, the years of my youth, the 2000s, forever gone.

I would have a hard time representing its precise evolution to myself. These were the years I stopped growing up to, instead, start growing old. Yet, the world gave the exact opposite impression – it had never seemed so young. These were the years of the triumph of tech. Triumphant to such an extent that one finds it hard to realize. I cannot go further than the following approximation, to give a feeling of how much we believed in it, how much during the 2000s we believed in anything. To be in one's 20s in 2000 was to be almost certain that by the end of the decade we would achieve the immortality of the human soul. How? Deep down, it didn't really matter, whether through cloning, downloading consciousness, reaching the Omega point, or through the sudden eruption of a technological singularity.

Majestic and slightly ridiculous, this line of thought dominates the mental image that I still hold of this decade, even though I am now aware that, in the end, there would be nothing but Twitter's blue bird and the infinite abyss of Facebook's silos.

Twitter would confer immortality only on Donald Trump, and the only kingdom that remained out of Facebook's reach was a traffic island of some ordinary roundabout on the outskirts of an average-sized city in the autumn of 2018.

But another timeline suddenly opens itself up when I start to recall this technological doctrine.

This magnetic eternity spirals around some other attracting force and I draw another geodesic from the mysterious decade. Something that wraps itself in the dusty images of 9/11 and flickers in the yellow numbers of the TV series *24*. 24, like the number of episodes in each season; like the number of hours in one day; like the time continually allocated to Jack Bauer to save the president, his daughter, Los Angeles, and the world. This is what I think about exclusively when I hear someone talking about the 2000s as the golden age of TV series – of the stinging gold of its quartz numbers, yellow as sarin gas, yellow as the moving sand of the wars in Iraq and Afghanistan. Gun in hand, America dragged us around the addictive night patrol of the fight against terrorism – and with our hearts beating as fast as they did back then, it is hard to remind ourselves that the 2000s in France would not be marked by a single major attack.

The fear was constant and slightly countered the evident technological messianism of those years. I no longer remember for what reason, but my mother was given, maybe for her 50th birthday, a small table clock in Baccarat crystal. It was precisely the kind of melancholic and refined gift one could offer to someone of the 20th century, someone who wouldn't have known, as a child, the obsessive elation of numbers in liquid crystals, and as an adolescent, the determined digital acceleration of time.

Yet, it was in the red box of this somewhat uterine clock that I was supposed to return to hide myself, waiting for the solar wind to erase my face.

For that's where I ended up storing the small cassettes of my video diary.

If I had not taken a single photo from the last decade of my youth, I nevertheless frantically recorded a sort of private journal on liquid crystals. A little more than 40 MiniDV cassettes finally rendered unreadable by the extinction of the image-capturing device that allowed me to directly shoot and edit the great film of my 2000s. A little less than two whole days of film rushes that I will never show – and that, for lack of a cable, software, or a player, I can't actually file in the category of images. It's all way too well archived to be usable.

This red box ironically contains my entire destiny as a YouTuber – because I'm sure that, were I born twenty years later, in 2000 instead of 1980, I would have been a YouTuber instead of a novelist.

From memory, there we could find intimate confessions, erotic scenes, a car on fire on *rue* Myrha, forgotten Parisian parties, attempts – in costume – at a feature film, a music video, loads of things accompanied by the purr of the machine's motor and the murmur of wind in the mic – the breath of our lives back then. I must have also filmed my small TV and used it as a screen on which appeared, by means of a fascinating Larsen effect, outdated commercial breaks. Ads that are uselessly awaiting to be retrieved one day, to make the move from the red box towards my YouTube account with zero views.

I believe that, to retrace the origins of this failed yet meticulous passion for images, we still need to go back to 9/11. 9/11, like the huge and augmented stained-glass windows of a church – a wall of images, like the brain in *Matrix* or like the ones, right at the end, to the right, after the coffee machines and food processors, of the TV sets in the supermarkets of the end of history. It was necessary to capture images, gather new insights, turn oneself into a surveillance camera.

The red box simply meant that I conserved the images a little beyond their legal date. That there lay, beyond the flat criminal mystery, some other mysteries. Hadn't the name of the person responsible for 9/11 been revealed to us even faster than in an episode of *Columbo*? Didn't we see him materialize, or almost, covered in dust and incandescent in the smoke of the towers? All those images then responded to another function than that of criminal identification.

We were obviously searching for another face in the rushes of the event – the endless rushes, the single piece of news I will never get tired of watching again and again. That of the face of evil, a chemically pure evil, destined to destroy us all. It was only in this sense that 9/11 was actually a religious ceremony, something in between a televisual adoration of icons and a prescience of the apocalypse.

I still didn't have my camera, but I had grown a cannabis plant in the splendid travertine of my family's terrace – a cannabis plant that, like a Hydra, would double in size each time I cut the main branches and which provided me the following summer, the first summer after 9/11, the first summer of the new century, with an impressive amount of ready-for-use buds. How many buds? Exactly what it took to fill the crystal clock's red box.

Everything then becomes mixed and comes together in the crystallized images of the event that threw us into the 2000s.

We remind ourselves that we remember what we were doing at the time. I was making apple compote and it ended up looking like the very event, the big reheated apple of images and the final decay of the idea that we had given ourselves of our technically minded civilization.

I would have liked to rise to the challenge as a writer, since in video I could barely put together half-objects, landscapes, and mute comments on the new situation.

But, at the time, I had not yet started to collect my animated thumbnail images, impatiently peeling off the terrible stickers of reality.

In the summer of 2002, I was content to bring to Paris, where I was finally moving to lead a new and insolent life, so well-suited an artist, the box full of weed that I would spend several months smoking in a studio flat furnished with a single mattress, while following daily via *Le Monde* and the TV the preparations for the invasion of Iraq by an avenging America.

In the same box, I would find the feelings of the end of the world and of the next world war that had seized me on 9/11 – an end of the world at once, geopolitically, well-founded and, narcotically, completely paranoid.

To come down, I would read books on American foreign policy and steep myself in neoconservative thinking through to Leo Strauss, in order to oppose the box's apocalyptic certainties with an unknown messianic inebriation – only then would I partially manage to calm down my heartbeats.

I also retain the memory from these years of finally understanding the spirit of the time in an almost religious way, as a sort of psalm, just as it hung in the air, or rather just as it was abruptly incarnated in the roof of a gas station whose speakers broadcast the 9/11-inspired duo of Renaud and Axelle Red. I was suddenly in the middle of the "civilization wars" that she sang about in a drawling voice.

How I would have loved to film a terrorist attack in those years.

The videotapes stored here still witness the paranoid feeling of pure weed.

Tapes lasting one hour, the exact duration of an episode of *24* – 40 minutes that became 60 with the ads that we obviously never downloaded, but whose echo was still audible, whose square and luminous parentheses, those of the numbers in quartz, were still distinguishable

It was as if the year 2000, with all the countdowns we went through, the last seconds to the end of the century, the still-hot sand of the hourglass of the millennium, had here found itself concentrated and honed. The counter had temporarily taken power. We still hadn't changed eras; we were stuck somewhere inside time. The only event capable of waking us up was then oddly expanded – 9/11 was nothing more than the twists and turns of the countdown, a beat of the quartz, an accidental spoke in the wheel.

So, this box contained both the terrorist threat, pathetically summarized in this car fire at Rue Myrha, and the allegorical memory of the series *24* – that of a final victory against evil.

The world war was concentrated in this box, just as the projects of perpetual peace, the *pax americana*, that nourished the neoconservatives' bizarre dreams. The fall of the towers could then appear to us as the first act of the marvellous doctrine of democratic dominoes, close to a spell.
How distant that all is now. This paranoid, messianic line spiralled its way here along with these sticky buds and magnetic strips, and here also remains, dangerous and intact, one of the last accounts of the West – half oriental dream, half nightmare of the end of the world. It's all there in the red box, spent, recorded, memorized, and illegible – the end of the world that was before and the beginning of the world that came after, a huge chaos of images, a time after the millennium, another history, with other actors.

Everything topples in *Mulholland Drive*, the major movie of those years, when the actress, as naive as us, as naive as the American army stepping into Iraq, as frail as the New World order after the Cold War, suddenly opens a box, the content of which we will never see, but which could be the very form of the movie – the first nightmare of the new millennium.

All that beats faintly in our memories as spectators. The movie has lost some of its fear-instilling force. The box closed again without us actually noticing – unless everything had inverted, and we had become prisoners inside of it.

This hypothesis deserves to be looked into. It's necessary to recall what happened back then. But the decade already lags behind in the distance. The decade of my first great loves, of my first dread of the end of the world. A decade we now consider decisive – the first steps in a global system, one that bristles with threats, with planes stuck through the towers of the previous century as easily as needles inserted into voodoo dolls.

I had a young face, I had just moved to Paris, I had book projects.

I saw the disorder as a no-go accomplice for all my future ascents – becoming an adult with the century so as to become its most legitimate child.

However, I remember not having a computer until the end of the decade, and an iPhone not until the beginning of the next one. My electronic prehistory – a black box. An old radio alarm clock with red LEDs. An e-mail address on the university computers. I had to wait until I was 25 years old to become a digital native. Yet, the whirlwind was quite present. I just happened to be to the side of it. Or at its heart – a literary person, obsessed with codes. Ultimately, it would take me to write a novel, my first one, *La Théorie de l'information* [The Information Theory], to finish living the decade of my youth and put its already aged dreams in shape – transhumanism, the technological singularity, the silence of Facebook's bluish abyss, the noise of planes taking off from data centres.

In retrospect, I think I have known the 2000s, I came across their face.

Mine, though, remains missing, nowhere to be found.

My friends had children, and the last pictures of me have been put away in boxes.

I ended up buying an iPhone, and I think I have more than 15,000 photos from the 2010s – the time is fixed, its face slowly healing.

As in this other box, spherical like a Pokéball, which I think came from a chewing gum vending machine, and in which I keep the dried umbilical cord of my first child – a bizarre dream of full matrix restitution by a kind and corporeal artificial intelligence straight from the post-human 2000s.

My Pharaoh's face withering in DNA strips.

Such keepsakes are still part of the 2000s and its vague project of the digital transmutation of souls.

There is a certain religiousness to it, just as in that red box filled with smoked weed and invisible images, just as in the recollection of the destruction of the towers – an initiation rite of video surveillance.

Even weirder objects float in my memory.

They have also known the shape of my face and have shed light on it at night.

There was this first phone with curved lines and an antenna you could unscrew, an Alcatel One Touch that probably served to send my first romantic SMS, with me trembling like the moon's reflection in its pale blue screen.

Who remembers those who were against mobile phones? Who remembers their first phone call made at the supermarket, by the sea, in a car?

The new frontier was so close to us. Apollo 11 vibrated against our face, and we already loved each other in another world.

Weirdly, I didn't have an unbreakable Nokia, but I did play Snake and that maze game.

I also had flip phones, and even a supposedly tactile one, that worked with a stylus like a wax tablet.

Why do I remember so precisely these rough technologies, these poorly built flints?
No doubt because it is on these bizarre pebbles,

these Japanese steps that the vast future came towards us.

There was one, smaller than the others and that I didn't have for a long time, that especially marked me. It was maybe a Siemens. Its screen could change five or six different colours, all of them paler and more futuristic – like colours seen through skin, or colours that would have observed me behind the membrane of another universe.

I kept these objects, I used them to live and to love. And they have disappeared, swallowed up in the huge black lake of an iPhone screen.

Nevertheless, it was through them that a friend told me to turn on the TV because a plane had just crashed into the first tower.

It was through them that I heard for the very first time the thin voice of artificial intelligence, through the T9 software that would guess the words we were about to type.

Shaky lights. Some unusable photos, pixelized and minuscule. The twisted smiles of the first emoticons. A whole world, shy and hesitating.

Friends who were further along than I in their professional lives were already receiving e-mails.

And the soon-to-come lost and found friends of social networks.

Some would go away, defiant, to invade the network of their own reflections and thoughts.

The new world then restricted itself to a few comments, as if it was no longer a matter of giving our consent to the general terms and conditions of the future.

With moderate enthusiasm, the century was launched.

The century was launched, but it didn't seem certain that we would arrive to the end of the millennium.

Never did a millennium that was just beginning appear to be so close to its end.

The technological singularity promised for the middle of the century suddenly saw itself overshadowed by more earthly preoccupations.

We had temporarily let go of the controls of the planetary ship, just long enough for a brief automobile giddiness, but by the time we took them back, something unexpected started to lock. It no longer responded – not the Earth, but us.

Something as unthinkable as the end of the democratic era was maybe about to happen. From then on, everything was far too administered, oddly arranged, and at the same time ungovernable.

We would soon point a finger at algorithms, algorithms as skewed as a last original sin. Impossible to know where and how we had made a mistake.

A wrong junction taken at some point in our already distant dream of the 2000s.

The 2000s – a box placed somewhere and already forgotten, but one that we should perhaps reopen.

Or maybe dream of in some other way.

As if we had slowly decided to remove the planes from the towers, to heal the images, to invert the course of time, and to finish our night on the comfortable, intact, and soft zeros of the year 2000 that we barely had time to touch.

Œuvres
Works
2000-2010

Vincent Pécoil

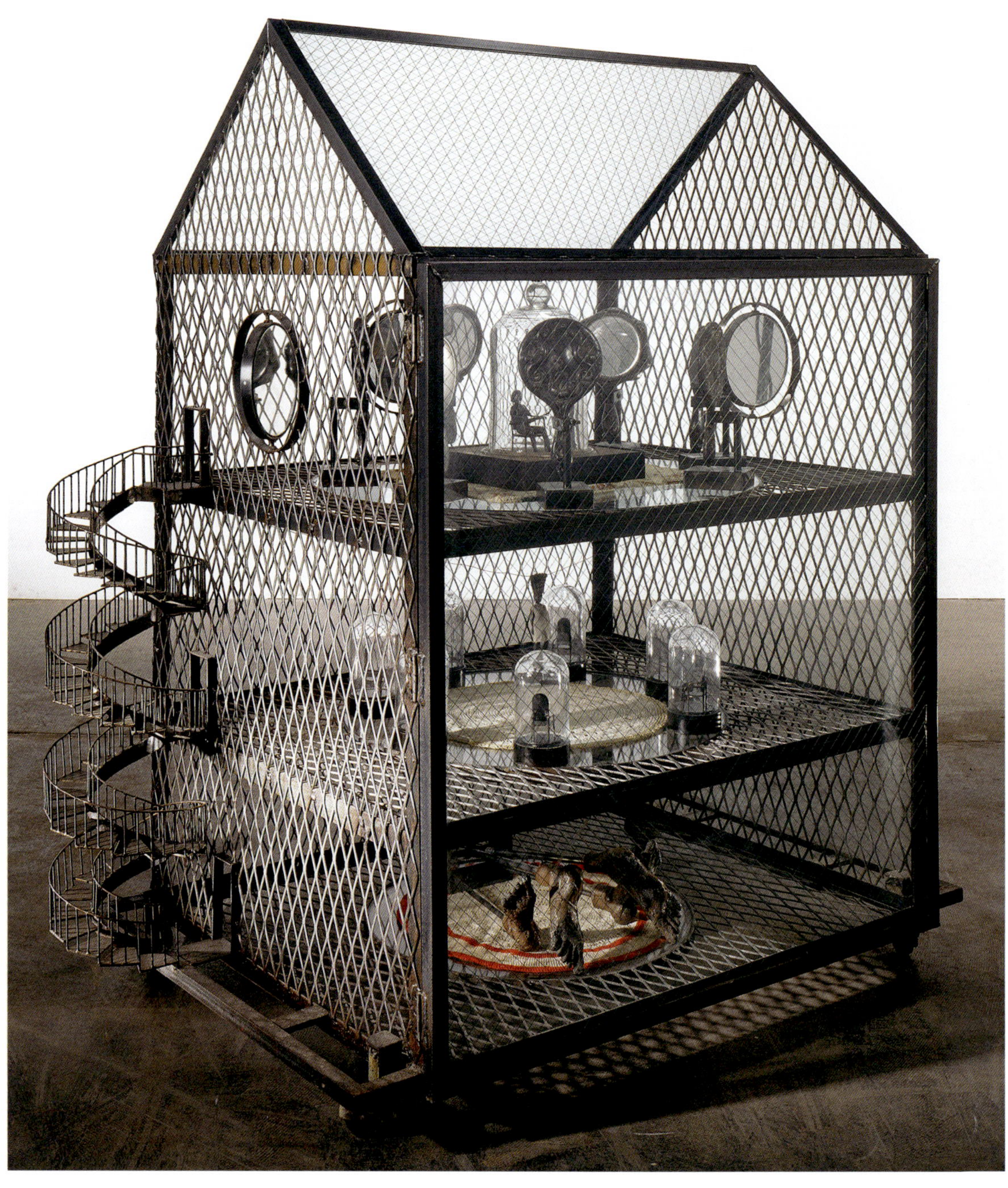

Louise Bourgeois
Maison [House], 2000

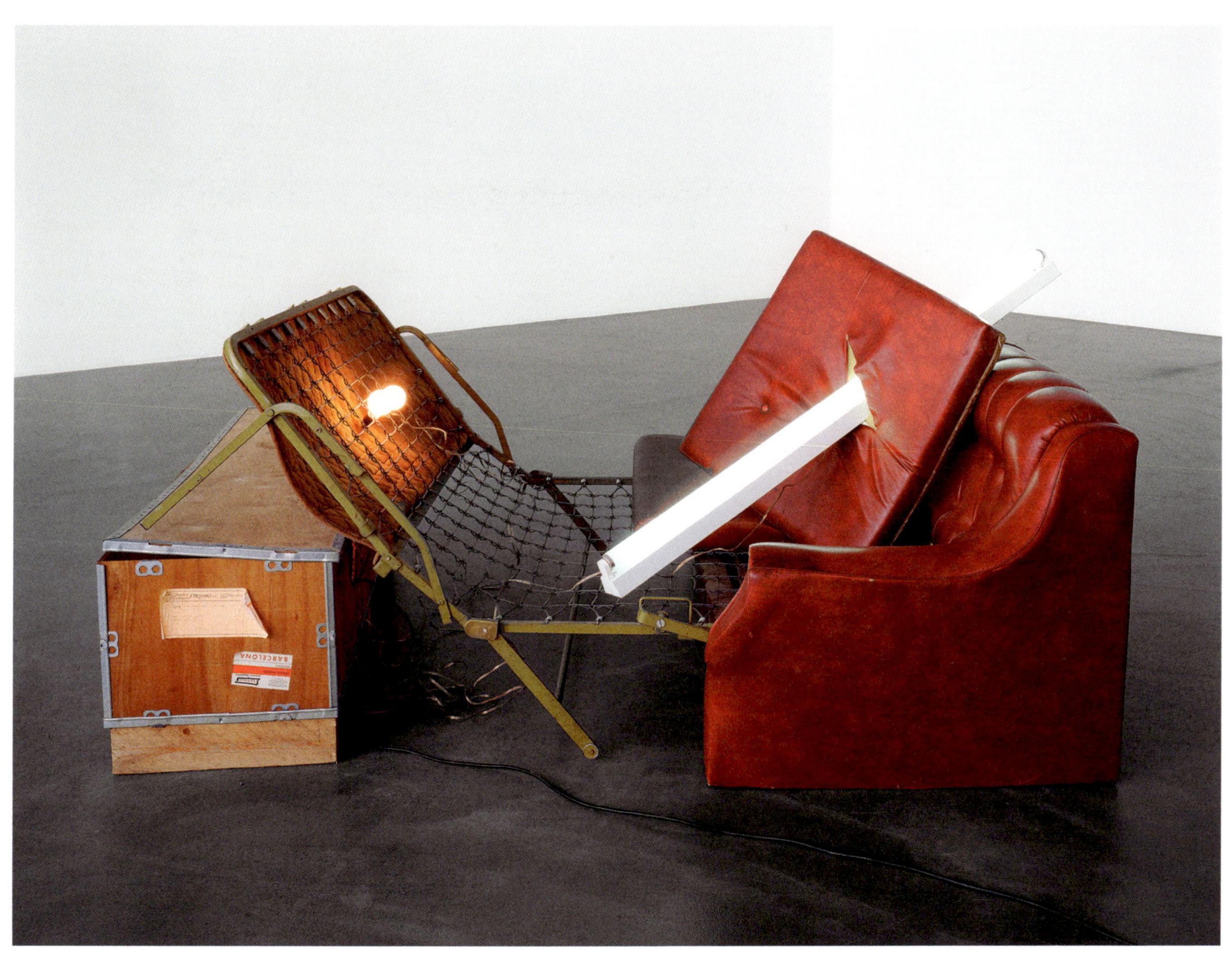

Sarah Lucas
Fuck Destiny [Baiser le destin], 2000

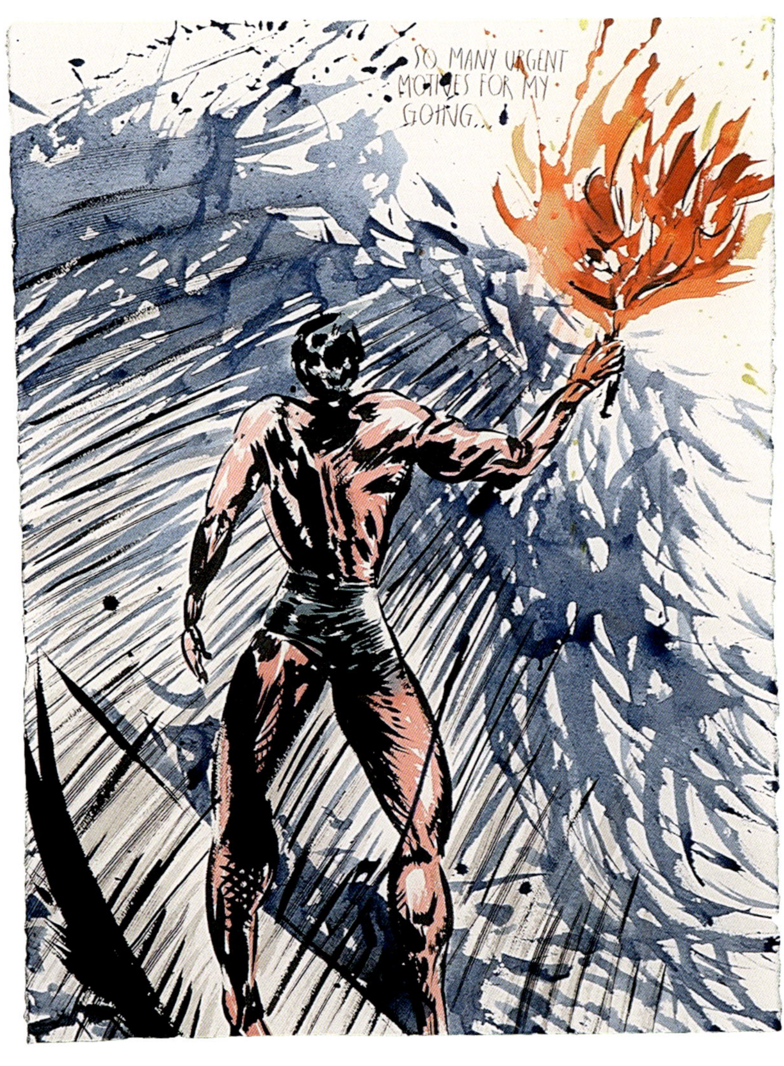

Raymond Pettibon
No Title (Don't you know)
[Sans titre (Ne savez vous pas)], 2001

Raymond Pettibon
No Title (So many urgent...)
[Sans titre (Tellement urgent...)], 2000

Raymond Pettibon
No Title (Marie, Cassandre, and)
[Sans titre (Marie, Cassandre, et)], 2000

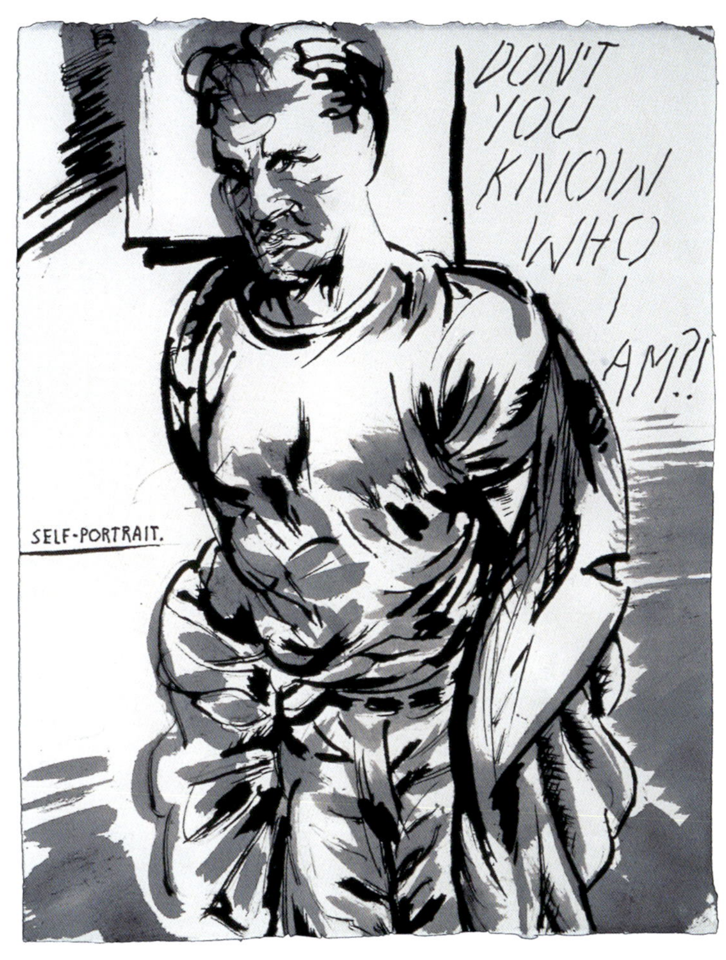
DON'T YOU KNOW WHO I AM?!
SELF-PORTRAIT.

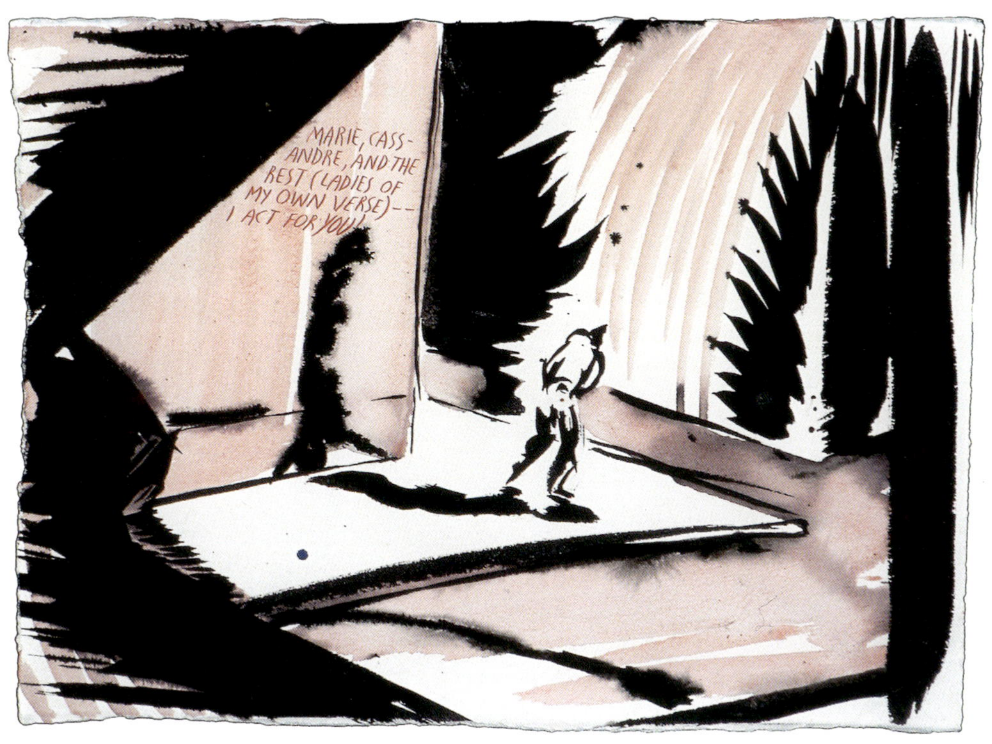
MARIE, CASS-
ANDRE, AND THE
BEST (LADIES OF
MY OWN VERSE)--
I ACT FOR YOU!

GERHARD RICHTER
ABSTRACT PAINTING [PEINTURE ABSTRAITE]
2000

Gerhard Richter se fit connaître par des peintures figuratives réalisées d'après des photographies, embrassant tous les sujets et dont les images-sources ont été rassemblées dans ce qu'il a appelé son « Atlas » – un terme qui signale la variété de ses thématiques, mais qui n'a évidemment rien d'encyclopédique. Depuis 1976, Richter réalise aussi des tableaux abstraits. Si, au premier abord, *Abstract Painting* peut faire penser à une abstraction de type gestuelle, et évoquer la peinture expressionniste, les intentions de Richter sont différentes. Il a été attiré par cette forme de peinture pour sa dimension arbitraire, objectale. Il s'efforce de ne pas engager sa propre subjectivité dans le processus, cherchant à créer quelque chose d'impersonnel, universellement valable. L'abstraction a, dit-il, « quelque chose qui relève de la nature », quelque chose qui soit comme toutes les autres « choses, les arbres, les animaux, les hommes ou les jours qui, eux aussi, n'ont ni raison d'être, ni fin, ni but. » Dans cette perspective, la peinture abstraite a pour fin de créer une réalité qui se tienne face à nous comme une entité autonome et soit l'indice de quelque chose d'indicible, dépassant notre entendement.

Toutefois, sa peinture présente des analogies avec le monde de la photographie ; elles se comprennent comme son contrepoint ou le prolongement de ses photo-peintures. Réalisé avec racloir, afin d'étaler des couches à peu près régulières à partir d'empâtements, le tableau peut faire penser à un scan raté, dont le sujet aurait bougé pendant la numérisation. Avec ses peintures faites d'après des photographies, il disait faire de la photo par un autre moyen. Mais en un sens, l'objectivité de l'abstraction est analogue à celle de la photo, d'où sa comparaison avec la « nature ».

Gerhard Richter is best known for his figurative paintings based on photographs, with which he delved into numerous subjects, and whose source images have been gathered in what he has called his "Atlas", the name highlighting the diversity of his subject matter but which has nothing of the encyclopaedic about it. However, since 1976, Richter has also made abstract paintings. If, at first sight, *Abstract Painting* might remind us of a gestural abstraction and bring to mind expressionist painting, Richter's intentions remain other. He was drawn to this form of painting because of its arbitrary, objectal dimension. Richter does his best to not involve his own subjectivity in the process; he aims to create something impersonal, of universal value. To him, abstraction has "something that comes from nature", a thing that is like any other "object or trees, animals, people or days, all of which are there without a reason, without a function and without a purpose". From such a standpoint, the aim of abstract painting is to create a reality that can stand face to us as an autonomous enity, an indication of something unspeakable that lies beyond our capacity for comprehension.

This being said, his painting presents certain analogies with the world of photography, ones that can be seen as its counterpoint, or as an extension of Richter's "photo-paintings". Made using a squeegee to spread the impastos into more or less even layers, the painting can remind us of a scan gone wrong, in which the subject would have moved during the digitisation. With his paintings created from photographs, Richter said that he was making photographs through other means. But in a certain sense, the objectivity of abstraction is analogous to that of the photograph, which is where the comparison with "nature" stems from.

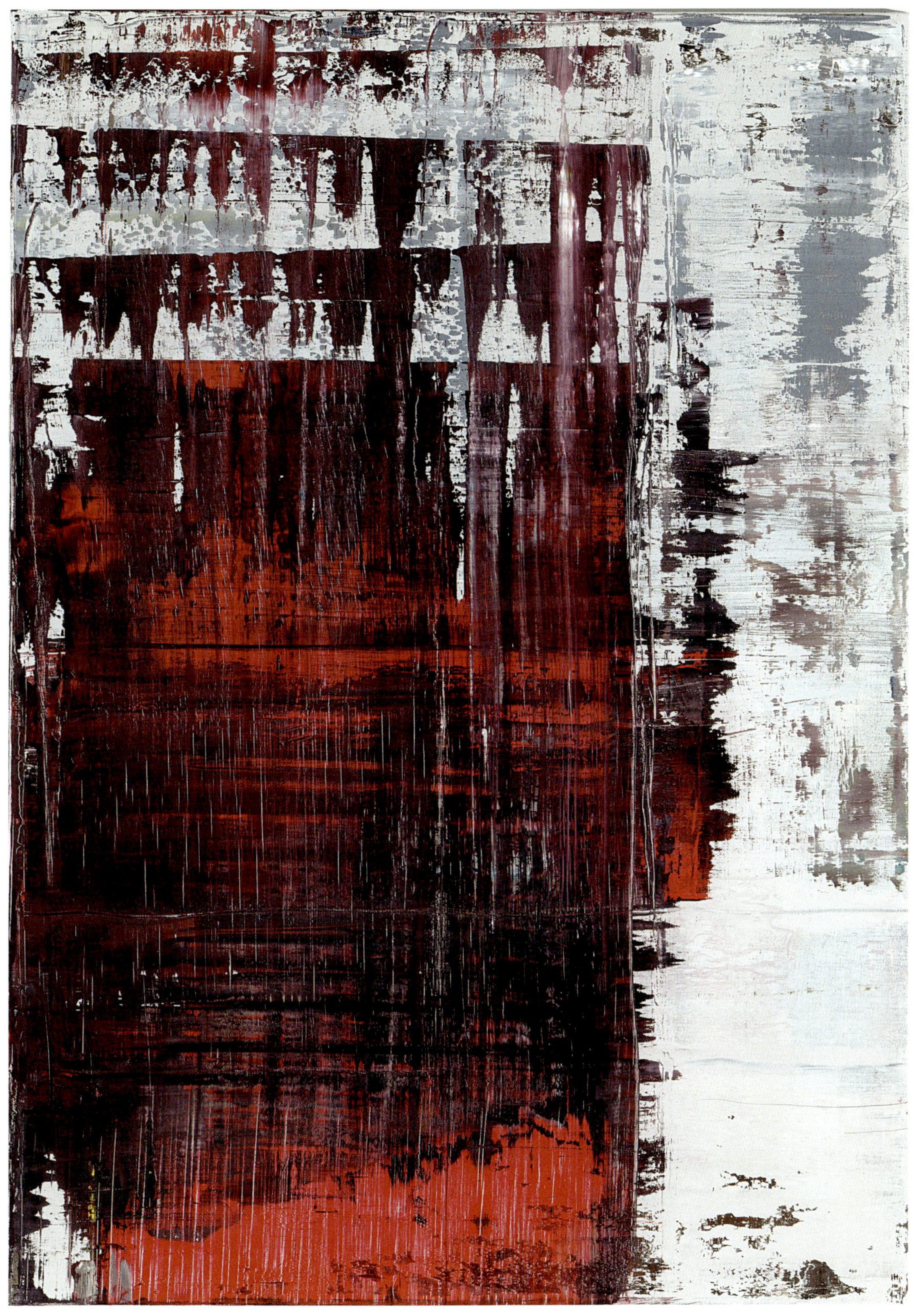

WOLFGANG TILLMANS
INSTALLATION SUMMER 2000
[INSTALLATION ÉTÉ 2000]
2000

Installation Summer 2000 est composée de vingt-trois œuvres photographiques, réalisées entre 1989 et 2000. Les impressions, qui varient en taille et en sujet, sont assemblées en une constellation non hiérarchique qui présente une variation de genres picturaux classiques, bien que leur traitement soit loin d'être classique : portraits, scènes de groupes, paysages (le ciel au-dessus d'un parking ou, dans *Aufsicht (yellow)*, une vue urbaine depuis le hublot d'un avion), natures mortes (des fruits sur une table, *Stilleben Marktstrasse*, une fleur, *lily*...). D'autres encore peuvent être comprises comme des vanités : une abeille, un château de sable détruit par la marée... Comme une remise en cause de la signification de ces catégories, une des photographies, *from the air*, est une abstraction. Mais, contrairement aux genres picturaux anciens, toutes ces catégories sont situées dans un monde plus ordinaire que les sujets souvent idéalisés de la peinture classique : *outside meeting house*, des natures mortes prises dans des intérieurs dénués de faste (*windowbox*), et des paysages communs.

Wolfgang Tillmans se saisit de ces genres en les redéfinissant d'une façon singulière, faisant de fragments autobiographiques des images ayant une portée générale. L'installation est symptomatique de l'approche de Tillmans quant à la spatialisation des photographies sur le mur, considérée de telle sorte que le mur lui-même est une composante essentielle de l'œuvre, agissant comme unificateur et lien entre les images. Le langage d'associations personnelles de Tillmans produit une empreinte cartographique de sa vision qui définit sa réponse à un monde dans lequel nous habitons tous.

Installation Summer 2000 is composed of twenty-three photographic works, made between 1989 and 2000. The prints, which vary in size and subject matter, are assembled into a non-hierarchical constellation and present various classical pictorial genres, although the way they are treated is far from classical: portraits, group scenes, landscapes (the sky over a parking lot, or, in *Aufsicht (yellow)*, an urban vista seen from above), still lifes (fruit on a table, *Stilleben Marktstrasse*, a flower, *lily*...). Some can be considered as vanitas: a bee, a sandcastle destroyed by the tide... One of the photographs seems to question the very meaning of such categories: *from the air* is an abstraction. Unlike earlier painting genres, all these categories are situated in a more ordinary world than the frequently idealised subjects of classical paintings: *outside meeting house*; still lifes made in overlooked spaces (*windowbox*), and landscapes that are commonplace.

Wolfgang Tillmans questions these established genres and redefines them by weaving autobiographical fragments and moments of abstraction into his image selection. The installation is typical of Tillmans's approach as the spacialisation of the photographs on the wall is carefully considered in such a way that the wall itself is an essential component of the work, acting to unify and link the images together. Tillmans's language of personal associations produces a cartographic imprint of his vision that defines his response to a world that we all inhabit.

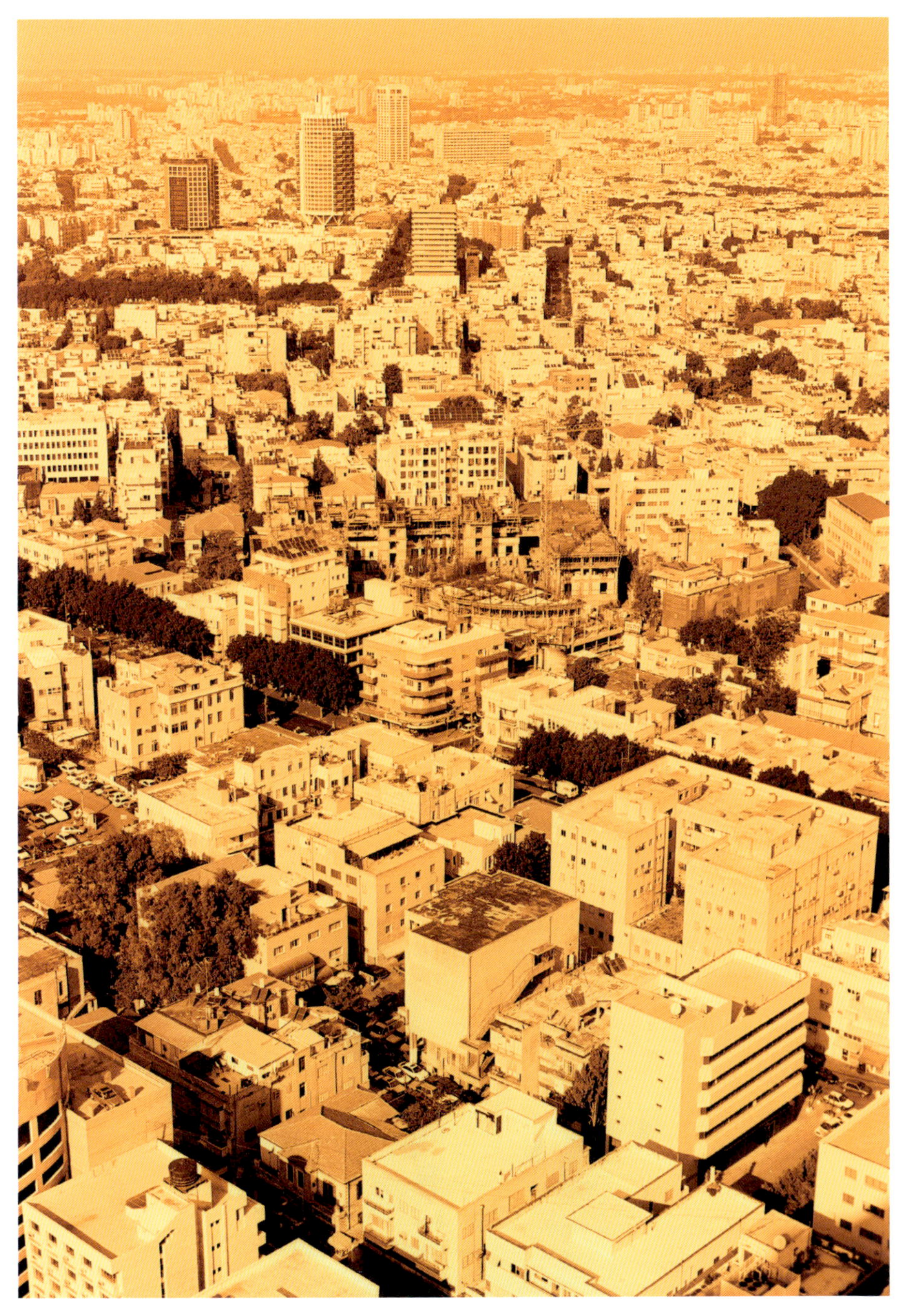

Wolfgang Tillmans
Aufsicht (yellow), 1999

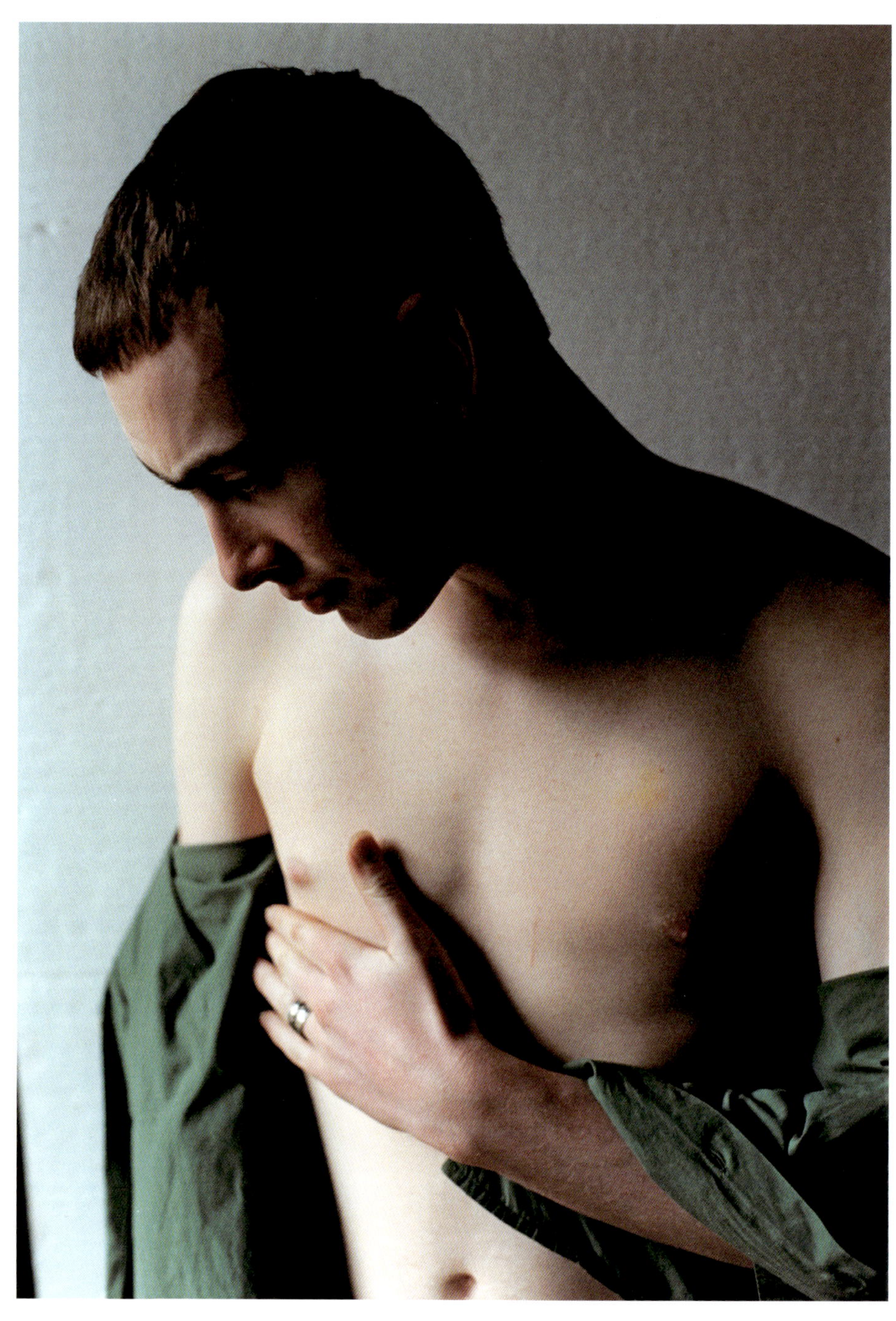

Wolfgang Tillmans
Studio, 1991

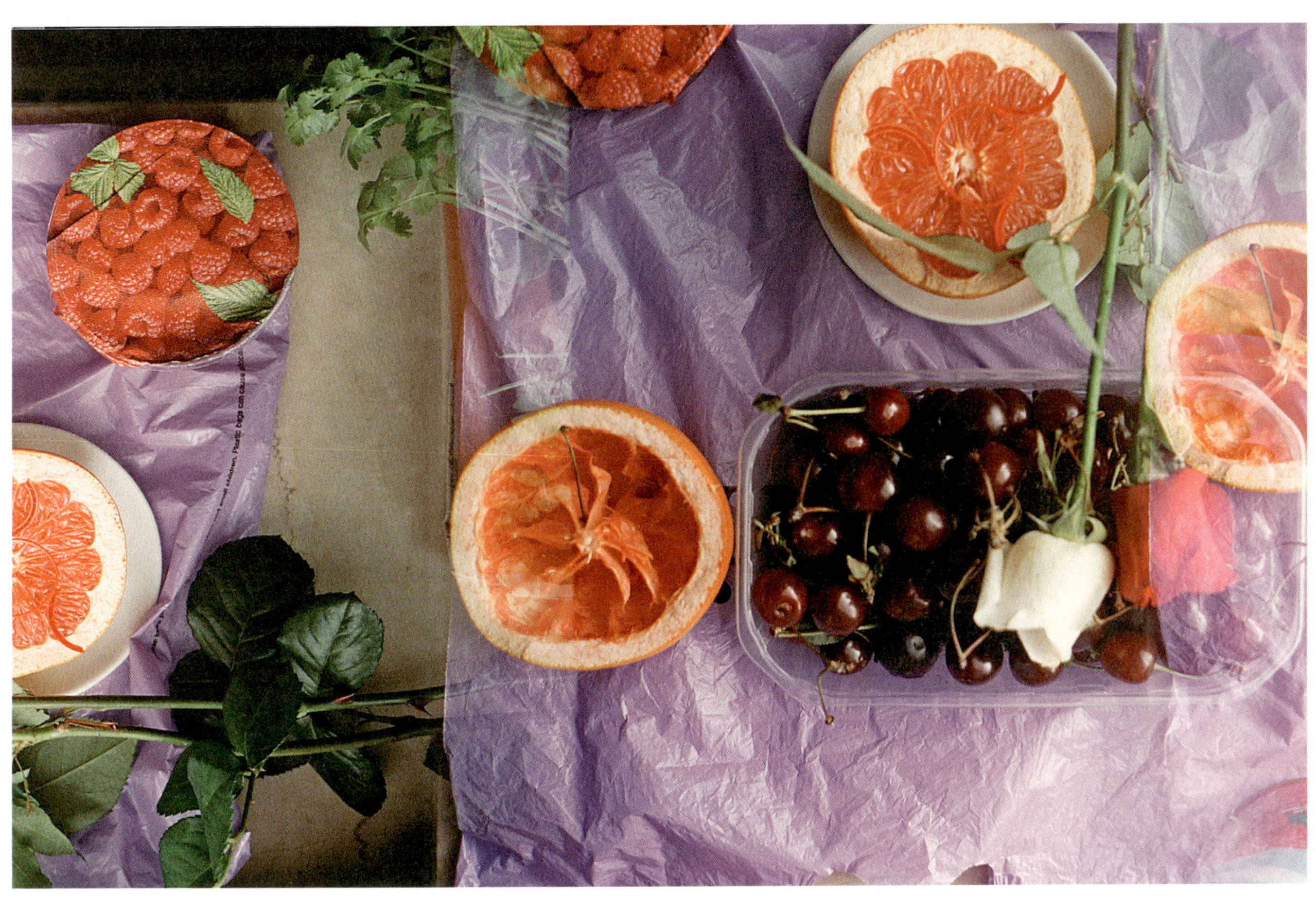

Wolfgang Tillmans
Stilleben Marktstrasse, 1997

Karen Kilimnik
Mary Shelley Writing Frankenstein
[Mary Shelley écrivant Frankenstein], 2001

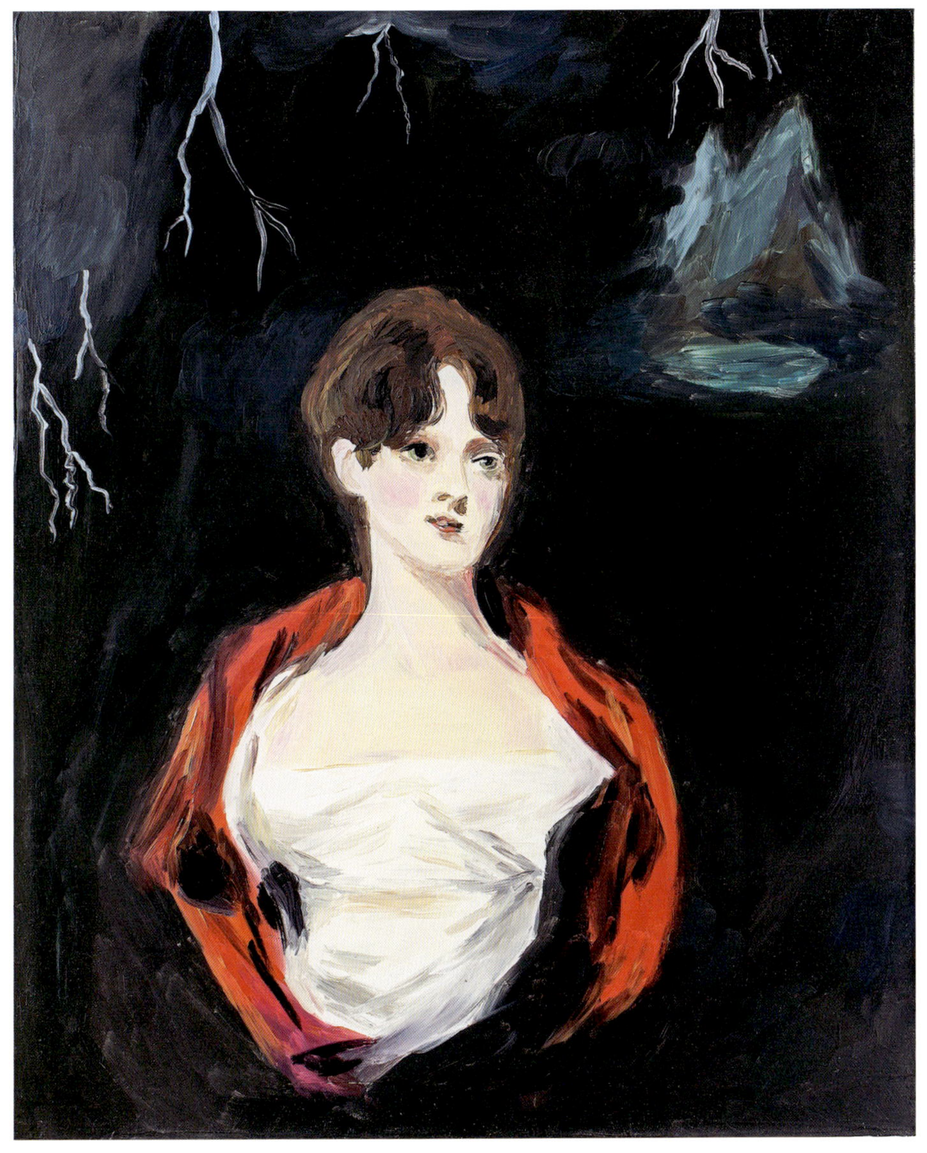

MICHAEL KREBBER
1 CASTEL STREET [1, RUE DU CHÂTEAU]
2001

Certains tableaux de Michael Krebber sont des toiles ready-made, ou des collages. Ici, avec *1 Castel Street*, la peinture semble avoir été juste ébauchée, comme s'il avait abandonné son projet de réaliser un tableau à peine celui-ci commencé, dès les premiers traits. La figure inachevée suffit pourtant à en évoquer d'autres. L'esquisse semble être celle d'une chaussure, un mocassin. Et ces quelques lignes suffisent à faire émerger une histoire et des images : les chaussures peintes par Van Gogh, les commentaires qu'ont pu en faire des philosophes ou des historiens, mais aussi les premiers dessins de Warhol, illustrateur de mode apprécié pour ses dessins de chaussures, par exemple. La fatalité de la peinture est d'être, plus que d'autres formes d'art récentes, surchargée d'histoire. La façon personnelle que Krebber a de déjouer cette fatalité est de changer constamment sa manière de peindre. Il a fait de l'absence de style son signe distinctif paradoxal.

Cette volonté de ne pas se répéter (dans son art, son enseignement, ses habitudes) est devenue une éthique, un comportement valable dans tous les domaines. Dans *1 Castel Street*, ce rejet du style est obtenu en cherchant le plus grand degré de généralité. La chaussure est une image indéfinie, presque schématique, se détachant sur un fond non-spécifié, laissé blanc, comme un fond de studio photo ou une feuille blanche. Cette impression est encore renforcée par le titre, « 1, rue du Château », qui est comme un leurre – une adresse commune, qui pourrait être n'importe où. *1 Castel Street* offre le minimum, non pas par goût esthétique de l'épure – mais pour exercer, comme on dirait dans d'autres domaines, son droit de retrait.

Some of Michael Krebber's paintings are ready-made canvases or collages. Here, with *1 Castel Street*, the painting appears to have been only just begun, as though the artist had given up on his piece after having barely started it, after only a few brushstrokes. This unfinished figure, however, is sufficient enough to bring other ones to mind. The sketch seems to be of a shoe, maybe a loafer. These few lines suffice to summon a whole history and images – the shoes that Van Gogh painted, and the commentaries made about them by philosophers and historians; but also Warhol's early drawings, when he was a fashion illustrator appreciated for his drawings of shoes, for example. The curse of painting is to be overloaded with history – much more so than other recent art forms. Krebber's very own way of thwarting such destiny is to endlessly change his style of painting. He has turned this absence of style into a paradoxically distinguishing feature of his work.

This will to never repeat himself (in his art, in his teaching, in his own habits) has become an ethical code, a general behaviour. In *1 Castel Street*, the refusal of style is obtained by aiming for the greatest degree of generality. The shoe is an undefined picture, almost schematic, set within an unspecified background, blank as a page or as the background of a photo studio. The painting's title, *1 Castel Street*, underlines this feeling: it's meant to deceive – this common address could be found anywhere. *1 Castel Street* offers just the minimum, not because of an aesthetic taste for the pared-down, but in order to exercise, as one would term it in other fields, one's right of withdrawal.

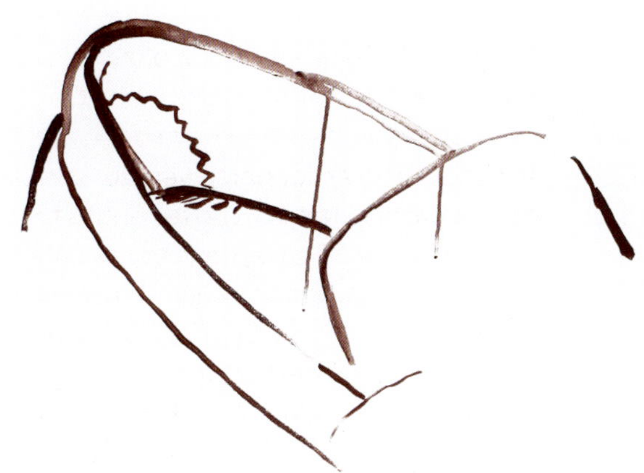

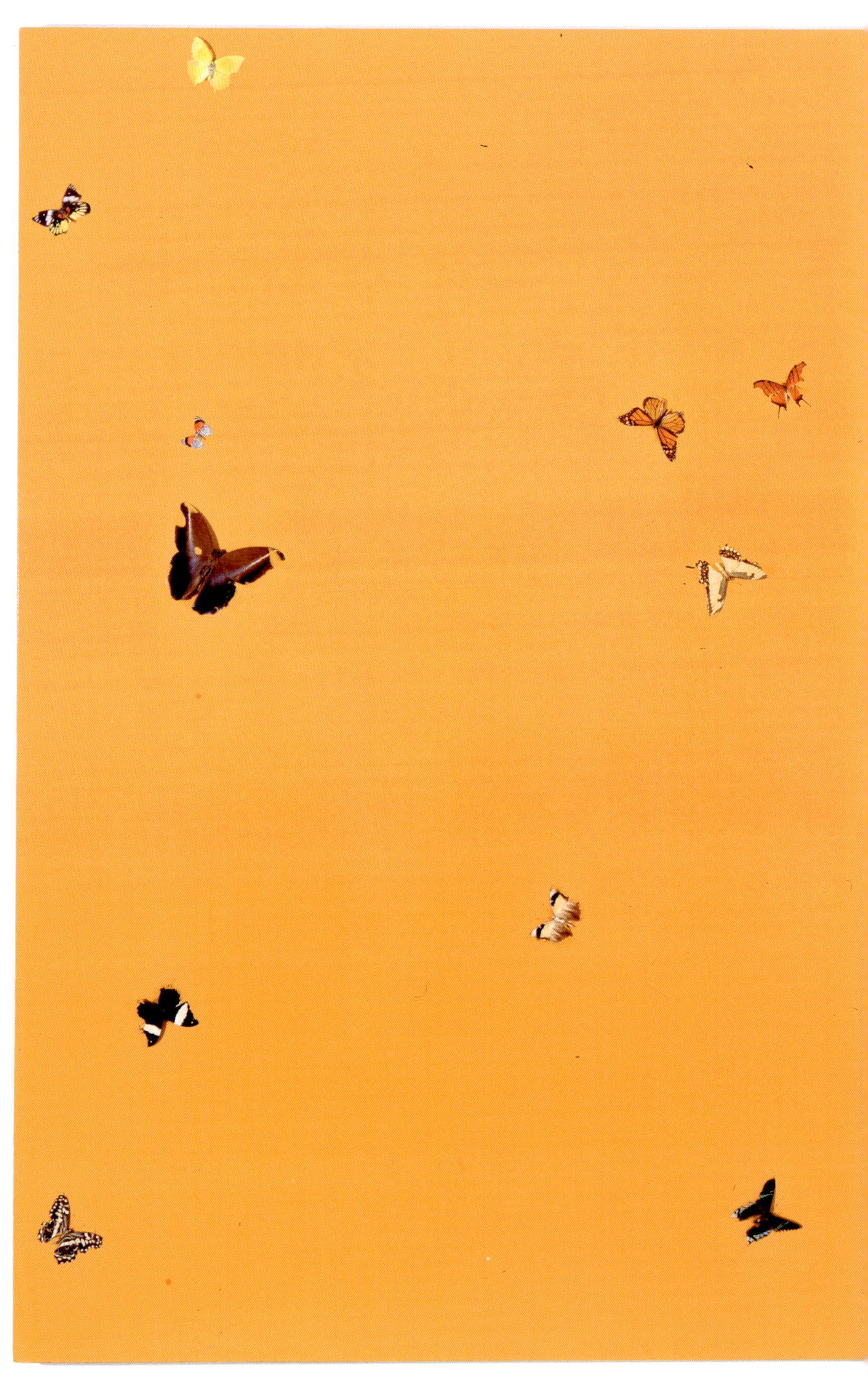

Damien Hirst
Love Unparalleled [Amour inégalé], 2001

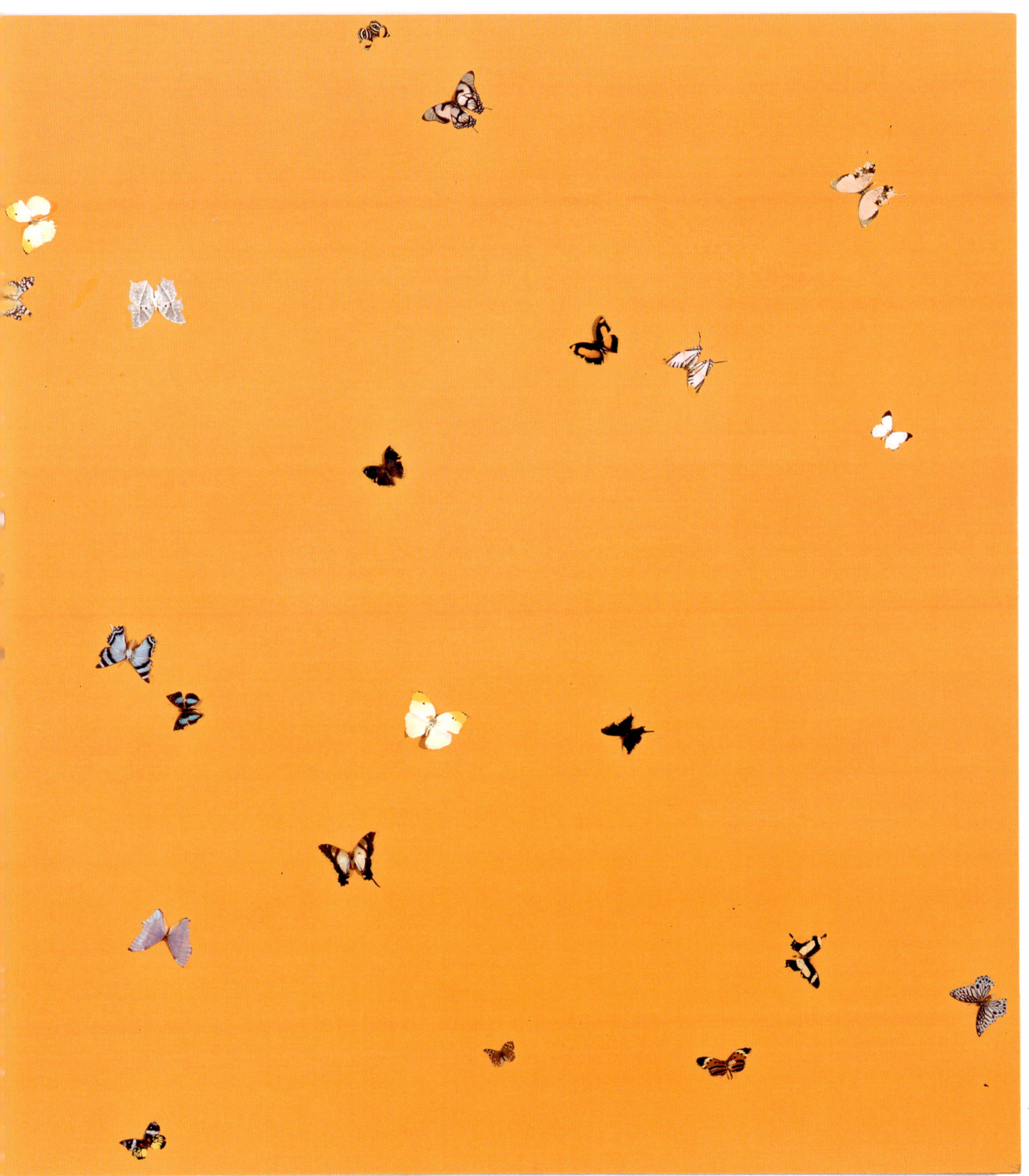

GLENN BROWN
LEMON SUNSHINE [SOLEIL CITRON]
2001

Glenn Brown privilégie une technique et une facture très classiques, avec des peintures à l'huile sur toile très travaillées, et même virtuoses. Mais sous des apparences traditionalistes, ses tableaux s'apparentent à des provocations, comme quand il copie des maîtres anciens de manière illusionniste, tout en glacis, avec des empâtements. Aussi fantastiques que soient ses sujets, par exemple quand il reproduit des paysages de science-fiction, ou quand il s'inspire de portraits du XVIIIe siècle, copie des tableaux modernes, ses peintures relèvent d'une forme de réalisme ; mais la réalité de ce « réalisme » est celle de la culture. Ce qu'il dépeint est choisi dans notre environnement, qui est avant tout fait d'images. En ce sens, ses tableaux peuvent être perçus comme des allégories de notre époque, où une image en cache toujours une autre.

Glenn Brown a décrit sa démarche s'agissant des portraits : « à l'origine un modèle, assis sur une chaise, dans l'atelier, dont les traits sont interprétés par l'artiste. Une fois terminée, l'œuvre est photographiée. La photographie est ensuite imprimée et elle trouve sa place dans un livre. Je me procure cet ouvrage et c'est à partir de celui-ci que je crée ma peinture. Au fil de ces étapes, la personne initiale s'éloigne peu à peu, elle se perd, se détache. C'est l'idée qu'il y a un personnage sous l'image qui m'a toujours donné envie de faire ces tableaux. C'est cette espèce de disparition, comme s'il s'agissait de fantômes. » Au terme de ce processus, les portraits deviennent des abstractions, dont le sujet initial disparaît. Seul subsiste le fond sur lequel se détache une figure informe.

Glenn Brown favours classical technique and craftsmanship to produce oil paintings that are finely wrought and, even, masterful. But under their traditionalist appearance, his paintings resemble provocations. Such is the case when he copies Old Masters by rendering in an illusionist manner the impasto of the canvas through glazing. As fantastic as Brown's subjects can be (when he recreates science-fiction landscapes, draws inspiration from 18th century portraits, or copies modern paintings, for example), his paintings issue from a form of realism; although the reality of this "realism" is culture's one. What he depicts comes from our environment, which is first and foremost made up of images. Thus, his paintings can be seen as allegories of our current condition, where one image always hides another one.

Glenn Brown has described his process of painting portraits as such: "Originally a model sitting in a chair in the studio who gets characterized by the artist. Once finished, the work is photographed. Then the photograph gets turned into a print, which gets put into a book. I get the book and I do my paintings from it. Through those stages, the original person gets further and further back. Further and further lost, further removed. The whole notion that there was a character underneath the image kept me wanting to do them. It was that sort of loss, as if they were ghosts." At the end of this process, the portraits become abstractions, whose original subject has disappeared. Only the background remains, with a formless figure in front of it.

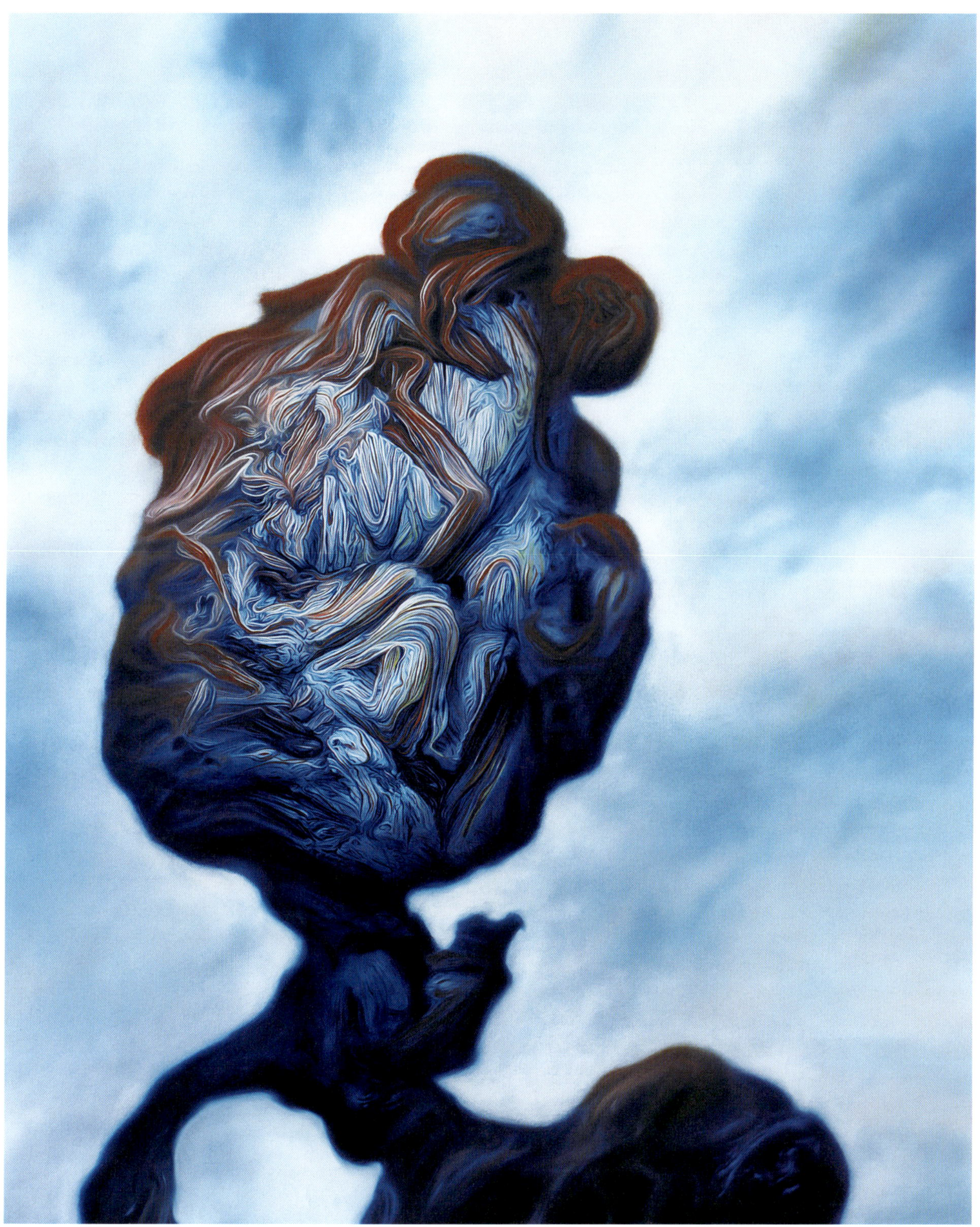

RAYMOND PETTIBON
NO TITLE (SHE WAS MUSICAL)
[SANS TITRE (ELLE ÉTAIT MUSICALE)]
2001

Dans ce dessin sans titre, différents fragments de texte accompagnent le portrait d'une jeune femme ; on s'attend à ce que le texte explicite l'image, l'inscrive dans un récit. Les mots semblent fonctionner comme une sorte de sous-titrage, et de fait, ils aident à mettre l'image dans un contexte : une artiste, un groupe de rock... Mais comme toujours dans les dessins de Raymond Pettibon, même si les images sont suffisamment simples et accessibles, un regard plus attentif nous fait comprendre qu'elles sont très elliptiques. « Word up », est-il par exemple écrit, soit « à fond ». Mais à fond quoi ? Les fragments de texte ne constituent pas vraiment un commentaire de l'image, pas plus que l'image n'en est l'illustration. L'amalgame d'images et de mots qui est le ressort principal du travail de Pettibon, et que l'on retrouve dans tous ses autres dessins, repose sur des associations poétiques du mot et de l'image, à la fois hermétiques et laissées ouvertes à différentes lectures ou significations.

Comme en témoignent les autres dessins de Pettibon de la collection Cranford, les thèmes qu'il aborde recouvrent à la fois la littérature classique, la culture populaire américaine ou la religion. On y croise Tarzan (à moins que ça ne soit un surfer ou un super-héros), *No Title (So many urgent...)*, une scène qui semble tirée d'un film noir, *No Title (Marie, Cassandre, and)*, un autoportrait, *No Title (Don't you know)*, qui ne nous dit rien sur son auteur (sauf peut-être le sentiment de vanité que lui inspire la notoriété), ou encore une abstraction à l'encre qui pourrait faire penser à Michaux, *No Title (Supply not only)*.

In this untitled drawing, different fragments of text frame the portrait of a young woman. One would naturally expect the texts to elucidate the picture and inscribe it into a narrative. The words seem to act as some kind of subtitles, and they do help us to situate the image in a context, that of an artist, a rock band... But as always with Raymond Pettibon's drawings, even if the images are sufficiently simple and understandable, a closer look makes us realise that they are elliptical. "Word up" is written somewhere, for example. But word up for what? These fragments of text don't really constitute a commentary of the image, in the same way that the image is not an illustration. This juxtaposition of images and words, which is central to Pettibon's work (and which we can see in his other drawings), is based on poetical associations between the two, that are equally hermetic and open to many different interpretations and meanings.

As shown in the other drawings of the Cranford Collection, the themes that Pettibon addresses range from classical literature and American popular culture to religion. In his other drawings, we come across Tarzan (unless it is a surfer or a super hero) in *No Title (So many urgent...)*; a scene straight out of a film noir in *No Title (Marie, Cassandre, and)*; a self-portrait in *No Title (Don't you know)* that doesn't say much about its author (except, maybe, that fame inspires in him nothing more than vanity); and an abstract ink painting that remind us of Henri Michaux in *No Title (Supply not only)*.

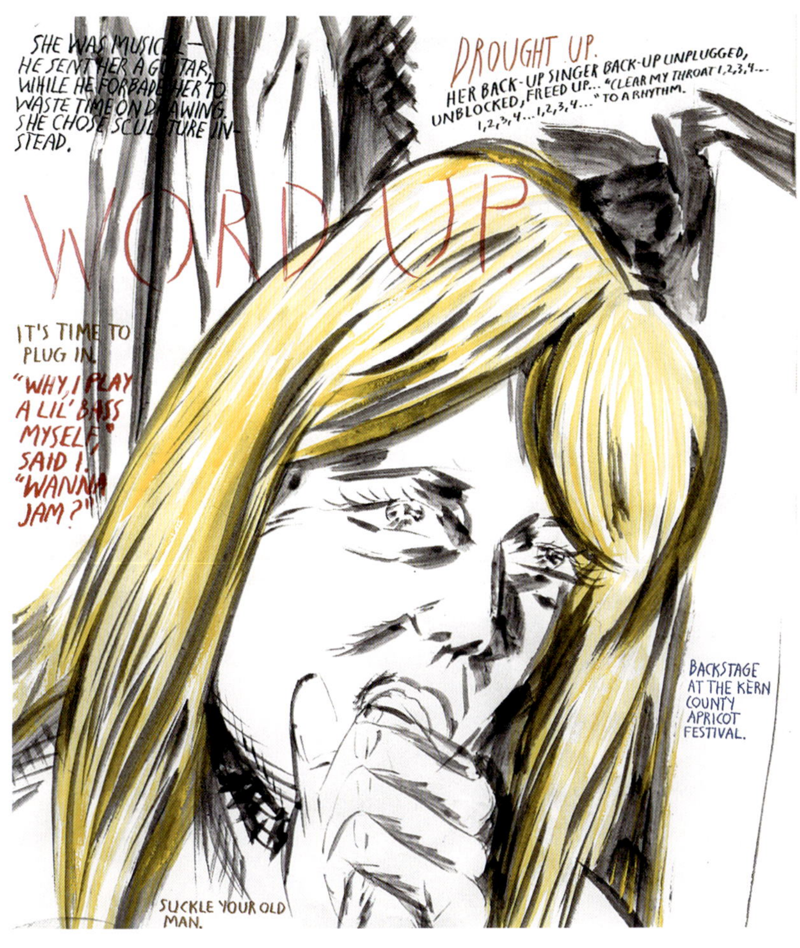

SHE WAS MUSICAL— HE SENT HER A GUITAR, WHILE HE FORBADE HER TO WASTE TIME ON DRAWING. SHE CHOSE SCULPTURE INSTEAD.
DROUGHT UP.
HER BACK-UP SINGER BACK-UP UNPLUGGED, UNBLOCKED, FREED UP... "CLEAR MY THROAT 1,2,3,4... 1,2,3,4... 1,2,3,4..." TO A RHYTHM.
WORD UP.
IT'S TIME TO PLUG IN.
"WHY, I PLAY A LIL' BASS MYSELF," SAID I. "WANNA JAM?"
BACKSTAGE AT THE KERN COUNTY APRICOT FESTIVAL.
SUCKLE YOUR OLD MAN.

MONA HATOUM
GRATER DIVIDE [DIVISION DE LA RÂPE]
2002

La sculpture de Mona Hatoum, faite d'acier, ressemble à un agrandissement de râpes de cuisine articulées entre elles. Elle conserve le matériau de ces outils, l'acier, mais l'échelle la transforme en autre chose ; l'œuvre peut se plier et se déplier, et tient debout comme un paravent. Elle s'inscrit dans le droit fil du travail de l'artiste, qui a réalisé de nombreuses œuvres comprenant des cages, des grillages, des installations incluant le regardeur dans son espace et impliquant ainsi une dimension performative. Ici, du fait de sa forme et de son échelle, cette dimension performative n'est que suggérée. La structure est potentiellement dangereuse. Une situation dans laquelle on peut d'autant plus facilement se projeter que l'objet est agrandi aux proportions d'un objet domestique – un paravent comme ceux qu'on peut trouver dans une chambre. Son échelle est celle d'un corps humain (approximativement deux mètres de haut), ce qui fait d'elle un objet menaçant, susceptible de déchiqueter celles ou ceux qui se frotteraient contre l'un de ses côtés.

On peut déceler un jeu de mots dans le titre (*grater / greater*) : *the great divide*, c'est le fossé, un grand fossé – qui peut être l'obstacle séparant deux communautés, deux classes de la population, une barrière délimitant agressivement une frontière, ou délimitant un espace public ou privé sécurisé. Les frontières, que ce soit les limites entre les États, les communautés, ou entre des espaces privés ou publics, sont des abstractions qui sont matérialisées par différentes sortes de murs, grilles, ou excavations. Ici, la menace impliquée dans ces dispositifs se fait plus précise : la promesse d'un déchiquetage de celles ou ceux outrepassant cette limite.

Mona Hatoum's steel sculpture resembles three giant kitchen graters connected together. It is made of the same material as the original object – steel – but its scale transforms it into something else; the work can be folded and unfolded, and it stands up straight like a room divider or screen. This sculpture falls in line with other works by Hatoum, produced from cages and wire-fences, installations that include the spectator in their space and that imply a performative dimension. Here, because of the work's shape and scale, this performative dimension is only hinted at. The structure is potentially dangerous, a latent danger into which we can project ourselves all the more easily as the piece has been enlarged to the size of a household object – a room divider or screen like the ones that we can find in a bedroom. The size of a human body (roughly two metres high), its scale makes it all the more threatening, likely to tear to pieces anyone who would rub themselves against one of its sides.

The title of the piece is a play on the words *grater* and *greater*. The *great divide* means a gap – a large gap – that can be an obstacle tearing two communities apart, two social groups, a barrier aggressively marking a border or separating a public space from one that is private and protected. Borders (whether between states, communities, or public and private spaces) are abstractions, materialized by all different kinds of walls, gates or holes. Here, the implicit threat of the device is made quite clear – the promise that those who overstep these boundaries will be torn apart.

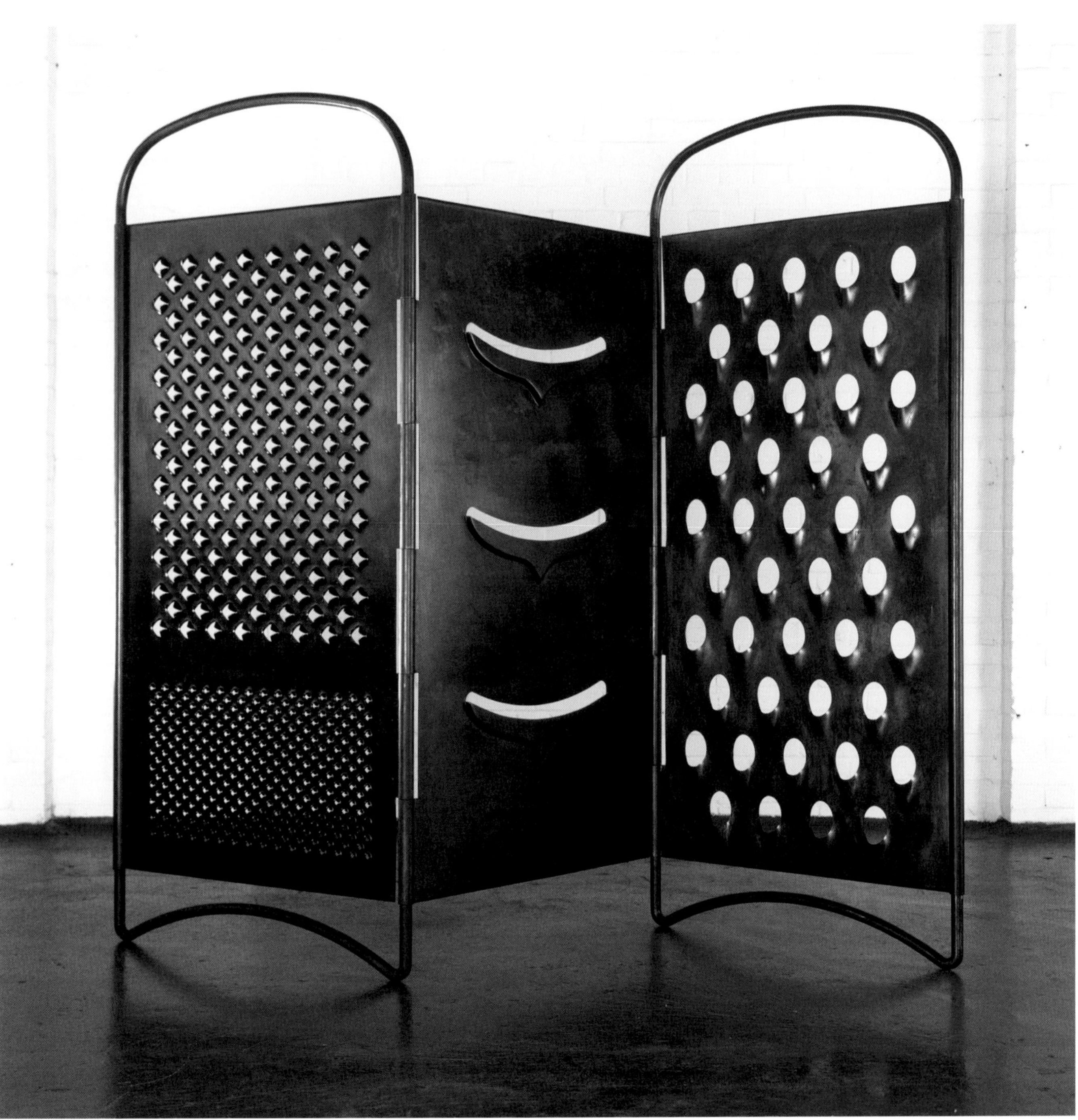

ALBERT OEHLEN
SCHMILZENDER... [FUSION...]
2002

Au début des années deux mille, Oehlen réalise un nombre important de collages et de tableaux abstraits dont font partie les *computer paintings*. Au même titre que ses peintures assistées par ordinateur (qu'il appelle aussi « bioniques ») se présentent comme des « analogues » de peintures expressionnistes de peintures expressionnistes, sans en être véritablement, un tableau comme *Schmilzender* peut être décrit comme une abstraction « post-non-objectif », comme il le dit lui-même, une abstraction gestuelle distanciée, gelée. Encore que le terme « gelé » soit impropre, vu le titre de cette peinture : *Schmilzender* signifie « fusion » en français, et ce serait bien plutôt de point d'ébullition, qu'il faudrait parler. Il n'est pas spécifié de quelle fusion il s'agit – celle d'un réacteur nucléaire, celle de la composition, celle de l'art moderne ou de la peinture abstraite... La composition, ou décomposition, plutôt, est faite d'une confusion de plans, d'espaces imbriqués recouverts de coulures ; certaines zones sont peintes avec un pigment fluorescent et ressortent d'autant plus qu'elles se superposent au reste de la composition. Les autres couleurs sont mal définies, les mélanges paraissent non maîtrisés et les accords chromatiques aléatoires. « Fusion » était un qualificatif dans l'air du temps à l'époque, notamment dans les domaines de la musique et de la cuisine. Mais la « fusion » peut aussi procurer une image intéressante pour l'art au début du XXIe siècle ; au paradigme des révolutions formelles successives s'est substitué dans l'art récent une sorte de précipité cumulatif, qui est comme l'accident nucléaire du Modernisme.

At the beginning of the 2000s, Oehlen created a significant number of abstract collages and paintings, and which include his computer paintings. Just as these computer-assisted paintings (which he calls "bionic") present themselves as "analogues" of expressionist painting, expressionist painting, *Schmilzender...* can be described, in Oehlen's own works, as a "post-non-objective" abstraction – a gestural abstraction that is distanced, frozen. "Frozen" may not be the right word though, given the title of the painting. *Schmilzender* means "fusion" or "melting", and so it would be more appropriate to speak of a boiling point. The nature of the fusion itself is not specified – it could be the fusion of a nuclear reactor, of the composition, of modern art or of abstract painting. The composition – or shall we say, the decomposition – is made up of a disarray of planes and overlapping spaces covered with drips. Some areas are painted with a fluorescent pigment and stand out all the more for being superimposed on to the rest of the composition. The other colours are hard to define – the blending does not appear to be well controlled and the colour scheme feels random. "Fusion" was a fashionable word at the time, especially in music and in cooking. But we can also see "fusion" as an interesting image of art at the beginning of the 21st century – the paradigm of countless revolutions on form replaced, in the art of recent years, with a sort of cumulative spark, not unlike the nuclear accident of Modernism.

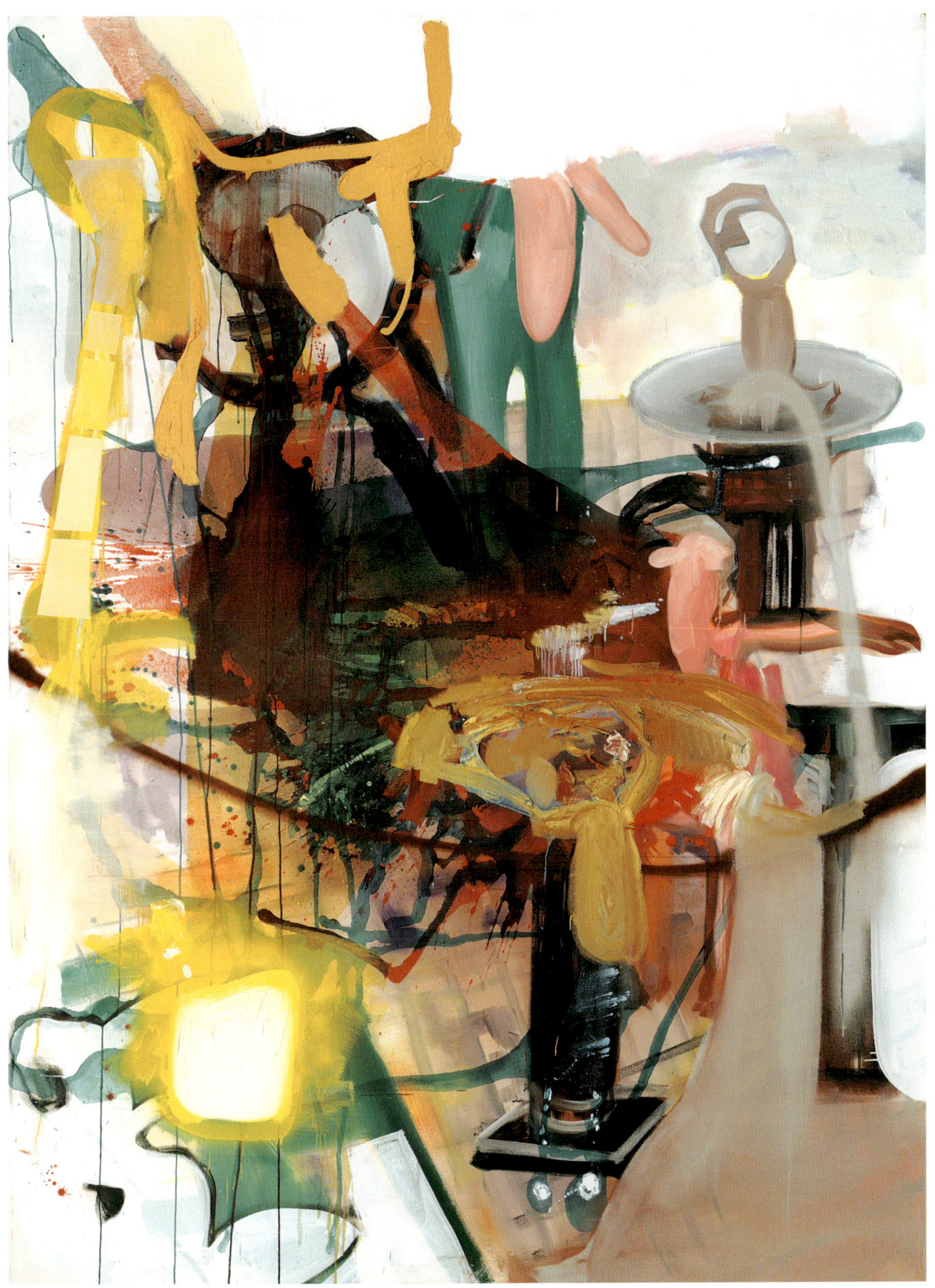

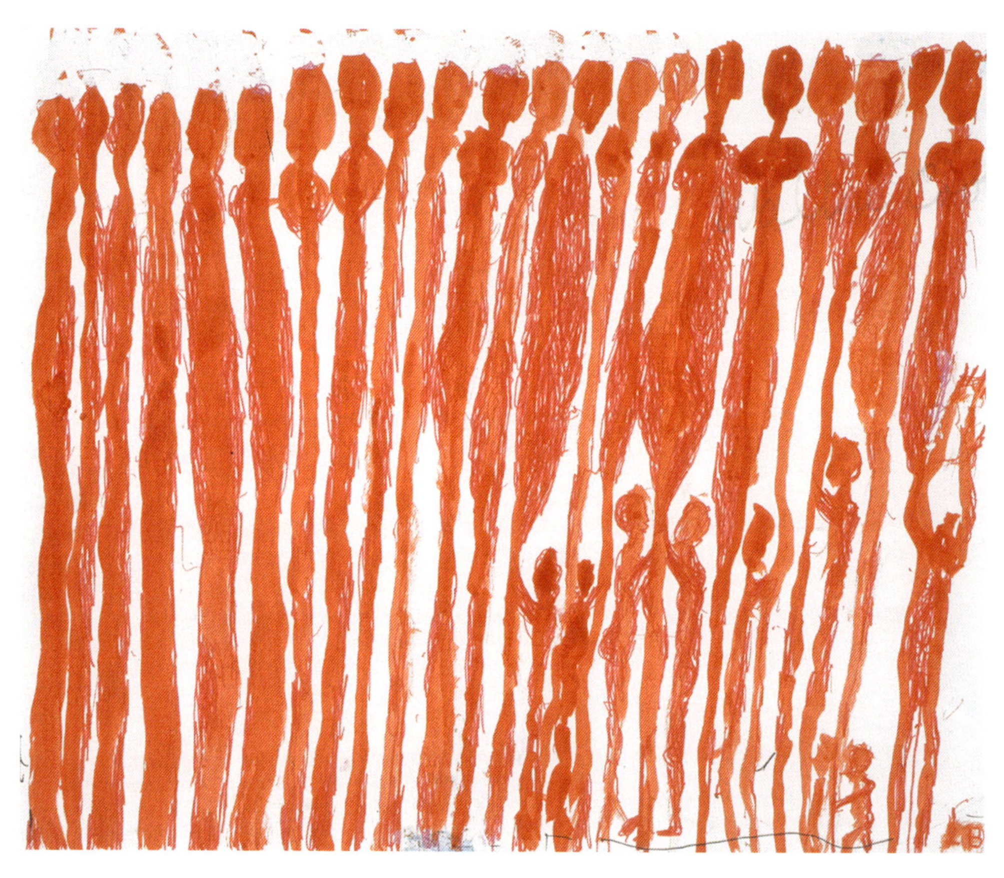

Louise Bourgeois
Mothers & Children [Mères et enfants], 2003

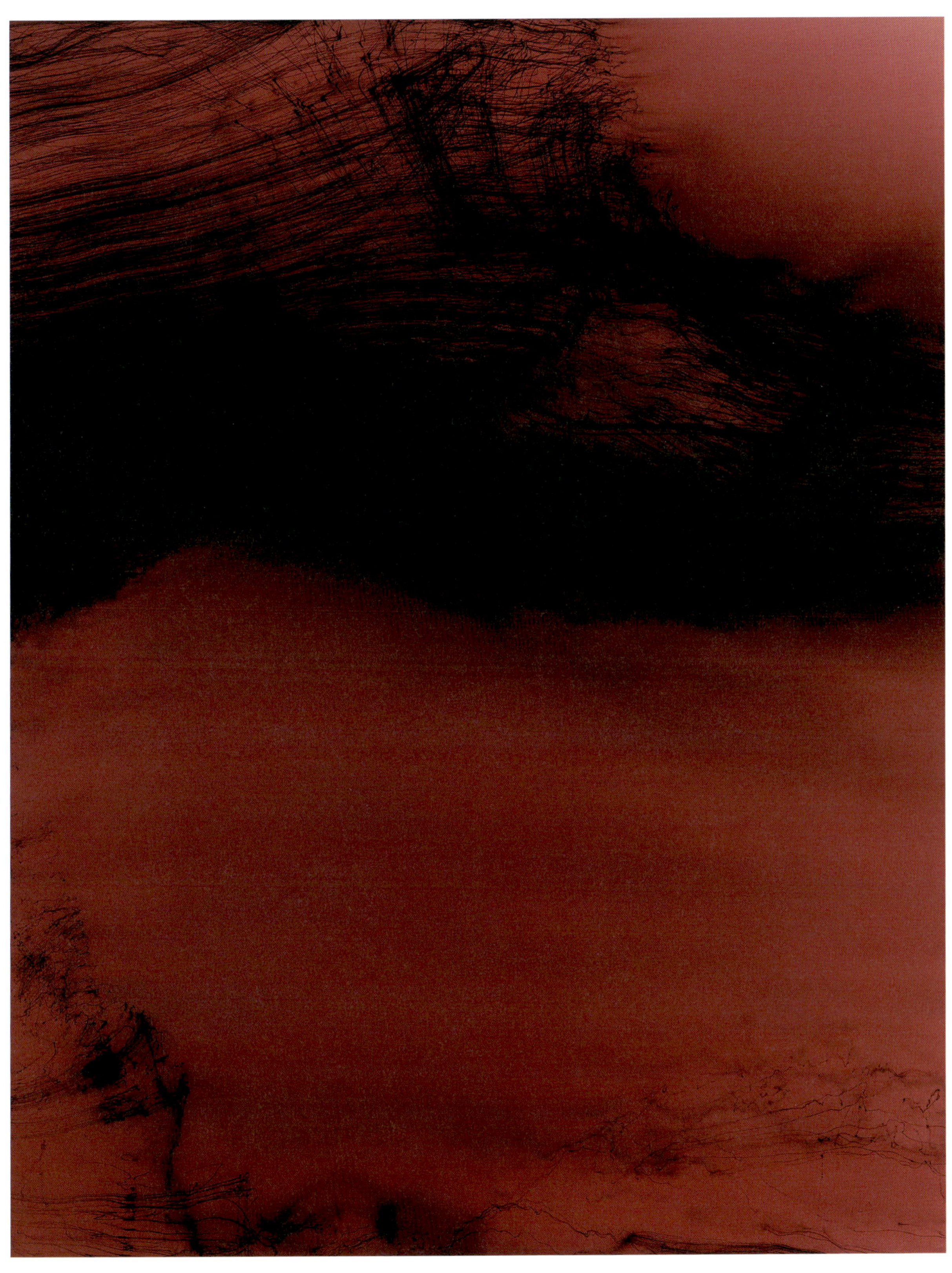

Wolfgang Tillmans
Einzelganger III [Loup Solitaire III], 2003

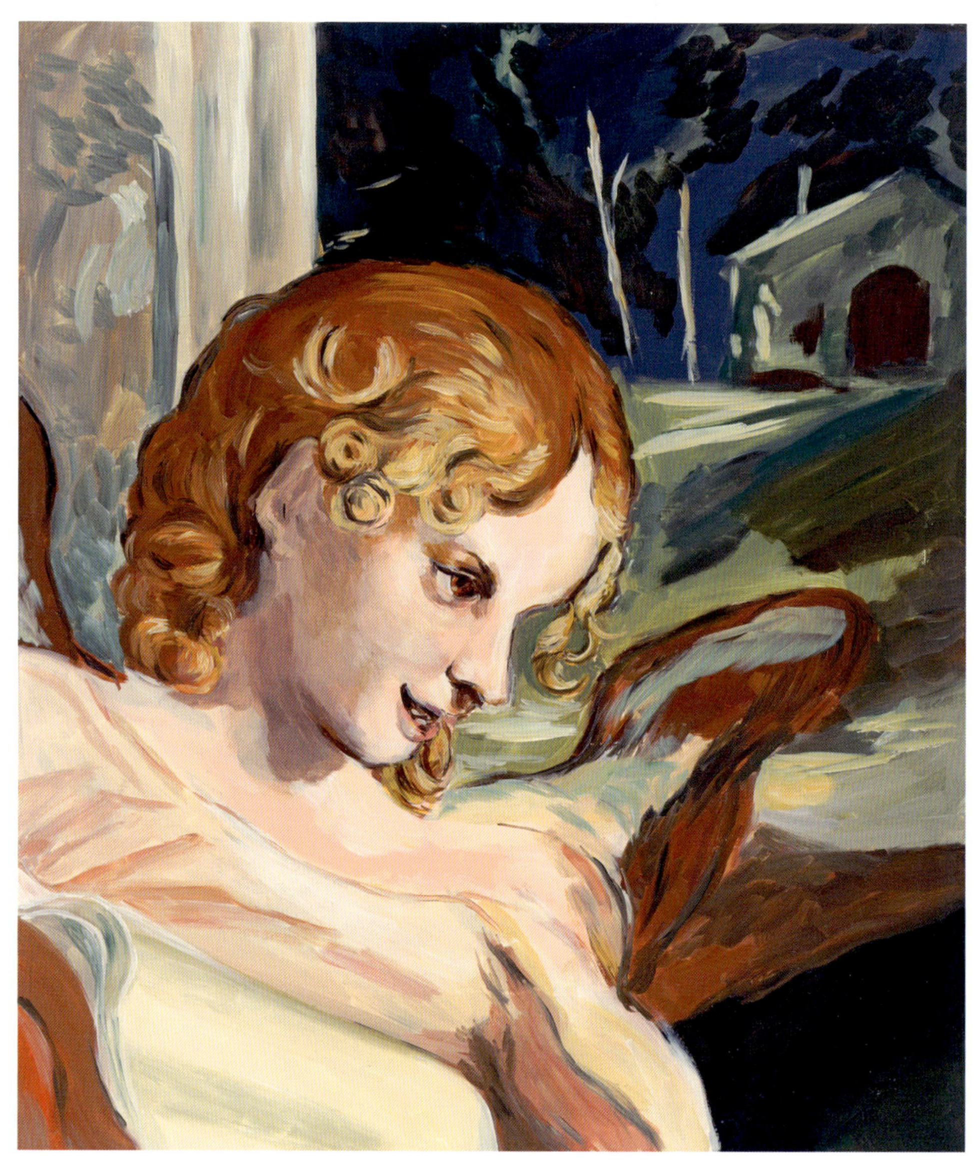

Karen Kilimnik
The Archangel Adrian [L'archange Adrian], 2003

THOMAS HIRSCHHORN & MARCUS STEINWEG
HANNAH ARENDT-MAP
[CARTE-HANNAH ARENDT]
2003

Collaboration avec le philosophe Marcus Steinweg, *Hannah Arendt-Map*, autrement dit la « Carte-Hannah Arendt », agrège des éléments biographiques, des textes, et des renvois au contexte historique de son œuvre. Hirschhorn a réalisé auparavant (mais aussi par la suite) d'autres pièces sur le même principe, comme *Simone Weil-Map* (2020), ainsi que d'autres prenant pour sujet l'œuvre d'écrivains et de philosophes comme Gramsci, Foucault, Nietzsche, Spinoza ou Walser.

Cartographier, c'est reporter sur un plan des repères qui permettent de s'orienter dans l'espace et d'en acquérir une vision d'ensemble. Mais il y a aussi des usages métaphoriques de l'orientation, et l'un des plus célèbres est la dissertation de Kant sur ce que signifie « s'orienter dans la pensée » – autrement dit s'orienter non plus simplement dans l'espace, mathématiquement, mais logiquement. La pièce de Hirschhorn et Steinweg, qui est l'équivalent graphique d'une prise de notes, peut être décrite comme une tentative de s'orienter sensiblement dans la pensée, dans un ensemble de textes, mais aussi une histoire, des enjeux présents. C'est une façon de rendre la pensée effective, vivante. Car penser équivaut à mettre une chose en rapport avec une autre, et c'est finalement de cela qu'il s'agit ici, graphiquement. À propos des pièces de ce type, Hirschhorn expliquait ainsi vouloir « renforcer l'expérience de la lecture ». « En lisant, coupant, tapant et collant je peux être en contact direct avec la pensée et les idées… ». « Faire une carte est une forme pour fixer immédiatement ce que j'ai appris, une forme de soulignement des termes qui sont importants pour moi, et une manière de faire des liens – parce que tout est à propos de faire des liens. »

A collaboration with philosopher Marcus Steinweg, *Hannah Arendt-Map* combines biographical elements with texts and references to the historical context of Arendt's work. Prior to this work (and following it), Hirschhorn has produced other pieces following the same principle: *Simone Weil-Map* (2020) as well as others, that take for their subject matter the work of writers and philosophers such as Gramsci, Foucault, Nietzsche, Spinoza, and Walser.

To chart is to note landmarks on a map in order to position oneself in space and to gain a global vision of the whole. But orientation also offers a metaphorical usage, the most famous one being Kant's essay, "What does it mean to orient oneself in thinking?" – to not simply orient oneself in space, mathematically, but logically. Hirschhorn and Steinweg's work is the graphic equivalent of note-taking, and can be described as an attempt to orient oneself sensitively in thinking, in a body of texts, in a history, in contemporary issues. It's a way to render thought effective, lively. Because to think equates with drawing a link between two things, and it is exactly what we are faced with here, graphically. Talking about these works, Hirschhorn has explained that through them he wanted to "reinforce the experience of reading". "By reading, cutting, typing and gluing, I can be directly in touch with thinking and ideas…". "Making a map is an immediate way of fixing what I have learned, it's a way of highlighting terms that I find meaningful, and a way to draw links – because it's all about drawing links."

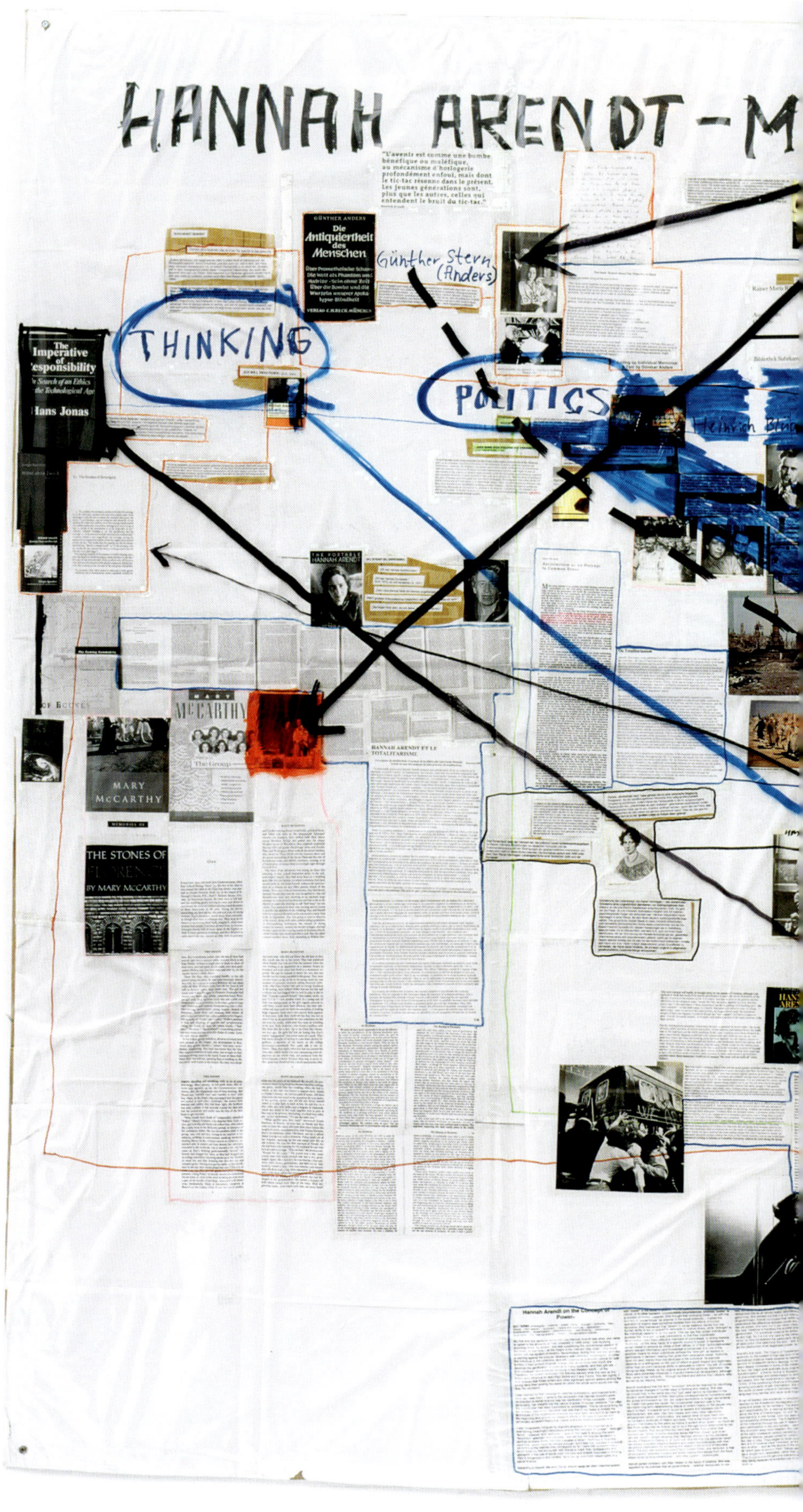

HANNAH ARENDT-M
"L'avenir est comme une bombe bénéfique ou maléfique, au mécanisme d'horlogerie profondément enfoui, mais dont le tic-tac résonne dans le présent. Les jeunes générations sont, plus que les autres, celles qui entendent le bruit du tic-tac."
GÜNTHER ANDERS
Die Antiquiertheit des Menschen
Günther Stern (Anders)
THINKING
POLITICS
The Imperative of Responsibility
Hans Jonas
THE PORTABLE HANNAH ARENDT
MARY McCARTHY
The Group
MARY McCARTHY
THE STONES OF FLORENCE BY MARY McCARTHY
HANNAH ARENDT ET LE TOTALITARISME
Hannah Arendt on the Concept of Power

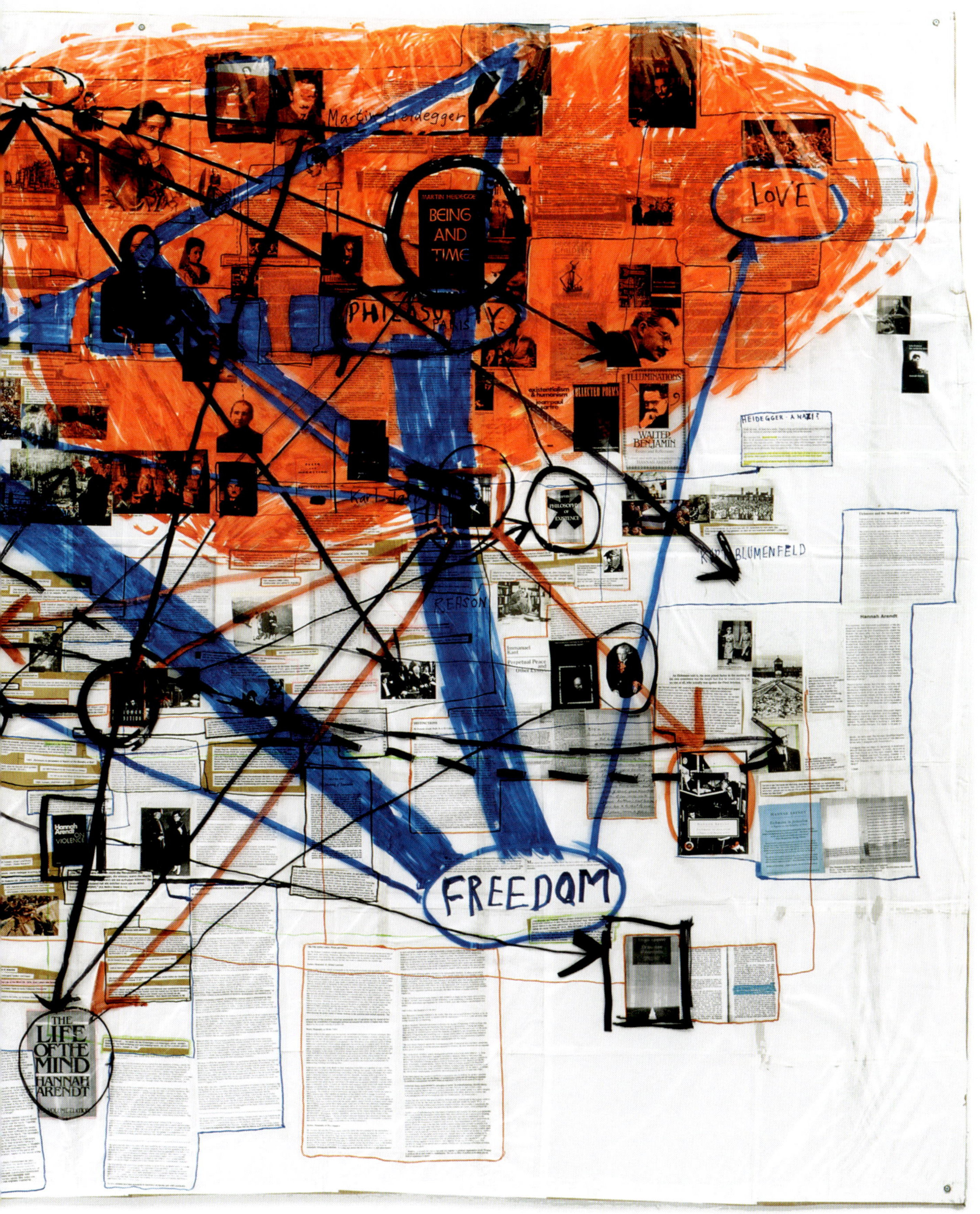
Martin Heidegger
MARTIN HEIDEGGER
BEING AND TIME
LOVE
PHILOSOPHY
existentialism & humanism
Jean-Paul Sartre
SELECTED POEMS
ILLUMINATIONS
WALTER BENJAMIN
HEIDEGGER - A NAZI?
PHILOSOPHY OF EXISTENCE
Karl Jaspers
KURT BLUMENFELD
REASON
Immanuel Kant
Perpetual Peace
Hannah Arendt
Hannah Arendt ON VIOLENCE
FREEDOM
THE LIFE OF THE MIND
HANNAH ARENDT

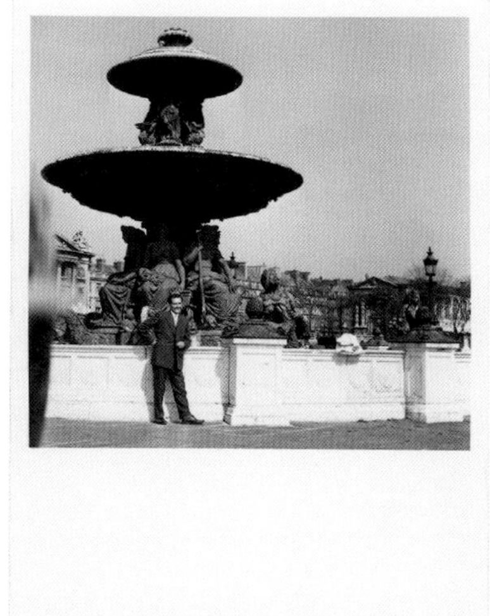

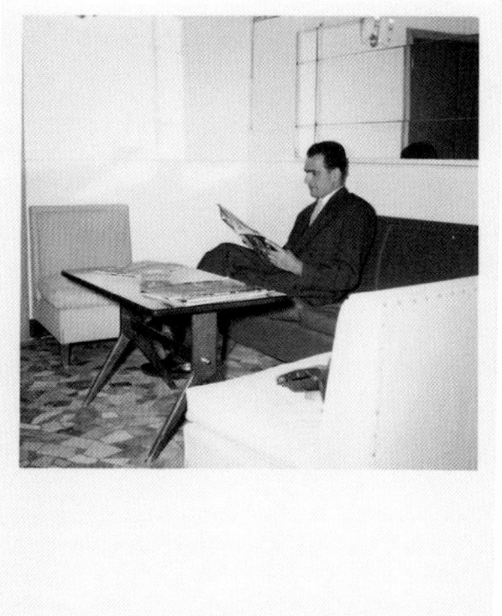

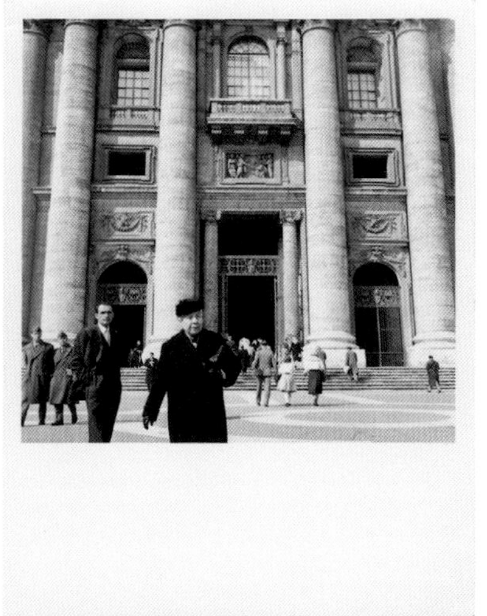

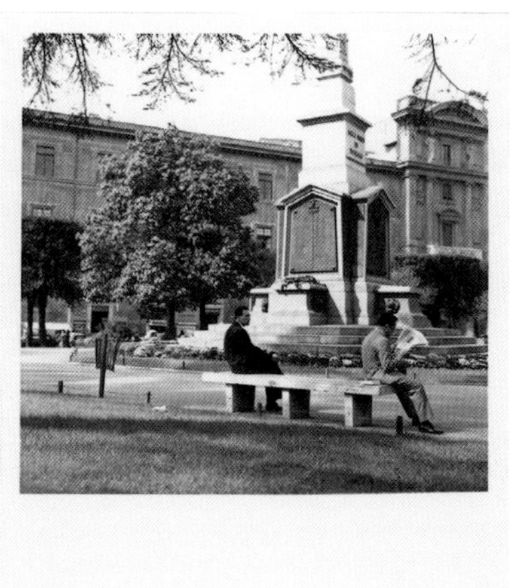

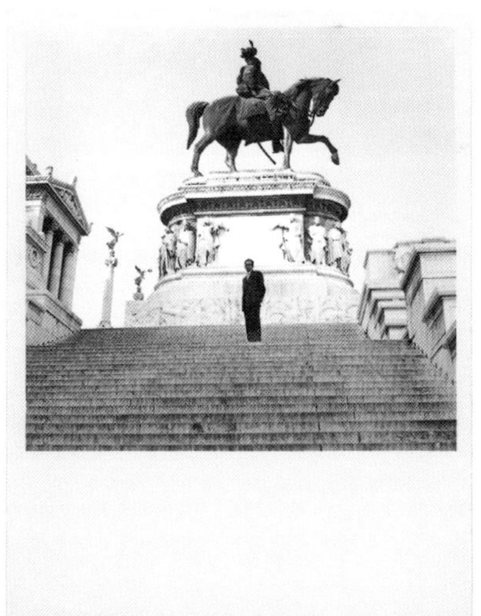

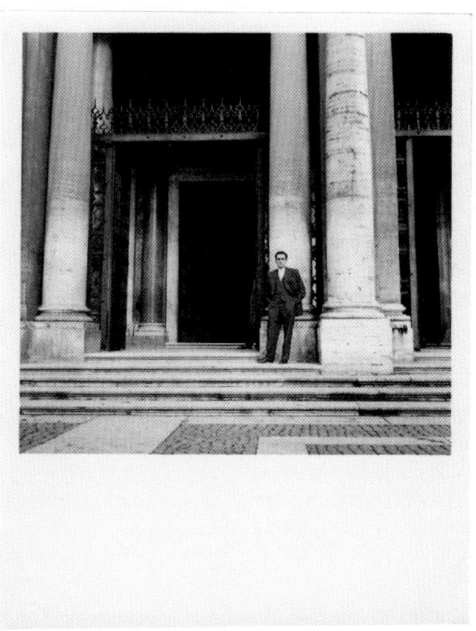

Walid Raad / The Atlas Group
Civilizationally We Do Not Dig Holes to Bury Ourselves (detail)
[Civilisationnellement nous ne creusons pas de trous pour nous enterrer (détail)], 1958/2003

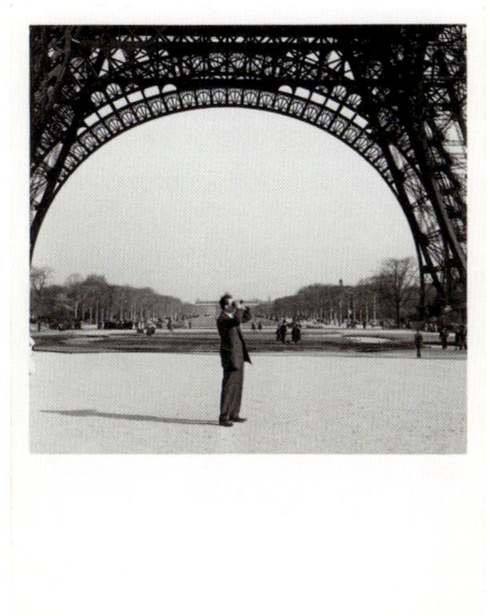

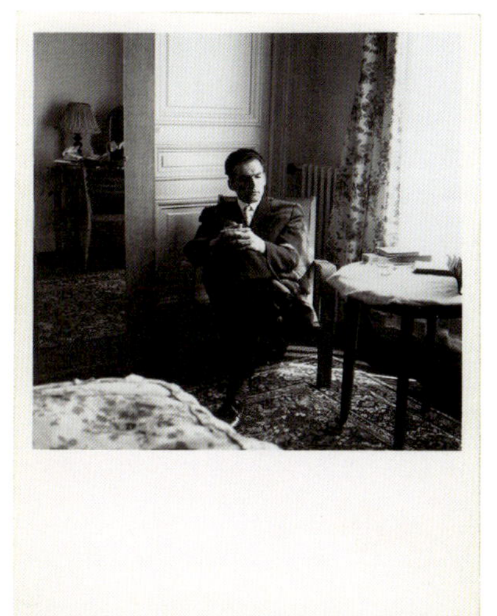

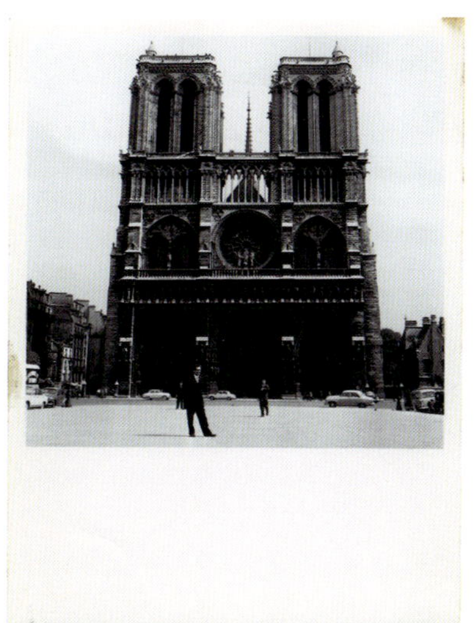

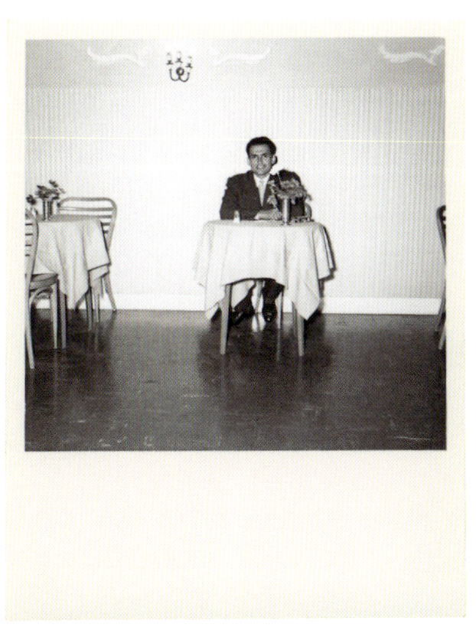

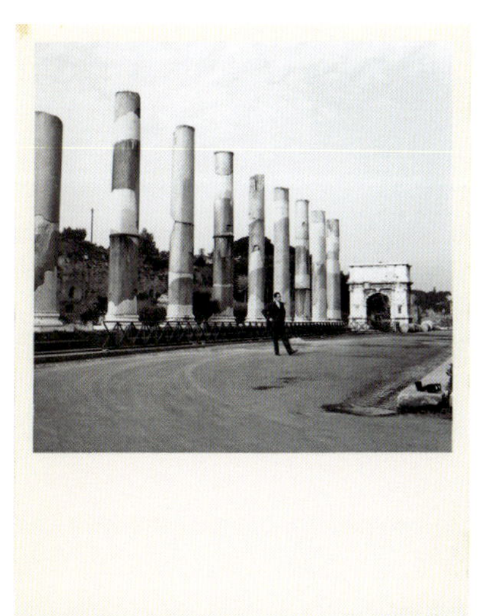

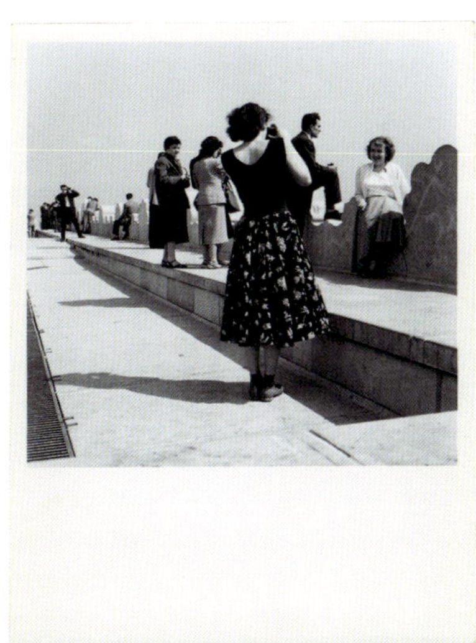

FRANZ WEST
UNTITLED
[SANS TITRE]
2003

Untitled est une pièce réalisée à partir d'une structure en résille, recouverte de carton et de papier mâché peint. Des matériaux modestes, donc, qui peuvent rappeler les travaux pratiqués dans les petites écoles, d'autant plus que l'application de la peinture sur la sculpture n'est pas à proprement parler virtuose.

La matière picturale paraît indifférente à l'endroit où elle est appliquée, au contraire des sculptures polychromes classiques, pour lesquelles les rehauts de peinture servent à accentuer le réalisme du sujet (les joues en rose, les yeux noirs, etc.). Il y a une finalité pratique à cela : ses sculptures doivent être peintes pour des raisons techniques, le papier mâché s'oxydant s'il est laissé à l'air libre trop longtemps. C'est pourquoi Franz West a initialement commencé à peindre ses sculptures.

Même si l'aspect de la sculpture sans titre paraît amorphe au premier coup d'œil, on peut tout de même y percevoir une figure, un buste grotesque ou un globe terrestre monstrueux. L'importance des portions peintes en bleu fait penser à un globe terrestre qui aurait mal tourné, affaissé sur lui-même au niveau du Pôle nord. La surface croûteuse en papier mâché suggère aussi un autre fil d'associations : le papier mâché incorpore en effet les journaux et des objets, les « digérant » dans la sculpture. Le texte, l'écrit du journal imprimé, est le contenu littéral de l'œuvre, mais digéré et régurgité sous une forme nouvelle, ce qui en fait une œuvre secrètement savante.

Untitled is a piece created from a lattice structure, covered with painted cardboard and papier-mâché. These modest materials make reference to the arts and crafts practiced in kindergarten – even more so because the paint that covers the sculpture has been applied with, strictly speaking, little skill.

The paint is applied indifferently to the different parts of the sculpture, in contrast to classical polychrome sculptures in which the paint highlights the subject's realism (pink on the cheeks, black eyes, and so on). There's a practical purpose to this – West's sculptures must be painted for technical reasons as papier-mâché will oxidize if left exposed to fresh air for too long. This is the reason why Franz West began painting his sculptures in the first place.

If, upon first glance, this untitled sculpture looks lifeless, we can still perceive a figure in it – a grotesque bust or a monstrous terrestrial globe. The significant amount of areas painted in blue makes one think of the Earth gone wrong, as though it had collapsed on itself at the North Pole. The crusty, papier-mâché surface offers another set of associations though – as a matter of fact, the papier-mâché is made of newspapers and other objects that seem to be "digested" by the sculpture. The text – the words printed in the newspapers – is the literal content of the piece, although digested and regurgitated under a new form, making this piece a secretly knowledgeable one.

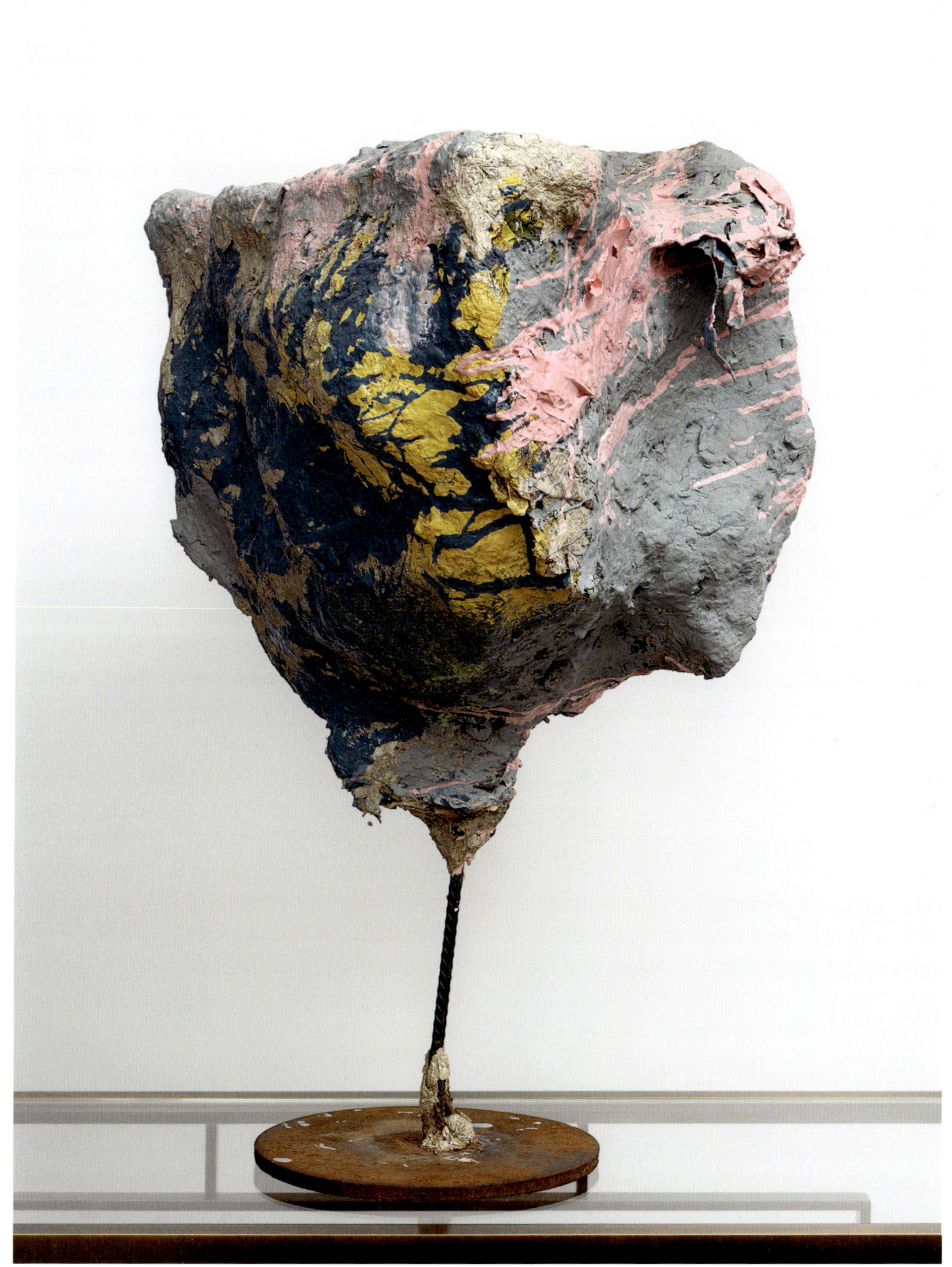

FRANCIS ALŸS
THE NIGHTWATCH [LA RONDE DE NUIT] 2004

Pour réaliser cette vidéo dont le titre est emprunté à *La ronde de nuit* de Rembrandt, Francis Alÿs a, avec l'accord de la National Portrait Gallery de Londres, lâché un renard dans les salles de musée désertes pendant la nuit. Les allées et venues du renard ont été enregistrées par les vingt caméras de surveillance du musée. On voit le renard passer de salle en salle, renifler le sol, les banquettes, vérifier que rien ne se cache en dessous. Il rase les murs, inspecte parfois brièvement les peintures (des portraits des XVIe, XVIIe et XVIIIe siècles de personnages anglais illustres), en les reniflant plutôt qu'en les regardant.

Comme le nom qui lui a été attribué le suggère (« Bandit »), le renard a ici un rôle d'*outsider*, comme le coyote dans *I Like America and America Likes Me* (1974), une performance célèbre de Joseph Beuys ; Alÿs, européen exilé au Mexique, fait un parallèle entre lui et l'animal. « Peu importe combien de temps j'ai été absent, j'ai un pied dans la culture européenne et un pied en dehors… Une partie importante de mon travail a joué sur ce double statut. » En séjournant à Londres pour la préparation de son projet, il avait été frappé par l'omniprésence des caméras de surveillance dans la ville. À l'époque, Londres était effectivement une ville à la pointe dans la surveillance vidéo des espaces publics. Vue sous cet angle, la vidéo est le film d'une intrusion, un documentaire animalier plus qu'artistique. Est-ce que les visiteurs habituels du musée sont eux aussi considérés comme tels, comme des intrus ? Les caméras de surveillance ont après tout été mises en place pour eux, pas pour un renard. La vidéo place le regardeur dans la position du gardien, révélant une sorte d'angle mort, qui est l'omniprésence des dispositifs de surveillance.

In order to make this video, whose title is borrowed from Rembrandt's *The Night Watch*, Francis Alÿs let a fox loose at night in the deserted rooms of London's National Portrait Gallery, with the institution's permission. The museum's 20 security surveillance cameras recorded the fox's comings and goings. We see the fox moving from one room to another, smelling the ground and the seats, checking that nothing lies hidden under them. The fox hugs itself close to the walls, occasionally checks some paintings (portraits of famous British people of the 16th, 17th and 18th centuries) by sniffing them rather than looking at them.

Just like suggested by its nickname, "trickster", the fox here plays the role of an outsider, and like the coyote in Joseph Beuys' famous 1974 performance *I Like America and America Likes Me*, Alÿs, a European exiled in Mexico, draws a parallel between himself and the animal. "No matter how long I've been away, I have one foot in European culture and one foot outside of it… A large part of my work has been based on this double status." When in London to prepare his project, Alÿs was shocked by the omnipresence of security cameras all over the city. At the time, London was indeed at the forefront of the presence of surveillance cameras in public space. Seen from this point of view, the video is the film of an intrusion, closer to an animal documentary than to an artwork. Are the museum's regular visitors considered, like the fox, as intruders? After all, the security cameras were installed for them, not for the fox. The video places the spectator in the position of the guard, revealing a type of blind spot, which is that of the omnipresence of surveillance devices.

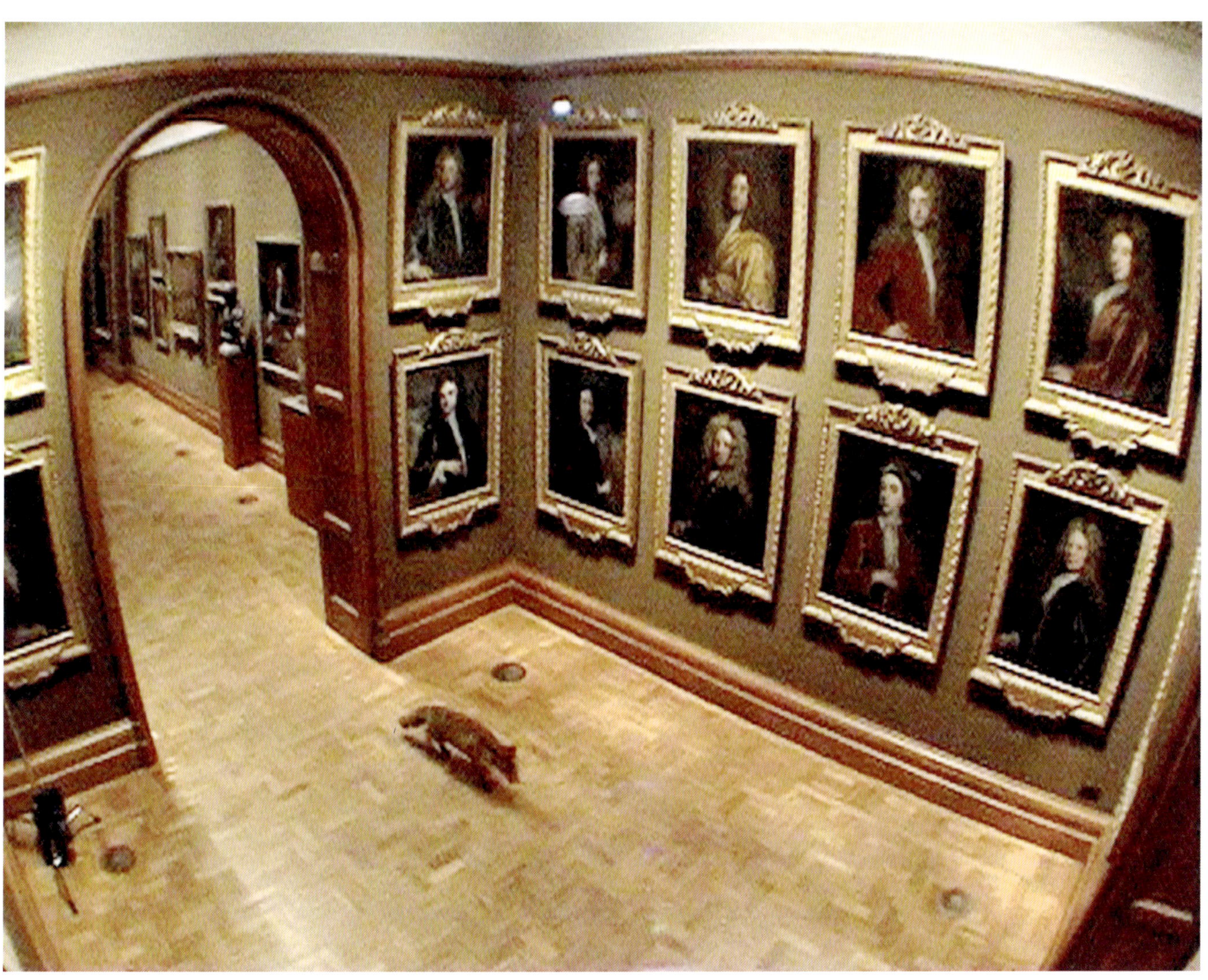

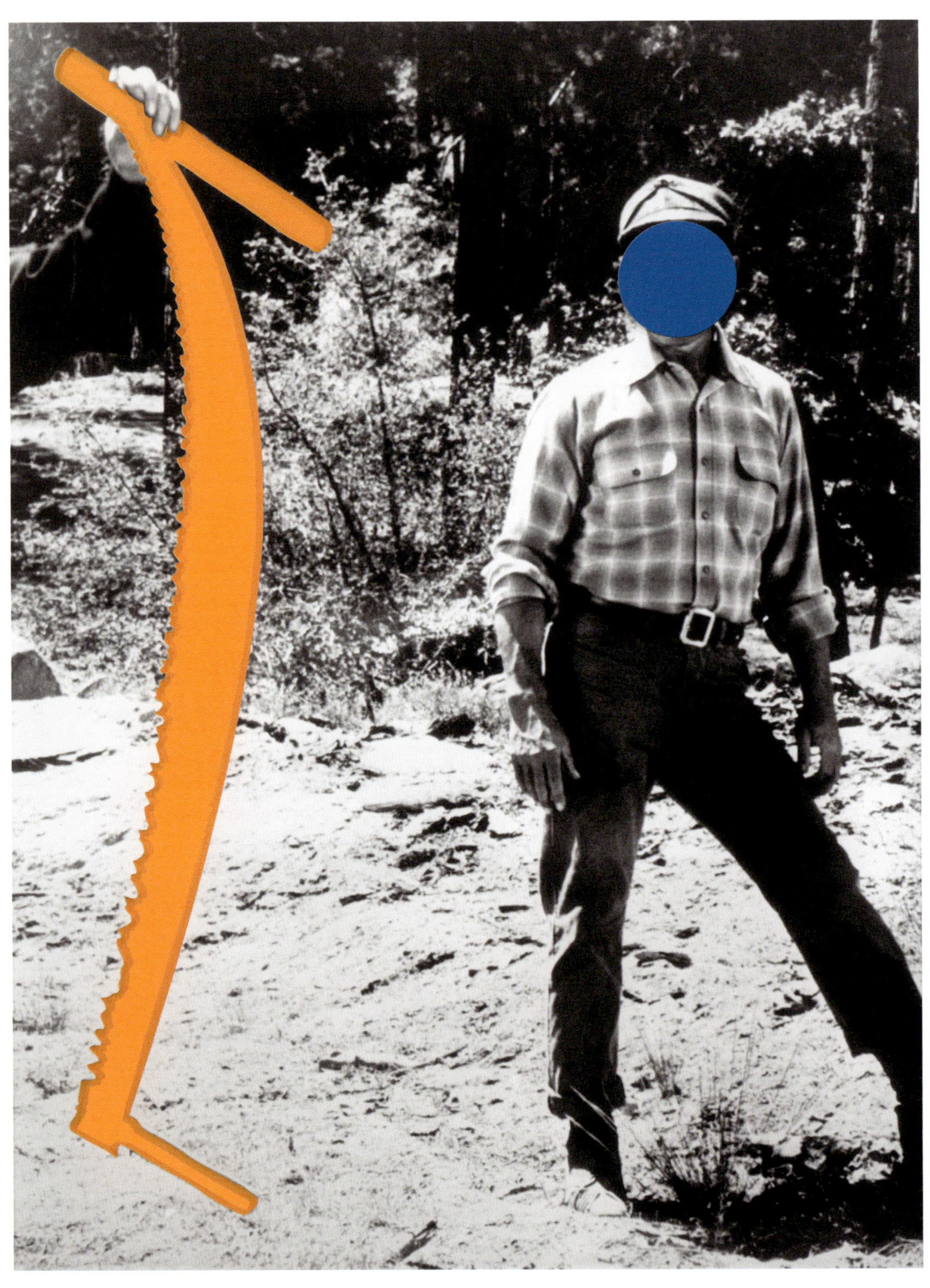

John Baldessari
Two Person Saw (Orange): With Standing Person (Blue) [Scie pour deux personnes (orange) : avec personne debout (bleu)], 2004

Spartacus Chetwynd
Bat Opera [L'opéra des chauve-souris], 2004

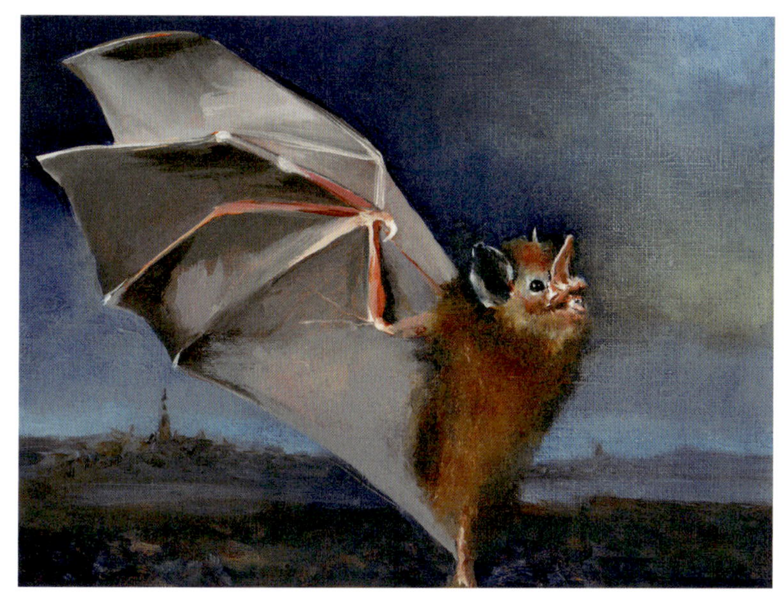

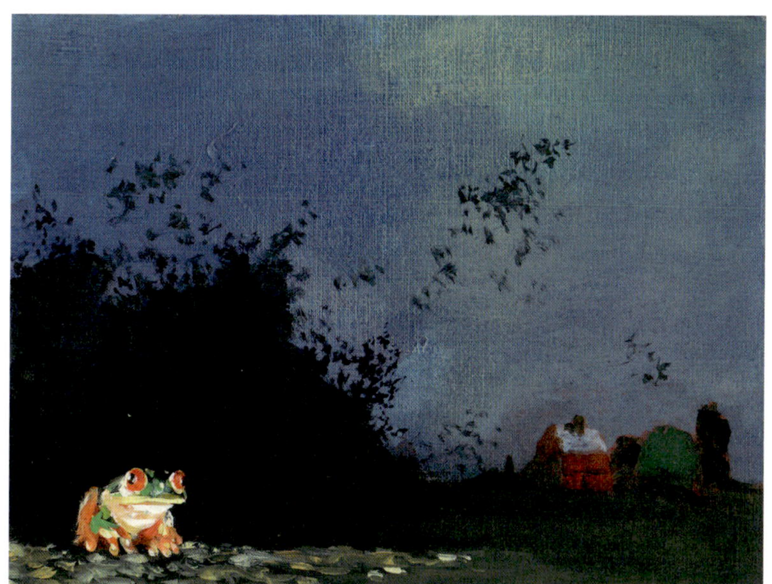

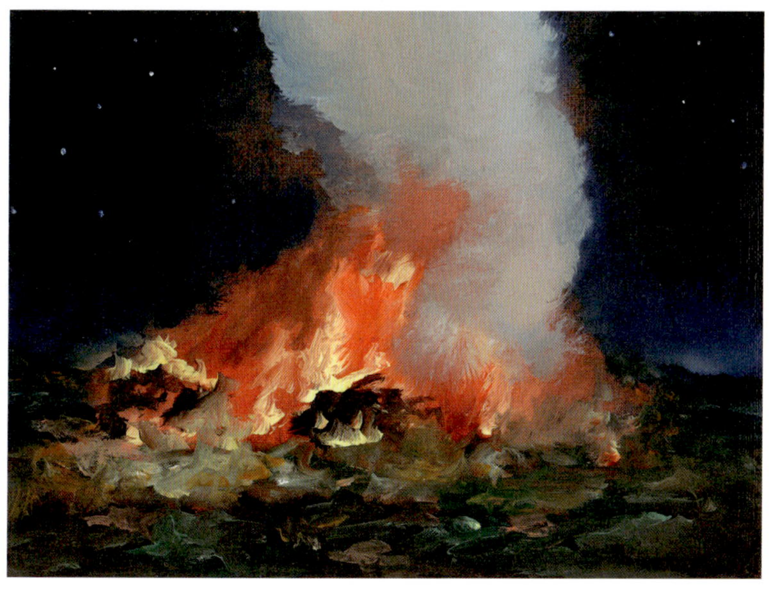

PHIL COLLINS
THEY SHOOT HORSES [ON ACHÈVE BIEN LES CHEVAUX] 2004

they shoot horses (« On achève bien les chevaux ») est une installation vidéo projetée sur deux écrans, montrant deux groupes de danseurs engagés dans un « marathon de danse » d'une durée de sept heures. Ce type d'événement n'est pas une invention de l'artiste, mais a une réalité historique, à laquelle le titre de la pièce renvoie, *via* le roman de l'auteur américain Horace McCoy *They Shoot Horses, Don't They?*, écrit en 1935 puis adapté au cinéma en 1969 par Sydney Pollack, et dont le synopsis est le récit d'un marathon, une forme de divertissement à l'époque, pendant la Grande Dépression aux États-Unis.

Les performers sont filmés en plan fixe et en temps réel sur un fond rose strié par deux lignes horizontales à hauteur de tête. Une des deux projections est approximativement à l'échelle 1/1, l'autre est légèrement plus petite. La musique, synchronisée pour les deux groupes de danseurs, est une série de tubes des dernières décennies. On peut voir l'énergie des danseurs faiblir au fil des heures, la fatigue ayant naturellement raison de leur enthousiasme. Les danseurs et danseuses sont des jeunes gens de Ramallah, en Palestine, où a été filmée la vidéo durant le Second Intifada. En filmant les étapes de plaisir manifeste, d'euphorie, d'endurance et d'épuisement que les participants traversent au cours de leur performance, l'installation va à l'encontre des stéréotypes qui définissent les jeunes Palestiniens uniquement à travers le prisme du conflit israélo-palestinien. Comme les danseurs qui concourraient dans ces spectacles du temps de la Grande Dépression, les jeunes de Ramallah dansent malgré l'occupation sans fin et un contexte politique et économique écrasant. Il y a bien sûr une analogie entre les deux époques et les motivations des participants à travers le temps : conjurer la Dépression (ou la Compression, plutôt, pour les Palestiniens) par une activité liée au plaisir, à la joie. L'œuvre produit en ce sens une sorte de contre-image optimiste, à contre-courant du lieu commun partagé en Occident qui ne voit ce pays que sous l'angle du conflit, de l'oppression et de la violence.

they shoot horses is a two-channel video installation, featuring two groups of dancers performing a seven-hour-long "dance marathon". This type of event is not of the artist's own invention, but a historical reality, which the title of the piece alludes to via American author Horace McCoy's 1935 novel, *They Shoot Horses, Don't They?*, a film adaption of which was made by Sydney Pollack in 1969. It tells the story of dance marathon competitions as a form of entertainment during the Great Depression in the United States.

The performers are filmed in real time by a static camera against a pink background with two horizontal stripes at head level. One channel projected roughly at slightly larger than a 1:1 scale, the other slightly smaller. The music – a series of pop hits from the last several decades – is synchronized for the two groups of dancers. As the hours go by, we witness the dancers' energy wane; fatigue naturally gets the better of their enthusiasm. The dancers are young women and men from Ramallah, Palestine, where the video was shot during the Second Intifada. By conveying the stages of manifest pleasure, euphoria, endurance and exhaustion that the participants go through over the course of their performance, the installation goes against stereotypes that define young Palestinians only through the lens of the Israeli-Palestinian conflict. Just like the dancers who took part in the performances during the Great Depression, the youth of Ramallah dances despite the never ending occupation and the crushing political and economic context. Of course, there is an analogy between the two epochs and the dancers' motivations across time: to ward off the Depression, or rather, the Compression, in the case of Palestinians, through an activity associated with pleasure and joy. In this sense, the work creates an optimistic counter-image that goes against the grain of Western popular belief that only sees the country from the viewpoint of conflict, oppression and violence.

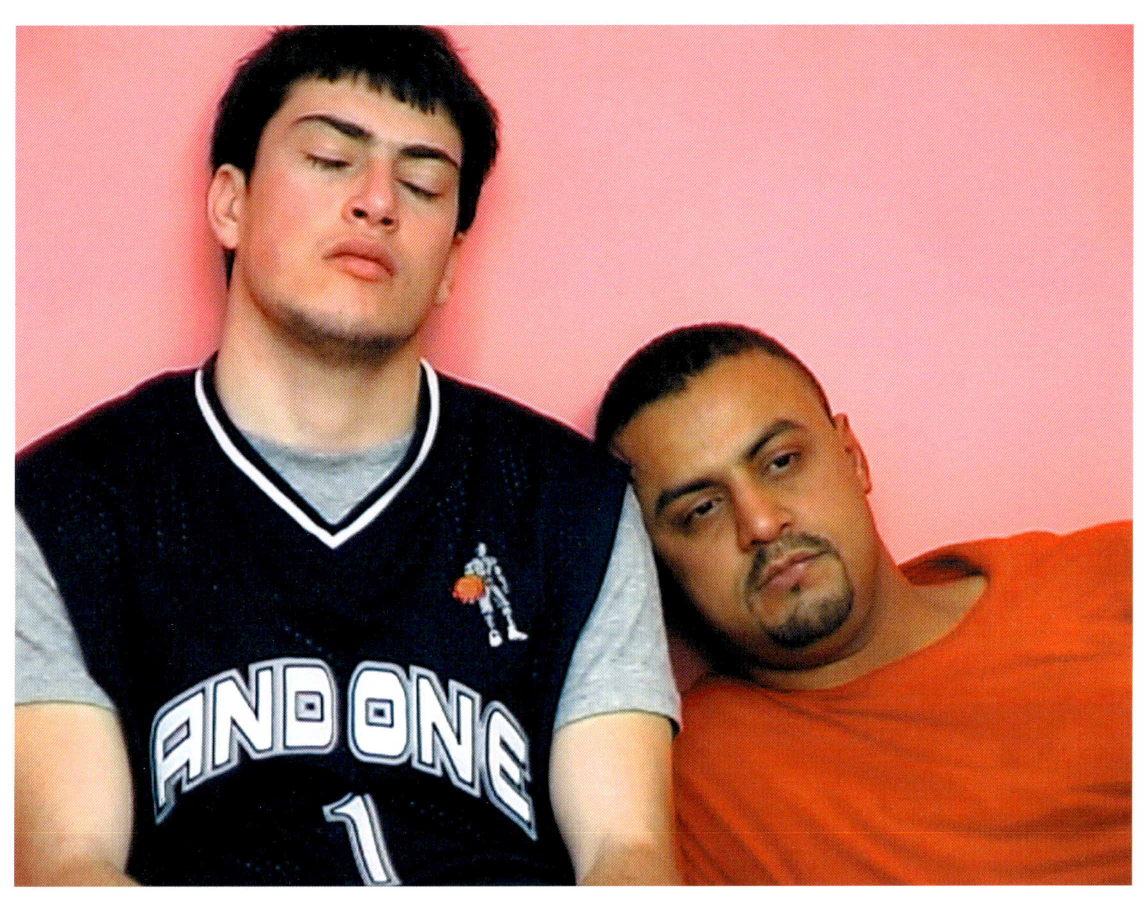
AND ONE
1

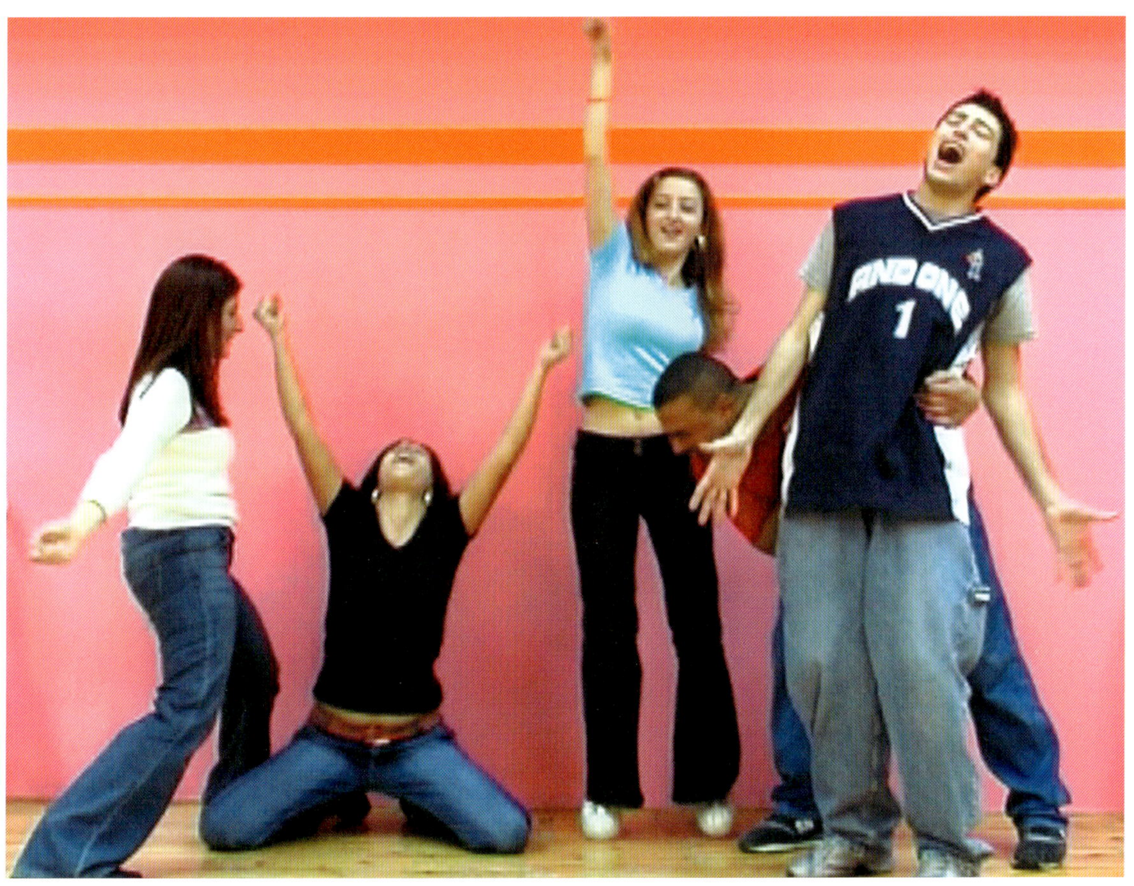
AND ONE
1

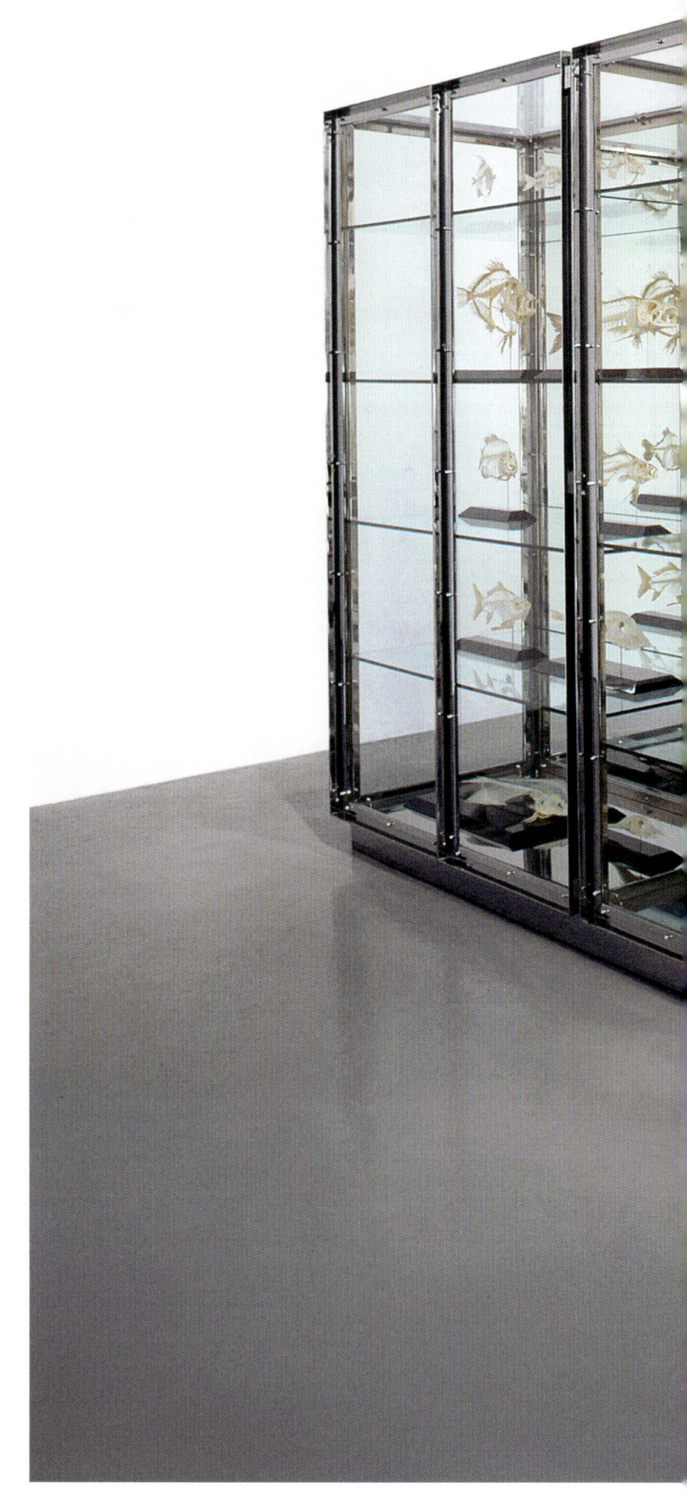

Damien Hirst
Something and Nothing
[Quelque chose et rien], 2004

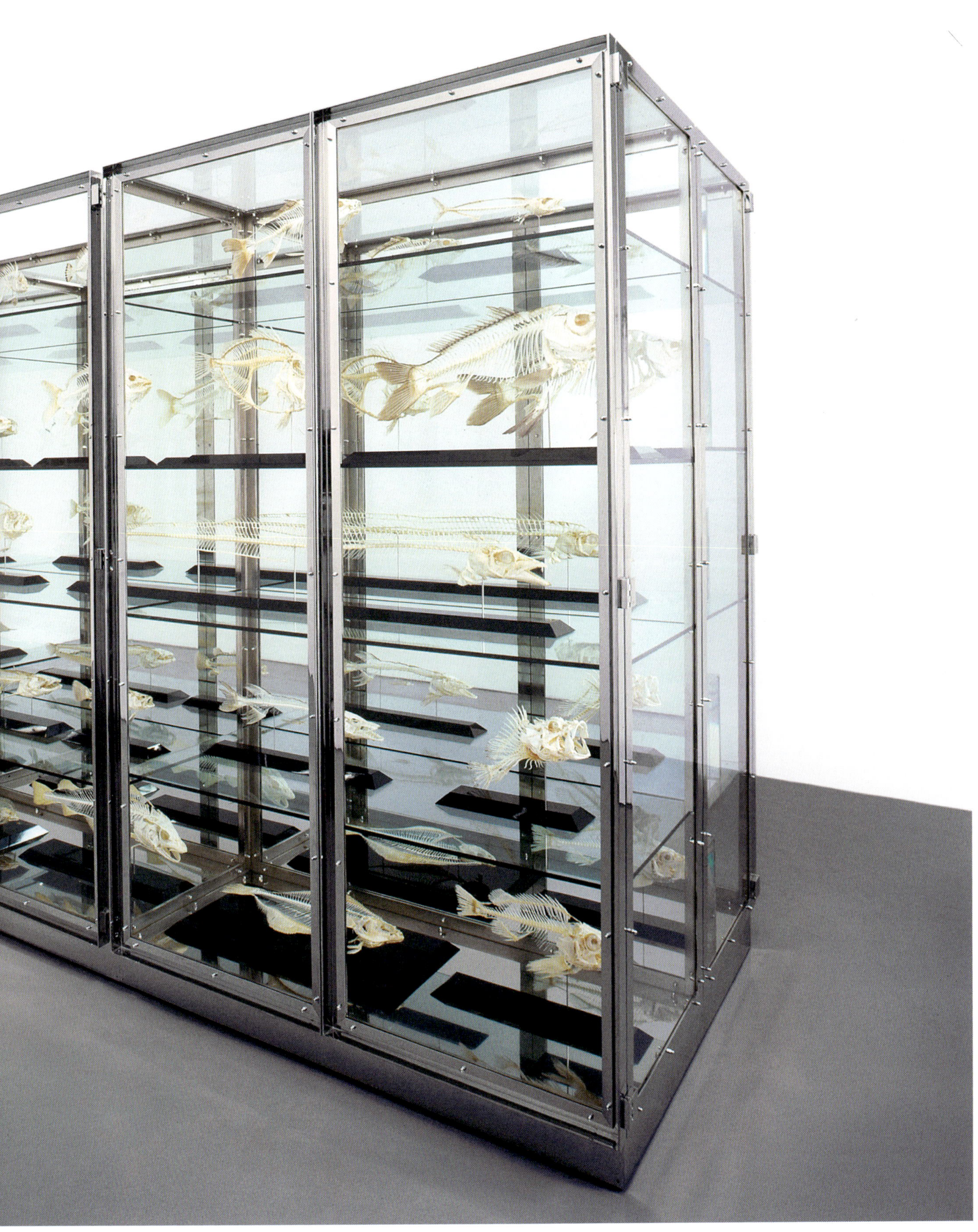

Josh Smith
Untitled [Sans titre], 2004

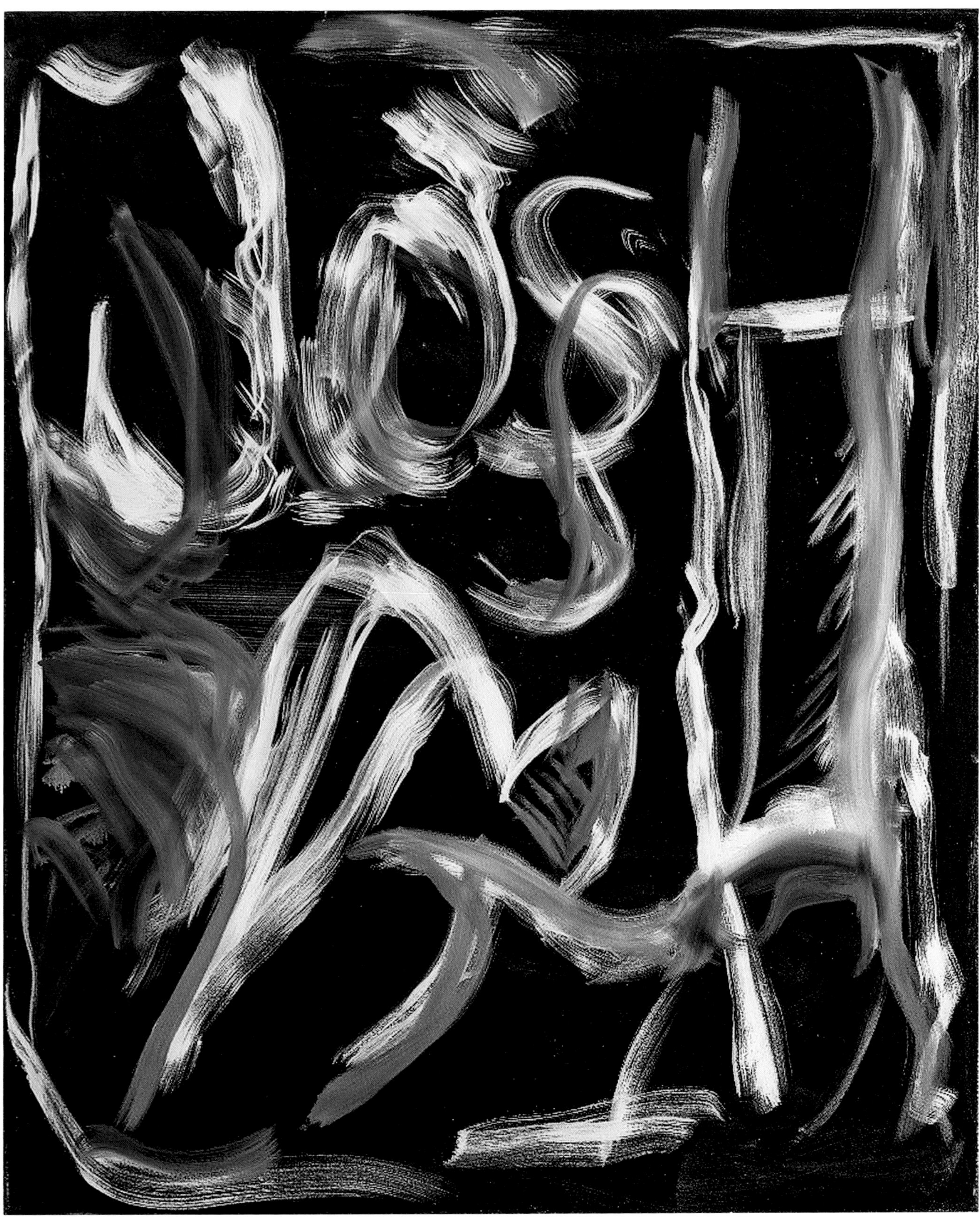

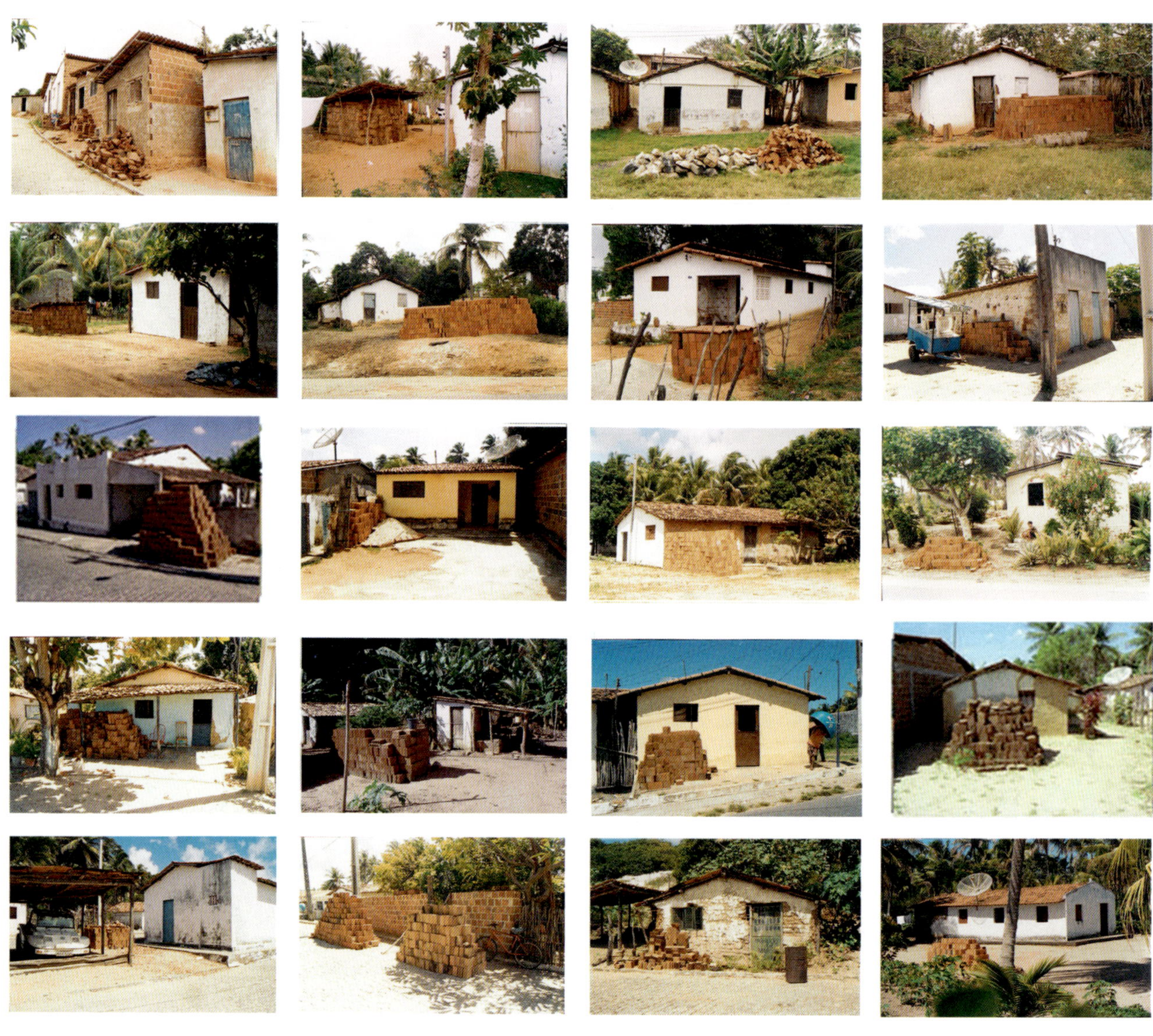

Damian Ortega
Materia en Reposo II (Brasil)
[Matière au repos II (Brésil)], 2004

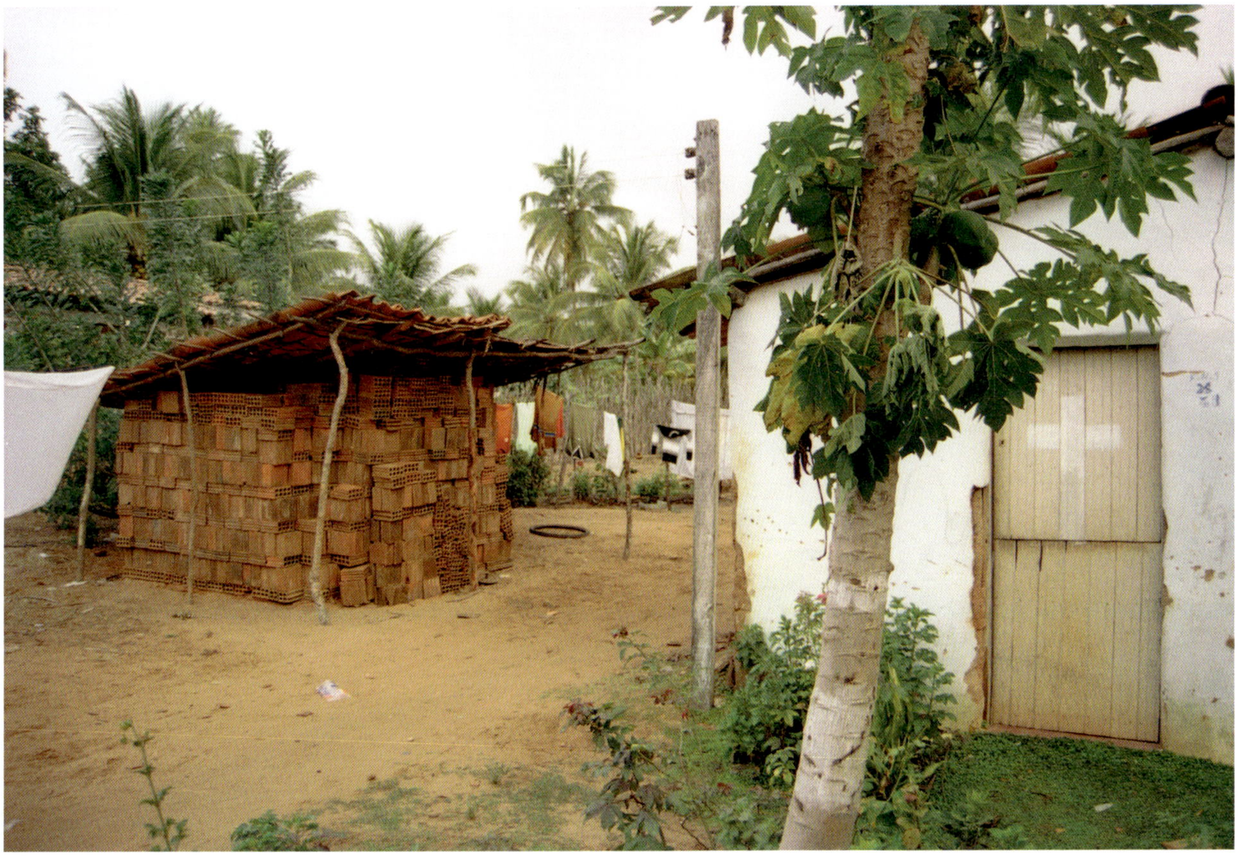

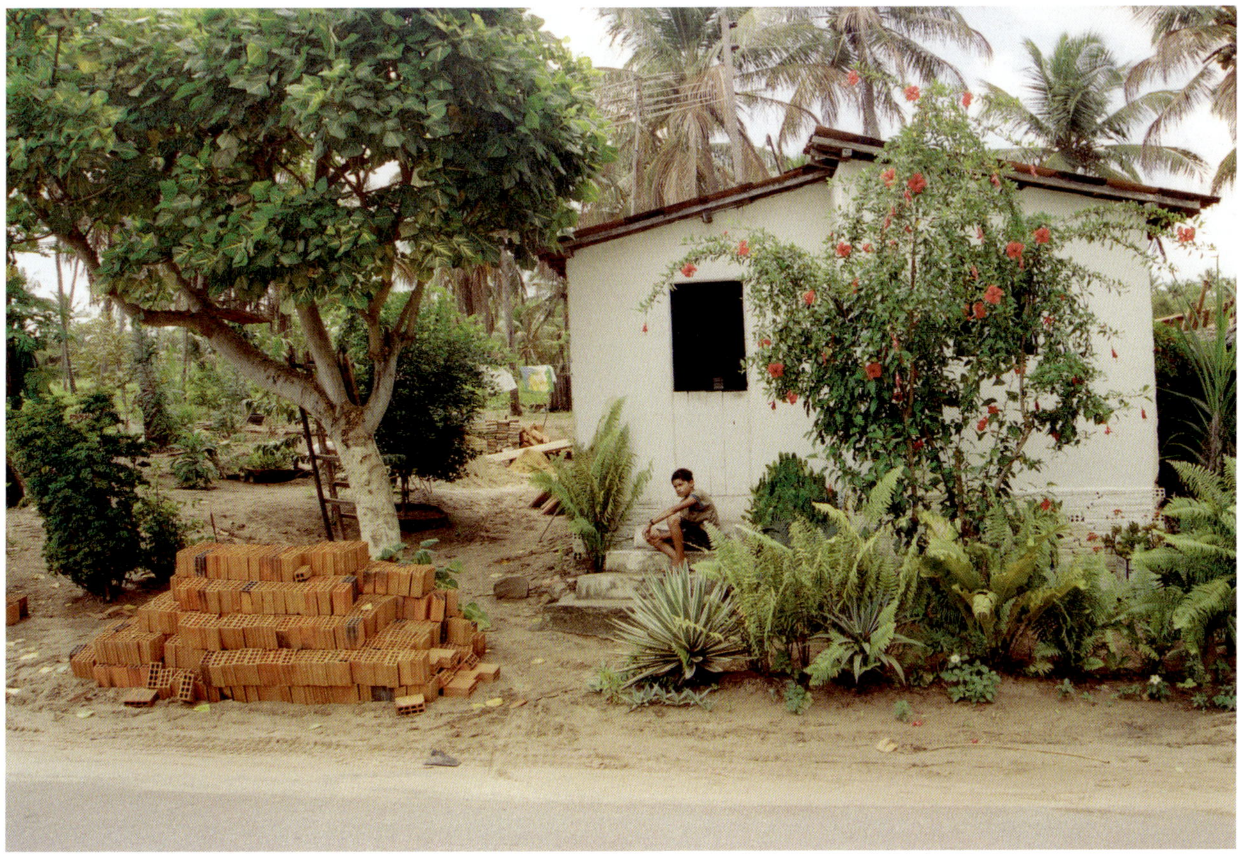

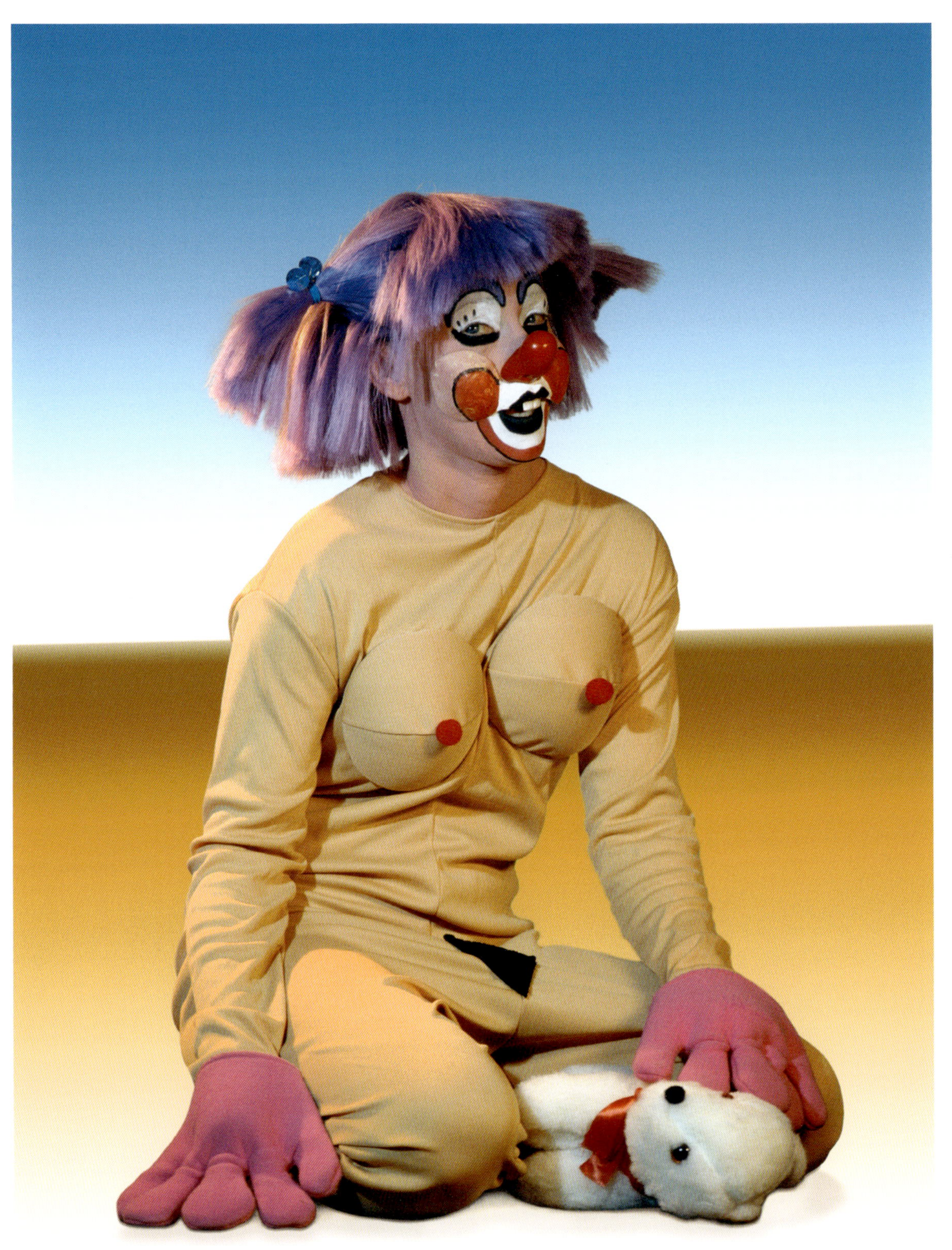

Cindy Sherman
Untitled #419 [Sans titre #419], 2004

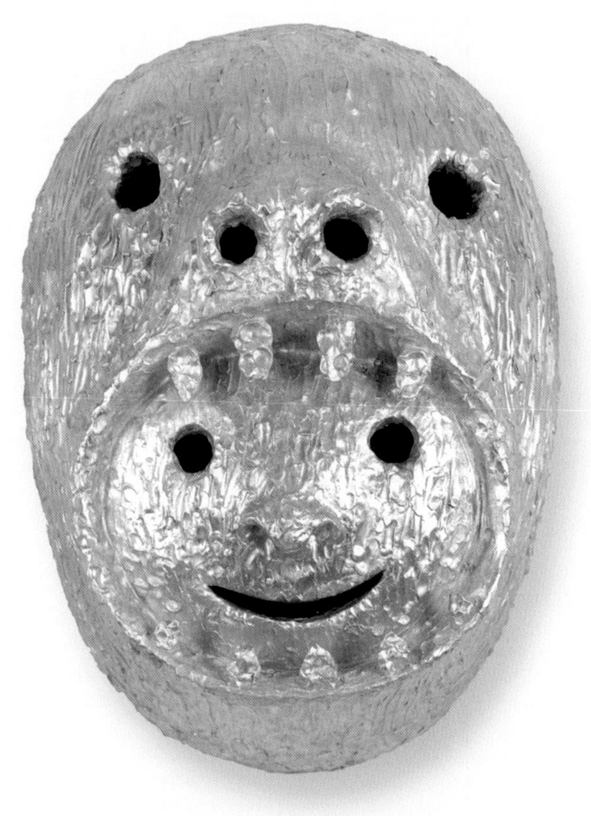

Ugo Rondinone
sunrise. west. october [aube. ouest. octobre], 2004

ABRAHAM CRUZVILLEGAS
METAMORFOSIS DEL CUARTETO [MÉTAMORPHOSE DU QUATUOR] 2005

La sculpture d'Abraham Cruzvillegas est faite de miroirs en plexiglas empilés sur une structure évoquant les présentoirs commerciaux. Elle rappelle les œuvres minimalistes, mais au lieu d'être un objet parfait assemblé par des professionnels, elle est bricolée avec des matériaux modestes, manifestement trouvés. Cruzvillegas privilégie dans son travail des formes de production impromptues. On pourrait dire « de l'art improvisé », comme on parle de musique improvisée. Il a l'habitude de travailler avec des matériaux de récupération trouvés à proximité, cherchant à construire son économie localement. Les miroirs en plexi peuvent être vus comme une traduction symbolique de cette démarche : c'est une sculpture minimale faite avec des matériaux recyclés et qui se nourrit aussi de l'image du contexte, de l'environnement, qui devient son contenu.

Faire avec rien, ou plutôt avec peu : si ce principe a toujours été celui de son travail, l'artiste ne commence toutefois qu'en 2007 à employer l'expression d'« auto-construction » pour décrire son art, une définition renvoyant à une expérience personnelle. Dans le quartier où il a grandi à Mexico, les gens construisaient leur maison avec ce qui était disponible gratuitement, improvisant les travaux en fonction. Il en a retenu une conception de la sculpture comme processus de changement permanent, d'action, mais aussi de solidarité. Se souvenant de Mexico, il explique : « Alors vous n'avez pas le choix, vous devez faire avec ce que vous avez sous la main, ce qui dans certains cas peut être [...] rien du tout. Eh bien dans mon cas ce serait le matériau pour n'importe quelle œuvre d'art ou projet ».

Abraham Cruzvillegas's sculpture consists of Plexiglas mirrors stacked on top a structure that evokes commercial display stands. It is a sculpture that is reminiscent of minimalist artworks but, instead of being a perfect object assembled by professionals, it is a DIY object made from modest materials that have been obviously salvaged. In his work, Cruzvillegas favours spontaneous production methods. We could define it as "improvised art", in the same way that we talk about improvised music. He is used to working with found materials collected from nearby surroundings with an aim to construct his economy locally. The Plexiglass mirrors can be considered a symbolic translation of this process – here is a minimal sculpture made with found materials that feeds on the context's image, the environment, which become its content.

The guiding principle of Cruzvillegas's work has always been to make do with nothing, or rather, with little, but it wasn't until 2007 that he started employing the expression "autoconstruction", a definition stemming from personal experience, to describe his art. In the neighbourhood where he grew up in Mexico, people would build their homes with whatever they could find for free and improvise depending on what they found. From this, he retained the notion of sculpture as an ever-changing, action-driven process, but one also of solidarity. Reminiscing about Mexico, he says: "Then, you don't have the choice, you have to do with what is around you which, in some cases can be ... nothing. In my case, this would be the material for whichever artwork or project".

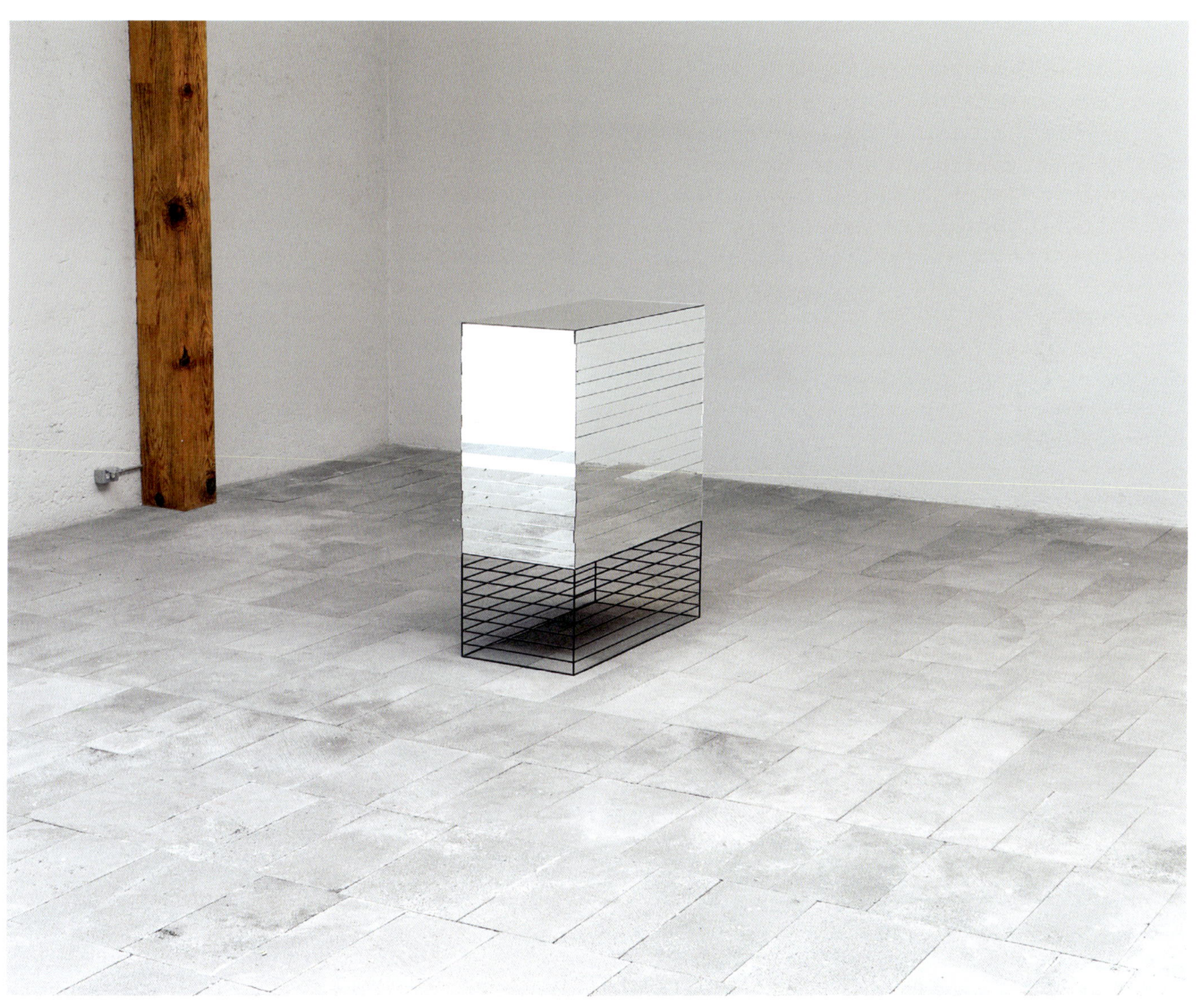

MIKE KELLEY
SNAKESKIN STUDLOAF
2005

Snakeskin Studloaf a été montrée pour la première fois à l'occasion de *Day Is Done*, la dernière grande exposition de Mike Kelley en 2005. Elle fait partie d'une série de pièces (vidéos et installations vidéo comprenant des décors scéniques, des photos et des sculptures) rassemblées sous le titre général de *Extracurricular Activity Projective Reconstruction*. Le point de départ de toutes ces œuvres sont des photographies de fêtes de fin d'année trouvées dans des *yearbooks* de lycées américains, à partir desquelles Kelley a extrapolé différents scénarios. Traditionnellement, ces fêtes de fins d'années donnent lieu à des cérémonies étranges. Ce ne sont pas des événements scolaires standard, mais des productions carnavalesques, qu'on peut décrire comme des inversions symboliques du monde ordonné de l'éducation. Ils ne servent aucune fonction productive autre que d'être des échappatoires par rapport aux règles scolaires.

Pour le récit liant les différentes pièces, Kelley s'est inspiré de la structure narrative des comédies musicales, qu'il décrit comme une « colle narrative », faisant tenir ensemble les scènes principales. Comme les autres sculptures de l'exposition, *Snakeskin Studloaf* a été conçue à partir de matériaux et d'accessoires scéniques utilisés dans la production des vidéos de *Day Is Done*. La sculpture présentée ici faisait partie, dans l'exposition, d'une section intitulée « Mule Rider » et mettait en scène un homme à dos de mule, maquillé, portant un gilet en peau de serpent synthétique. Mike Kelley, dans ses « Scene Notes », en donne la description suivante : « *EAPR#29 (Mule Rider)* est basée sur une photo d'un homme au visage maquillé semblable à celui des musiciens du groupe Kiss. Il chevauche une mule. J'ai interprété cette image comme représentant le personnage principal dans la parade des *performers*. Son bras est tendu, comme si il indiquait aux autres derrière de le suivre. Des éléments de son costume sont incorporés dans une sculpture intitulée *Snakeskin Studloaf*, qui consiste en une forme semblable à une merde de taille humaine habillée de sa veste en faux serpent et de son slip ».

Snakeskin Studloaf was first shown on the occasion of *Day Is Done*, Mike Kelley's last major exhibition in 2005. It is part of a series of works (videos and video installation that bring together theatrical sets, photos and sculptures) entitled *Extracurricular Activity Projective Reconstruction*. The starting point of all these pieces were photographs from graduation parties found in American high-school yearbooks, from which Kelley extrapolated different scenarios. These graduation parties traditionally lead to unusual and strange ceremonies. These are not standard school-related events but carnivalesque productions that can be described as symbolic reversals of the organised world of education. They have no productive function, other than being a ridiculous, silly escape from school rules.

For the story that links the different pieces together, Kelley drew inspiration from the narrative structure of musicals, which he described as the "narrative glue" that binds together the main scenes but that itself does not need to be the main focus. Just like the other sculptures of that exhibition, *Snakeskin Studloaf* was made of materials and stage props used during the production of the *Day Is Done* videos. In the exhibition, this particular sculpture was part of a section called "Mule Rider", which featured a man on a mule's back, wearing make-up and a snake-print synthetic waistcoat. In his "Scene Notes', Mike Kelley gives the following description: "*EAPR#29 (Mule Rider)* is based on a photograph of a man with his face painted like that of the members of the band Kiss. He straddles a mule. I interpreted this image as a representation of the main character in the performers' parade. His arm is outstretched, as though he is telling the others, behind, to follow him. Parts of his costume are incorporated into a sculpture called *Snakeskin Studloaf*, whose form is similar to that of a human-sized shit wearing its fake snakeskin vest and underpants."

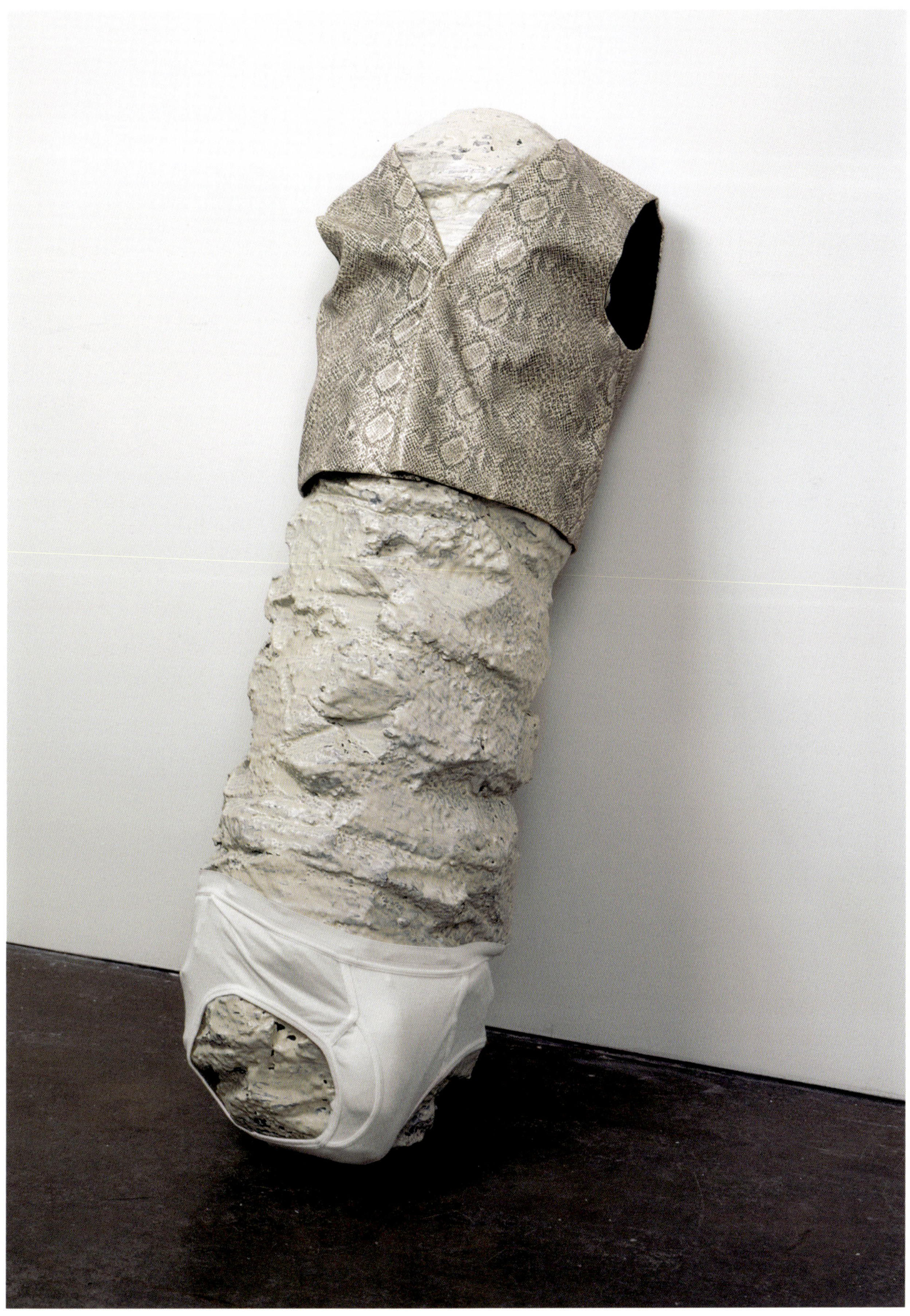

KAREN KILIMNIK
THE ANGEL OF THE PLAGUE [L'ANGE DE LA PESTE] 2005

the angel of the plague est l'une des quatre peintures de Karen Kilimnik présentées à Montpellier, les trois autres ayant pour sujet un autre ange (*The Archangel Adrian*, 2003), un portrait de Mary Shelley (*Mary Shelley Writing Frankenstein*, 2001), et un garçon jouant le rôle du Diable sur une scène de théâtre (*Boy Actor – The Little Devil on Stage, Drury Lane, 1644*, 2000).

Karen Kilimnik est connue pour ses peintures et ses mises en scène d'une réalité enchantée, celle d'un passé aristocratique européen fantasmé, théâtral, où les femmes sont des ballerines et des princesses ou, lorsque ses sujets sont situés dans le monde contemporain, des mannequins ou des pop stars. Ces figures sont celles d'un imaginaire de petite fille ou d'une adolescente rêvant de personnalités d'emprunt. L'univers représenté dans sa peinture, mais aussi sa facture un peu maladroite, imprécise, évoquent les réalisations d'une personne immature, ce qui est évidemment l'effet recherché.

Mais à y regarder de plus près, l'intoxication, la maladie et la mort ne sont jamais loin, et projettent une ombre inquiétante sur ces tableaux idylliques. Ici, Frankenstein, le Diable... Mais on peut évoquer aussi une peinture de 1995 intitulée *The Black Plague* (évocation de la grande peste de Londres de 1665), une installation mettant en scène des drogues, ou une autre prenant pour sujet la variole. On notera également que l'année où elle réalise cette peinture, *the angel of the plague*, est celle du développement de la grippe aviaire (H5N1). Kilimnik dépeint un monde théâtral, de faux-semblants, où les paysages sont des fonds de scène, et dans lequel l'histoire et l'actualité se mélangent à la fiction.

the angel of the plague is one of four Karen Kilimnik paintings exhibited in Montpellier. The three others represent another angel (*The Archangel Adrian*, 2003), a portrait of Mary Shelley (*Mary Shelley Writing Frankenstein*, 2001), and a boy playing the Devil on a theatre stage (*Boy Actor – The Little Devil on Stage, Drury Lane, 1644*, 2000).

Karen Kilimnik is known for her paintings and *mises-en-scène* that depict a reality tainted with magic, that of a dreamed-up, theatrical, European aristocratic past where women are ballerinas or princesses, or models and pops stars, when her subjects are situated in the contemporary world. These characters belong to a little girl's imagination, or to a teenager dreaming of being someone else. The world that we see in her paintings, as well as in the slightly clumsy, imprecise craftsmanship, evoke the work of an infantile person, which is precisely the effect that she aims for.

However, on closer inspection, poisoning, sickness and death are never far and cast a troubling shadow over these idyllic paintings. Here, there are Frankenstein and the Devil... But there is also a painting from 1995, *The Black Plague* (about London's 1665 Great Plague), an installation putting drugs on display, and another one about smallpox. It is also worth noticing that the year Kilimnik painted *the angel of the plague* was the year that the world experienced the breakout of avian flu (H5N1). Kilimnik paints a deceptive, theatrical world in which landscapes serve as stage backgrounds, and where history and current affairs blend with fiction.

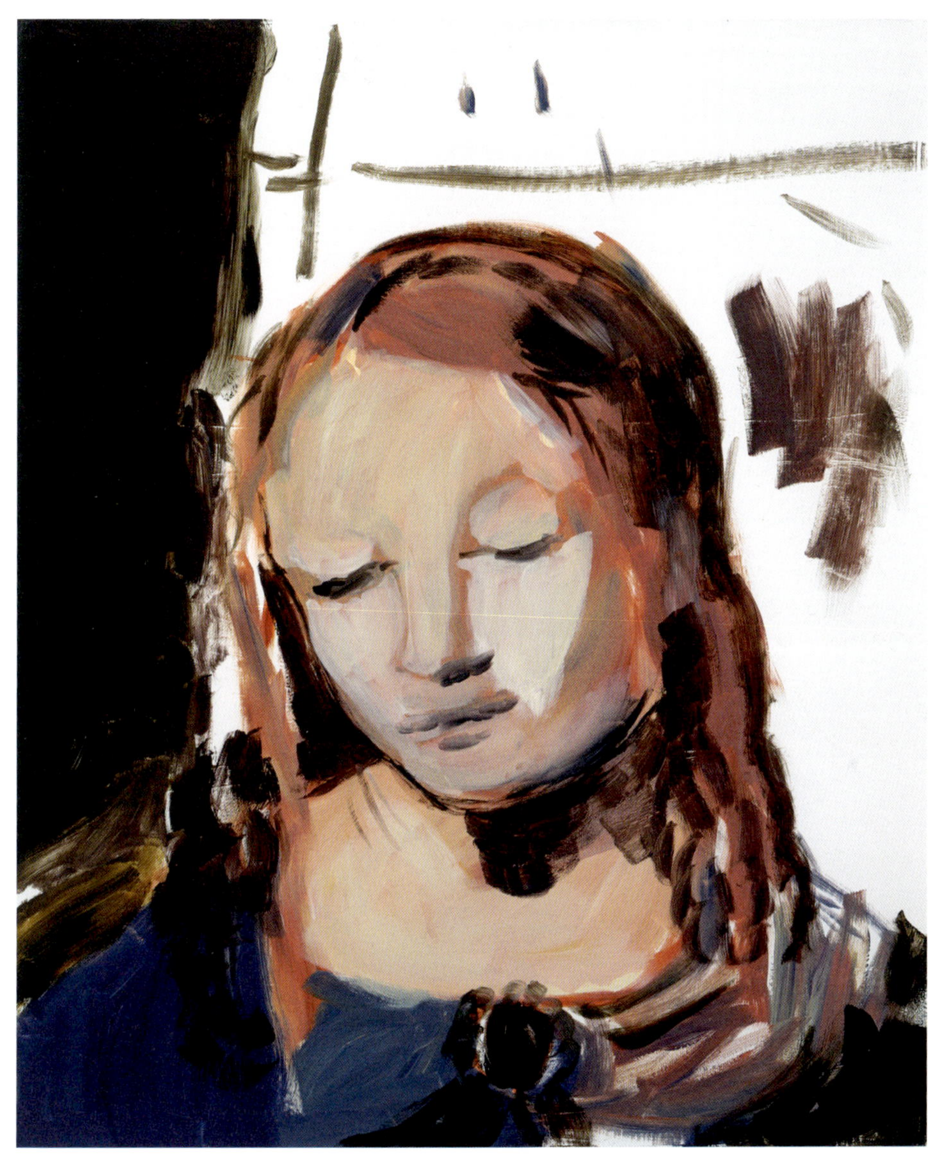

Albert Oehlen
Gezeichnete Hunde (Drawn Dogs)
[Chiens dessinés], 2005

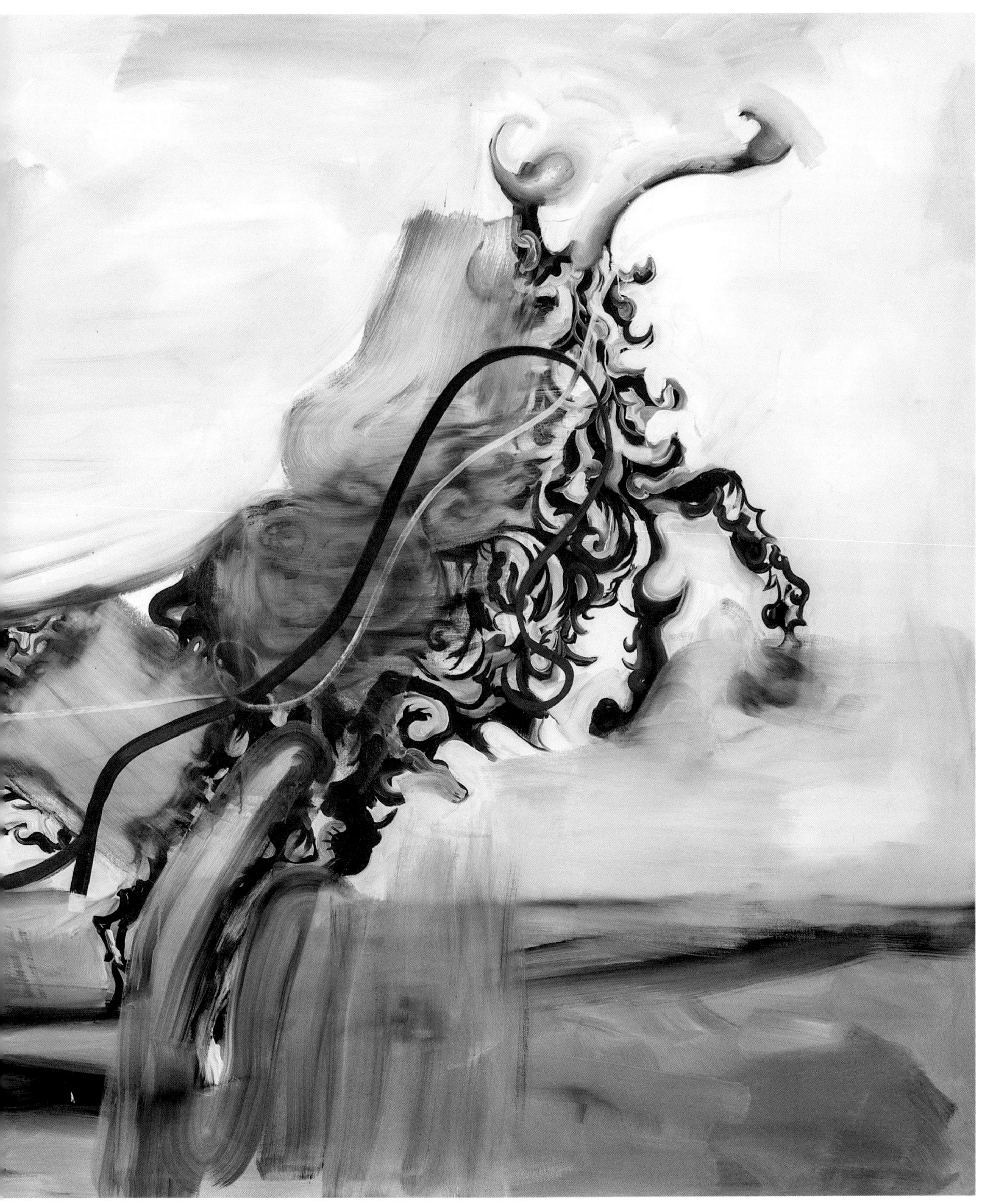

GLENN LIGON
STRANGER #23 [ETRANGER #23]
2006

Stranger #23 est une peinture figurant un texte dont les lettres se détachent d'un fond noir, comme elles ; en léger relief, les lettres sont également recouvertes d'un peu de poussière de charbon. Elles ont été exécutées à l'aide de pochoirs, en passant plusieurs couches de pastel gras, jusqu'à devenir difficilement déchiffrables, l'accumulation des couches brouillant la netteté des contours ; les lettres ont ensuite été recouvertes de poussière de charbon, qui produit un effet légèrement brillant. Résidu de l'exploitation du charbon, le matériau est à la fois un déchet et une matière brillante.

Le texte reproduit est un passage du livre de James Baldwin *Stranger in the Village* (1953) ; l'essai est le récit d'une expérience vécue par Baldwin dans un village des Alpes suisses, point de départ d'une réflexion sur le racisme et la place des Noirs dans la société américaine, le village devenant une métonymie pour le pays. Par extension, l'essai de Baldwin porte sur ce que signifie être un étranger.

Noir sur noir, le tableau est quasi-monochrome. Cette évocation de la peinture radicale concourt au symbolisme de l'œuvre. La peinture monochrome, historiquement, est associée au mutisme, à la fin du discours. Le fait que le texte soit difficile à lire et exige toute l'attention du regardeur et l'engage dans une activité frustrante, puisqu'il ne peut pas tout comprendre, est pensé par Glenn Ligon comme une métaphore de notre difficulté à saisir le fond de ce qui est écrit à propos des réalités raciale et historique. La peinture a ainsi une dimension allégorique ; en empêchant le plein accès au sens du texte, qui est à la limite du visible, Ligon expose aussi l'incapacité à regarder au-delà de la surface des apparences.

Stranger #23 is a painting on which figures a text whose letters stand out from a background that, like them, is black. In a very slight bas relief, the letters are covered in a light sprinkling of coal dust. They were executed using stencils and the application of several layers of oil stick, until they became barely legible, the accumulation of layers blurring the sharpness of their outlines. The letters were subsequently covered in coal dust, which produces a faintly shiny effect. A residue of coal production, this material is both shiny and a waste product.

The text reproduced is an extract from James Baldwin's essay *Stranger in the Village* (1953), a recollection of the author's experiences in a village in the Swiss Alps, which is a starting point to reflect on racism and the place of Black people in American society, the village standing in as a metonym for the country. By extension, Baldwin's essay is about what it means to be a stranger.

Black on black, the painting is a quasi-monochrome. This nod to radical painting contributes to the work's symbolism. Historically, monochrome painting is linked to muteness and to the end of speech. The fact that the text is difficult to read, demands the full attention from the viewer, and engages them in an activity that is frustrating since it's impossible to understand the whole message, is for Glenn Ligon a metaphor of our difficulty in seizing the meaning of what is written about the realities of race and history. The painting also has an allegorical dimension – by preventing us from having full access to the text, which is almost invisible, Ligon exposes our inability to look beyond the surface of appearances.

WADE GUYTON
UNTITLED [SANS TITRE]
2006

Comme beaucoup de tableaux contemporains, les deux œuvres de Wade Guyton présentées ne sont pas à proprement parler des peintures, puisqu'il s'agit d'impressions jet d'encre sur toile. Mais elles ne se comprennent que comme tableaux, c'est-à-dire des objets inscrits dans l'histoire de ce médium.

Wade Guyton avait utilisé auparavant des « X » dans différents collages réalisés à partir de pages de livres ou de magazines, qu'il recouvrait de ce motif en faisant passer directement les pages arrachées dans une imprimante de bureau. Dans une série de tableaux, dont ceux-ci font partie, il n'a conservé que ce signe.

Pour ces tableaux, le « X » est tapé avec la fonction texte dans le logiciel Photoshop avant d'être imprimé. Ce qui en fait techniquement une image, plutôt qu'une lettre. Il évoque néanmoins l'oblitération, un signe d'annulation ; il peut aussi être lu comme la signature d'un illettré, ou suggérer une peinture anonyme, faite « sous X », qui d'un point de vue technique aurait pu être réalisée par n'importe qui.

Pour les deux tableaux, la bande laissée en réserve au milieu est due à la limitation du format de l'imprimante, qui l'oblige à plier la toile en deux pour pouvoir la passer dans la machine. Celle-ci n'étant pas conçue pour ce genre d'usage, l'image obtenue au terme du processus apparaît comme le résultat d'une série d'accidents plus ou moins contrôlés. Dans le tableau comportant de multiples « X », le décalage entre le côté droit et le côté gauche est involontaire, c'est une « décision » de la machine. Cette mise en avant des moyens de l'art est typique de l'art moderne du XXe siècle, mais déplacée, recadrée en fonction des technologies contemporaines, à une époque où le numérique, l'impression jet d'encre sont devenus la norme.

Like many artworks that today we would term "paintings", Wade Guyton's two pieces displayed here are not strictly speaking paintings – they are inkjet prints on canvas. But they can only be understood as paintings, i.e. as objects inscribed in the history of this particular medium.

Wade Guyton had already previously used "X" in several collages made from books or magazine pages that he would cover with this pattern, by putting the torn pages directly through an office printer. In a series of paintings, and which include these two, he conserved only the sign.

In these pieces, the "X" is typed in the "text" tool of Photoshop before being printed. Technically, this makes it an image rather than a letter. However, it brings to mind obliteration – a cancelling sign. It can also be seen as the signature of someone who is illiterate, or suggestive of an anonymous painting, signed by "X" – which, from a technical point of view, could be made by absolutely anyone.

In the two paintings, the blank stripe that is left in the middle is formed due to the printer's limitation in format, which forces the artist to fold the canvas in two to pass it through the device. As this printer was not made for such use, the resulting image looks like it comes from a series of more or less controlled accidents. In the piece with several "X", the shift between the left and the right sides is unintentional – it is the machine's "decision". This unveiling of art's means is typical of 20th century modern art, but displaced and reframed according to contemporary technologies, at a time when digital and inkjet printing have become the norm.

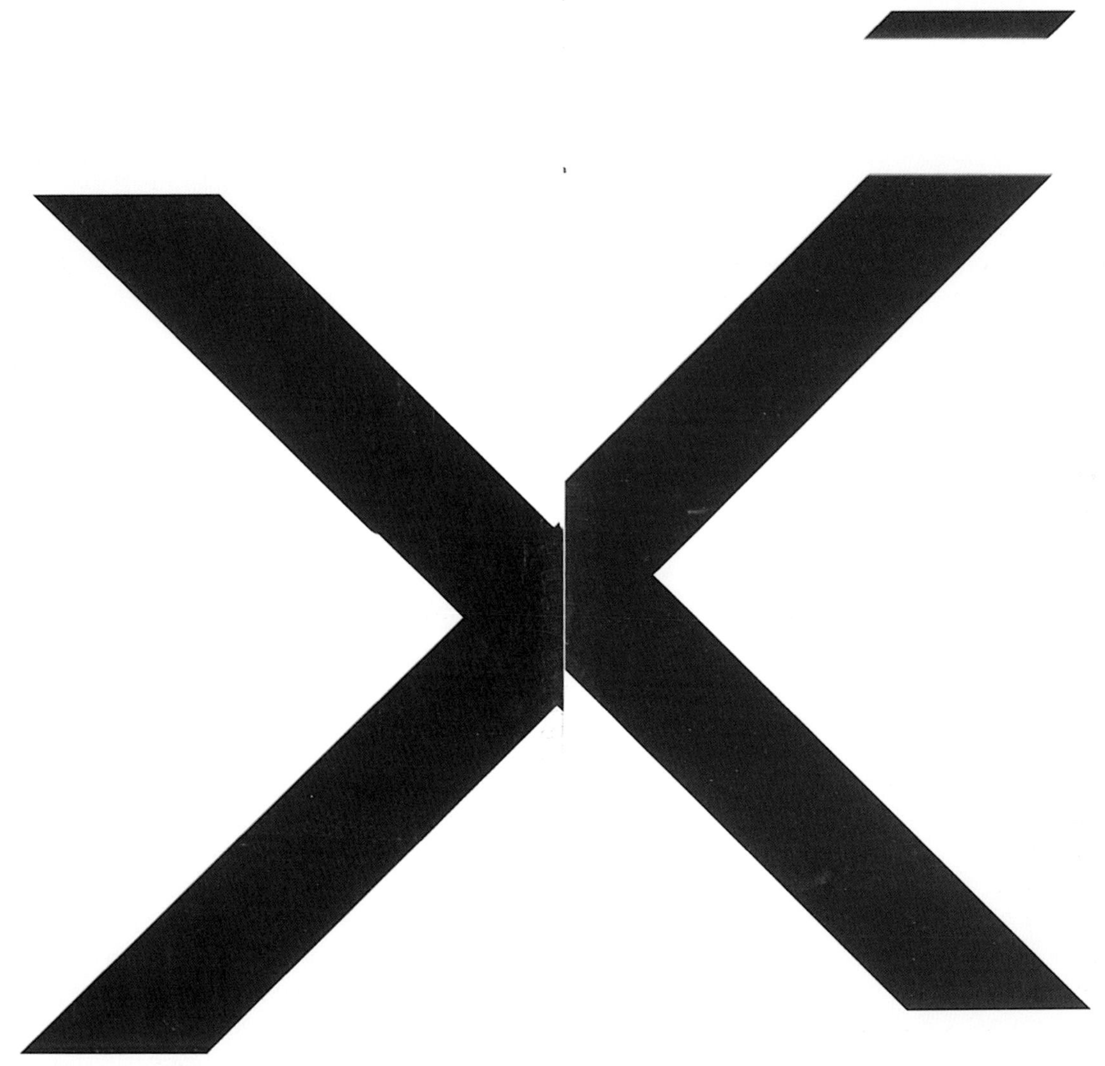

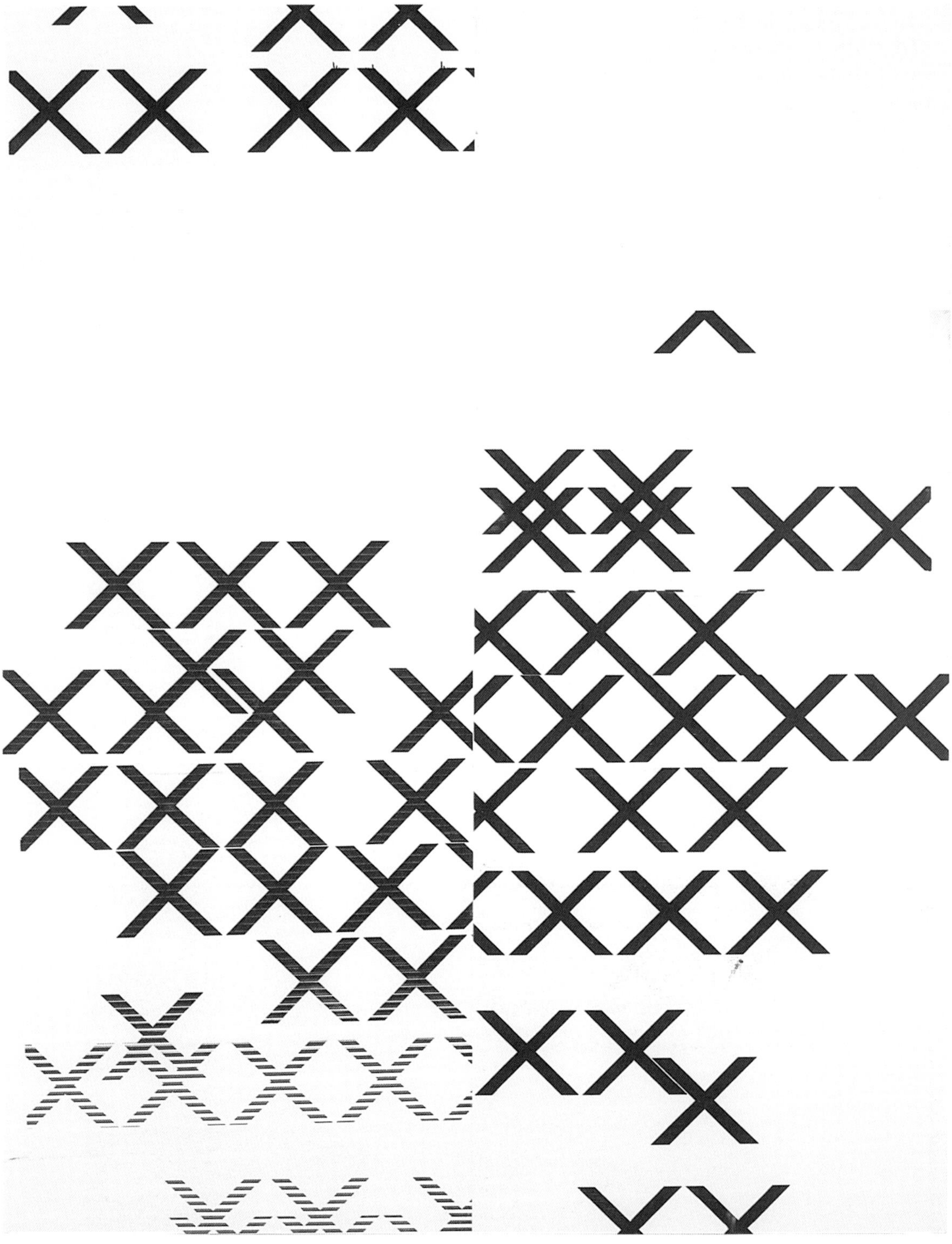

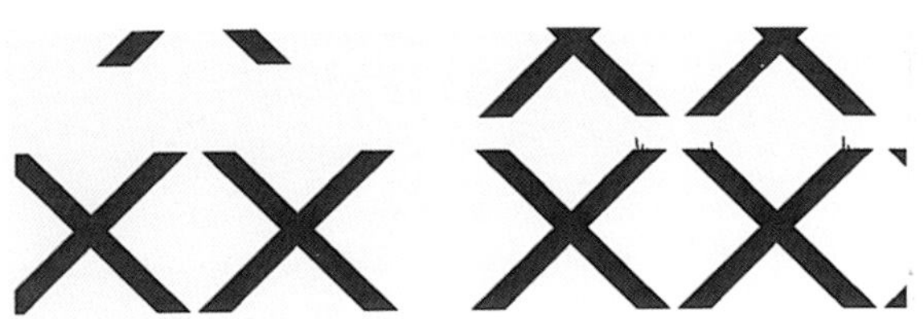

Wade Guyton
Untitled [Sans titre], 2006

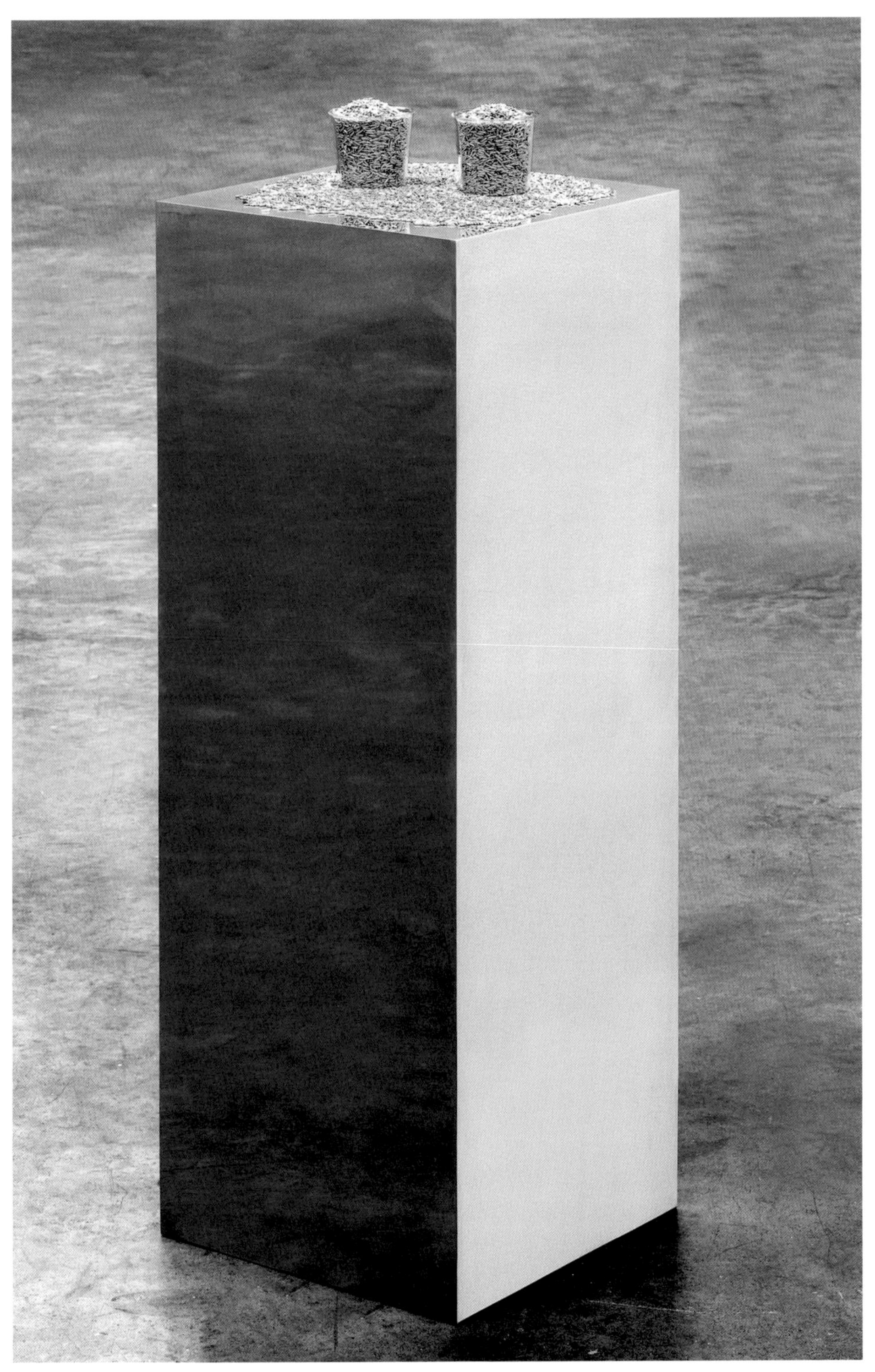

Rirkrit Tiravanija
Untitled (only two cups of rice) [Sans titre (seulement deux tasses de riz)], 2006

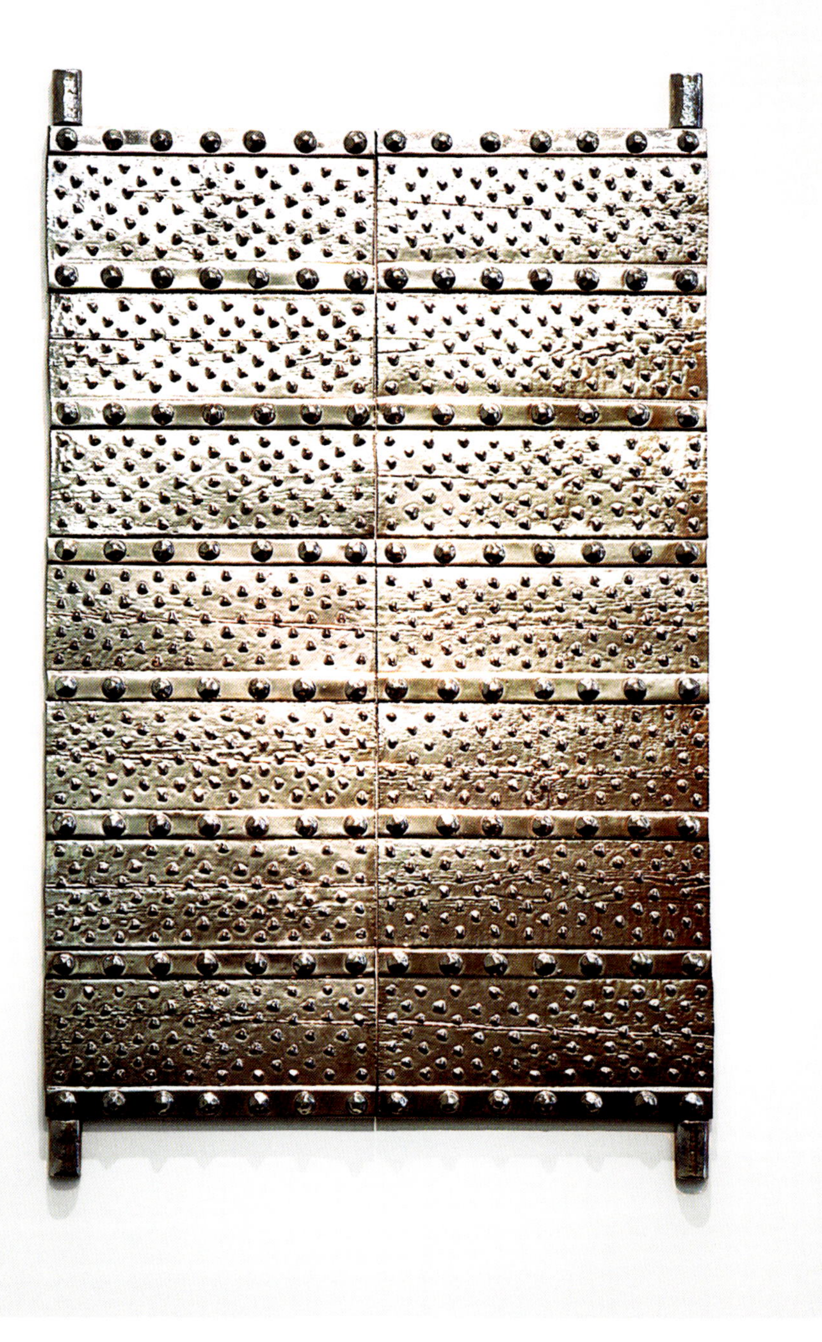

Rosemarie Trockel
Zum schwarzen Ferkel 3 [Vers le porcelet noir 3], 2006

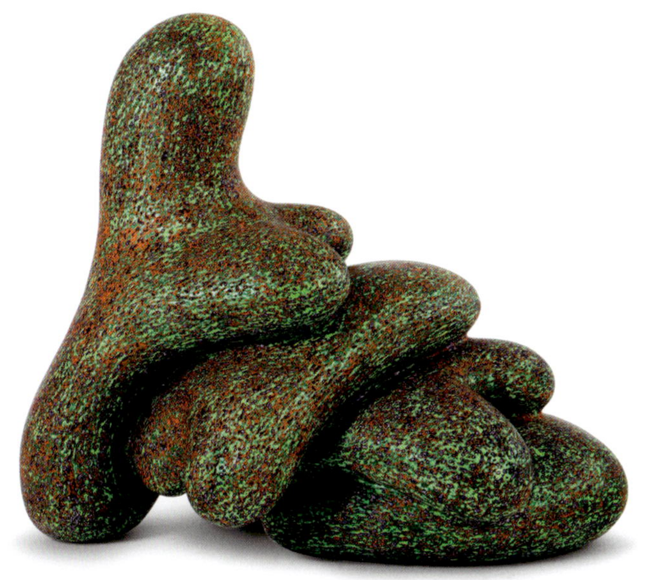

Ken Price
Lazo, 2006

SIGMAR POLKE
UNTITLED [SANS TITRE]
2007

Le fond noir est la couleur du tissu utilisé par Sigmar Polke pour cette série de quatre tableaux. Les formes abstraites ne recouvrent pas entièrement ce fond, mais suggèrent une sorte de brume qui se dissiperait pour le laisser émerger. Le recouvrement de la toile paraît inachevé, ou précaire, au bord de la dissolution.

Polke a fréquemment utilisé des composants ayant une action chimique lente (obscurcissement ou éclaircissement, corrosion…), se prolongeant après l'achèvement du tableau. Cette façon de déléguer une partie de ses décisions aux matériaux peut être mise en parallèle avec son intérêt, en partie ironique, pour le spiritisme, et la proximité que cette notion entretient avec l'idée d'inspiration. Le Romantisme a contribué à former l'image d'un art « habité » par des visions, par des esprits, lié à l'idée que la création n'appartient pas entièrement à l'artiste.

Dans les années soixante, Polke ironisait sur le génie artistique en se présentant comme un simple agent dirigé par des puissances supérieures (*Höhere Wesen befahlen: rechte obere Ecke schwarz malen!*, 1969), et il a réalisé par la suite de nombreux tableaux prenant pour sujet le magnétisme, la télépathie ou les hallucinations.

Cela nous rappelle que « l'esprit » a été un moteur de l'art au XXe siècle et notamment de l'abstraction, dès ses commencements – apologie du « spirituel dans l'art » par Kandinsky, mysticisme de Mondrian… Dans certains tableaux, Polke s'est aussi servi d'images de lanternes magiques et de fantasmagories du XVIIIe et XIXe siècles. Cette série de peintures en évoque plutôt les effets, par leur aspect d'abstractions brumeuses et leurs effets de transparence, comme des projections sur des écrans de toile ou de fumée.

The black background is the colour of the fabric that Sigmar Polke used for this series of four paintings. The abstract shapes painted over it do not fully cover this background, but evoke some kind of mist that, by dissipating, would allow it to emerge. The painting on the canvas seemes unfinished or precarious, on the verge of dissolution.

In his paintings, Polke often used materials that have a slow chemical reaction (darkening, lightening, corrosion…) that continues even once the painting is completed. This way of delegating a part of the decision-making process to the materials can be viewed in parallel to his (partly ironic) interest in spiritism, and the proximity of this notion to the idea of inspiration. Romanticism helped shape the long-lasting idea that art is "inhabited" by visions, by spirits, linked to the idea that the creative act does not fully belong to the artist.

In the 1960s, Polke mocked artistic genius by presenting himself as an agent directed by higher powers (*Höhere Wesen befahlen: rechte obere Ecke schwarz malen!*, 1969). Later, he created many paintings whose subject matter was magnetism, telepathy or hallucinations.

This reminds us that the "spirit" was a driving force for art of the 20th century, and notably for abstraction, since its very beginnings – Kandinsky's glorification of "the spiritual in art", Mondrian's mysticism… Polke also used pictures of 18th and 19th century magic lanterns and phantasmagorias in a number of paintings. This series alludes to their effects, through their appearance as hazy abstractions and their effects of transparency, like projections on canvas or smoke screens.

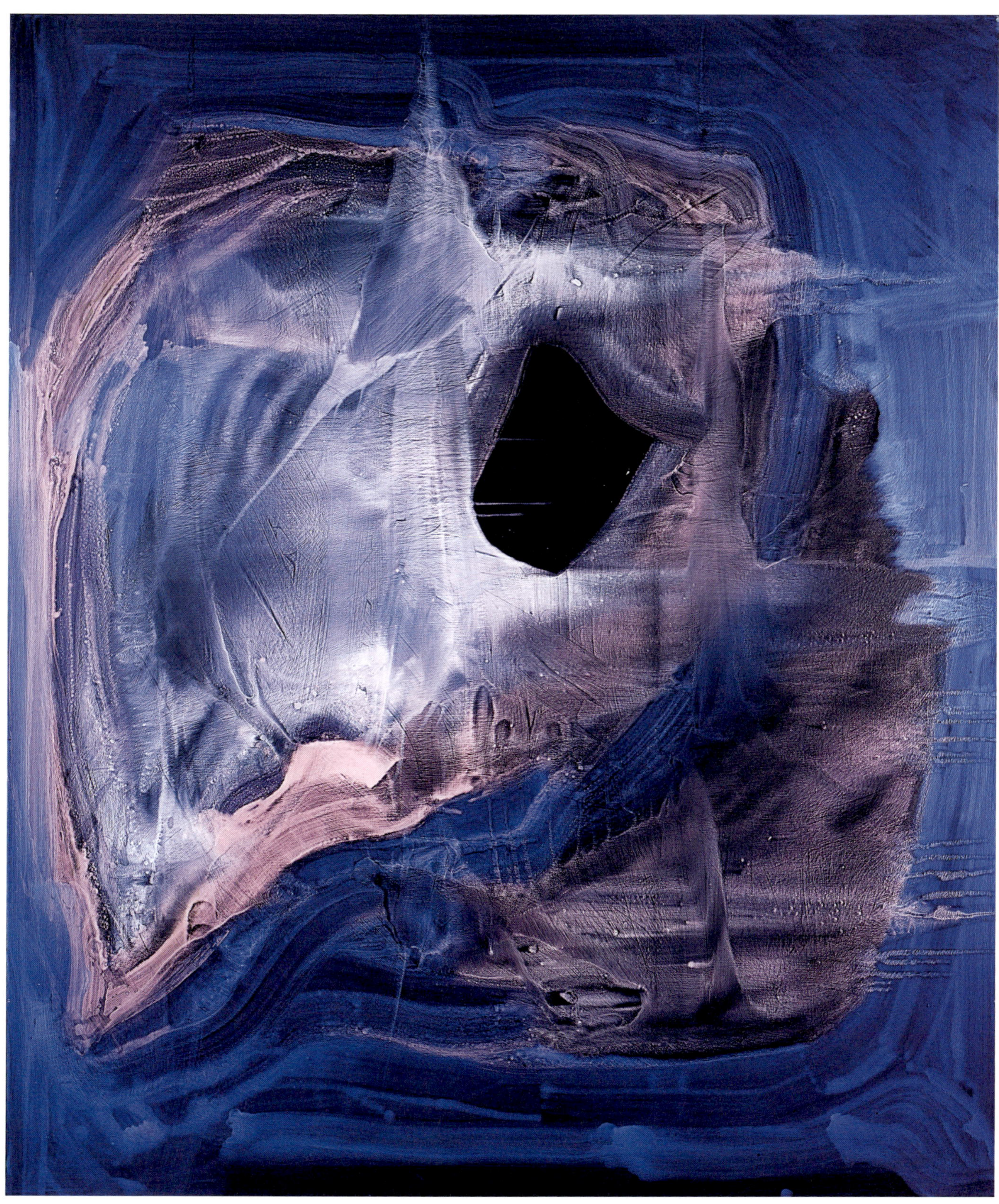

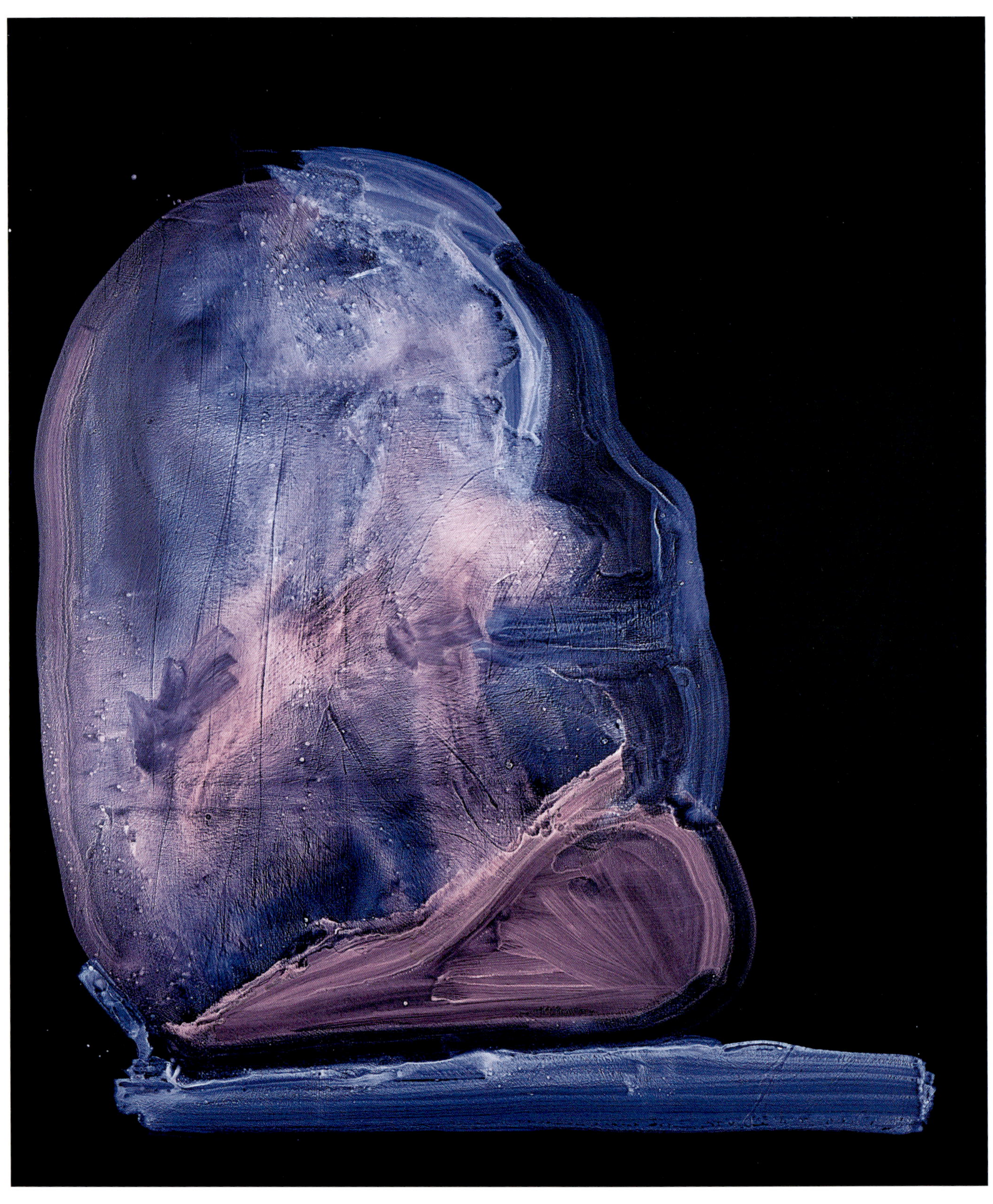

Sigmar Polke
Untitled [Sans titre], 2007

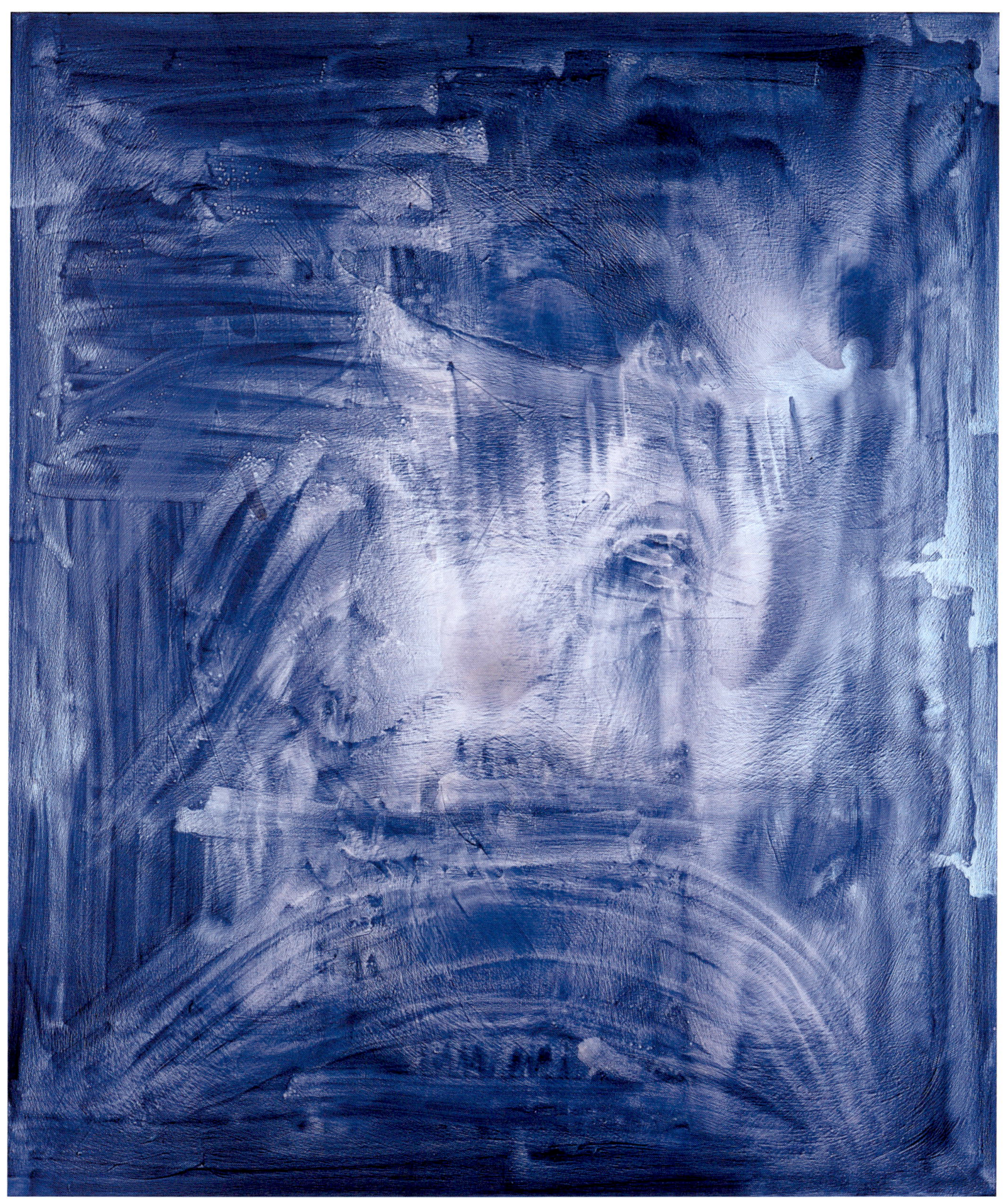

Jeff Wall
Dressing Poultry [Préparer la volaille], 2007

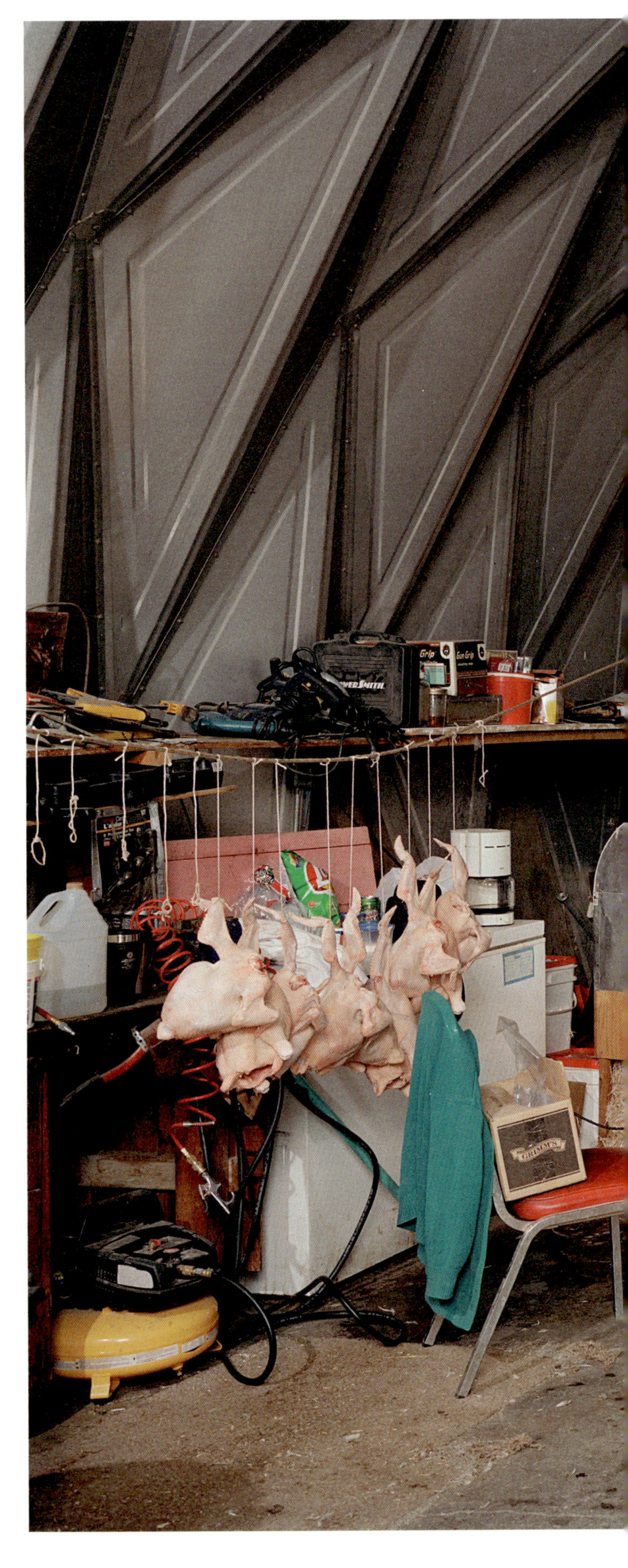

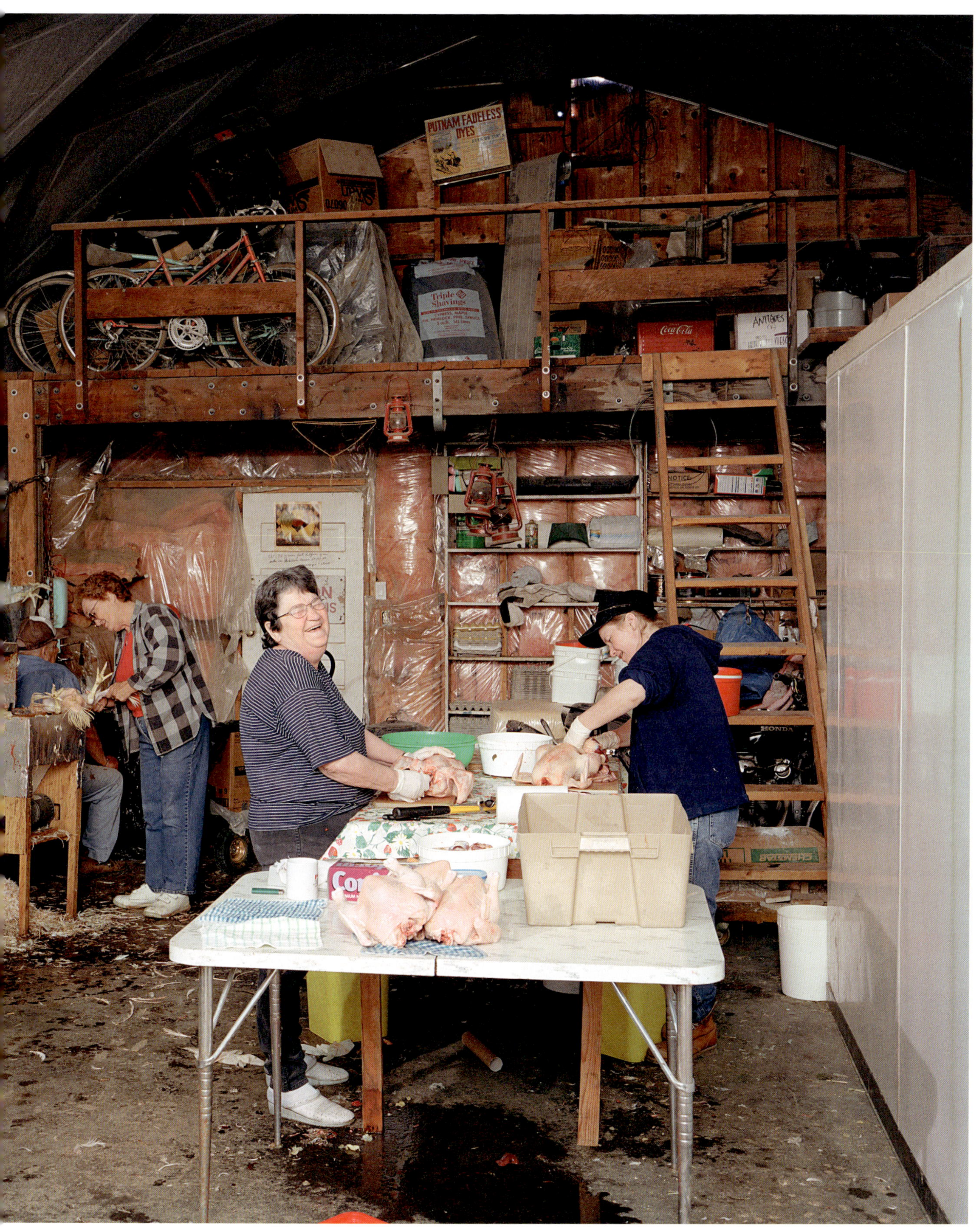
PUTNAM FADELESS
DYES
Triple
Shavings
Coca-Cola
ANTIQUES
HONDA

REBECCA WARREN
CC
2007

CC, comme *Fascia*, l'autre sculpture de Rebecca Warren de la collection exposée au MO.CO., est une statue en bronze, obtenue à partir d'un original en terre glaise. Si le procédé est très classique, l'aspect du corps représenté l'est beaucoup moins ; il est étiré, compressé ou gonflé par endroits. Il s'agit d'une figuration outrancière, dont les ressorts sont en partie les mêmes que ceux de la caricature, dans l'exagération et la déformation du corps, qui concerne principalement les formes sexuées – seins, fesses... À l'encontre d'un tout organique, les parties du corps semblent assemblées les unes sur les autres comme sur une brochette. Cette altération des proportions (élargissement de certaines parties, élongation de la silhouette) peut faire penser à la façon dont les corps sont maltraités dans les *cartoons*, mais aussi à des sculptures modernes, notamment les sculptures filiformes d'Alberto Giacometti ou les bronzes de Willem de Kooning, dont elles reprennent l'aspect inachevé, turbulent.

Tout en reconnaissant une certaine dette à ses antécédents, la sculpture de Warren se fait aussi l'écho d'un monde valorisant des formes excessives du corps, à travers la chirurgie esthétique, le *fitness* et le *bodybuilding*, qui ont substitué, avec l'aide de la puissance de persuasion des *mass media*, leurs propres critères de beauté aux canons de la sculpture classique. En ce sens, les sculptures de Warren sont une adaptation drôle et mordante de ce nouveau beau idéal. Les techniques traditionnelles, et même archaïques, dont elle se sert (modelage, moulage en bronze) deviennent dès lors comme une empreinte du présent, son négatif, une façon de s'en distinguer radicalement tout en le habitant joyeuseuement.

CC, like *Fascia* (another of Rebecca Warren's works from the Cranford exhibited at MO.CO.), is a bronze sculpture cast from an original modelled in clay. Although this process is a classical one, the appearance of the body that is represented could hardly be called that; it is stretched, squashed or inflated, in different places. It is an outlandish figuration the source of which is akin to that of caricature, with the exaggerated, distorted forms of the body, especially its sexual anatomy – breasts, buttocks... Going against the standard of an organic whole, the body parts seem to have been assembled one after the other, as if on a skewer. This modification of proportions (the enlargement of some parts, the elongation of the silhouette) evokes the manner in which bodies are mistreated in cartoons, but it also brings to mind modern works, such as Alberto Giacometti's spindly sculptures, or Willem de Kooning's bronzes, from which they borrow something of their turbulent, rough-handled appearance.

While acknowledging a somewhat fractious debt to these antecedents, Warren's sculpture also resonates with a world that values over-the-top body shapes achieved through plastic surgery, fitness and body-building. With the help of the mass media's force of persuasion, these beauty criteria have replaced the canons of classical sculpture. In this sense, Warren's sculptures are a funny and cunning adaptation of these new beauty standards. The traditional, even archaic, techniques that she uses (modelling, bronze casting) thus become an imprint of the present, its negative, a way of radically differentiating herself from it while at the same time gleefully inhabiting it.

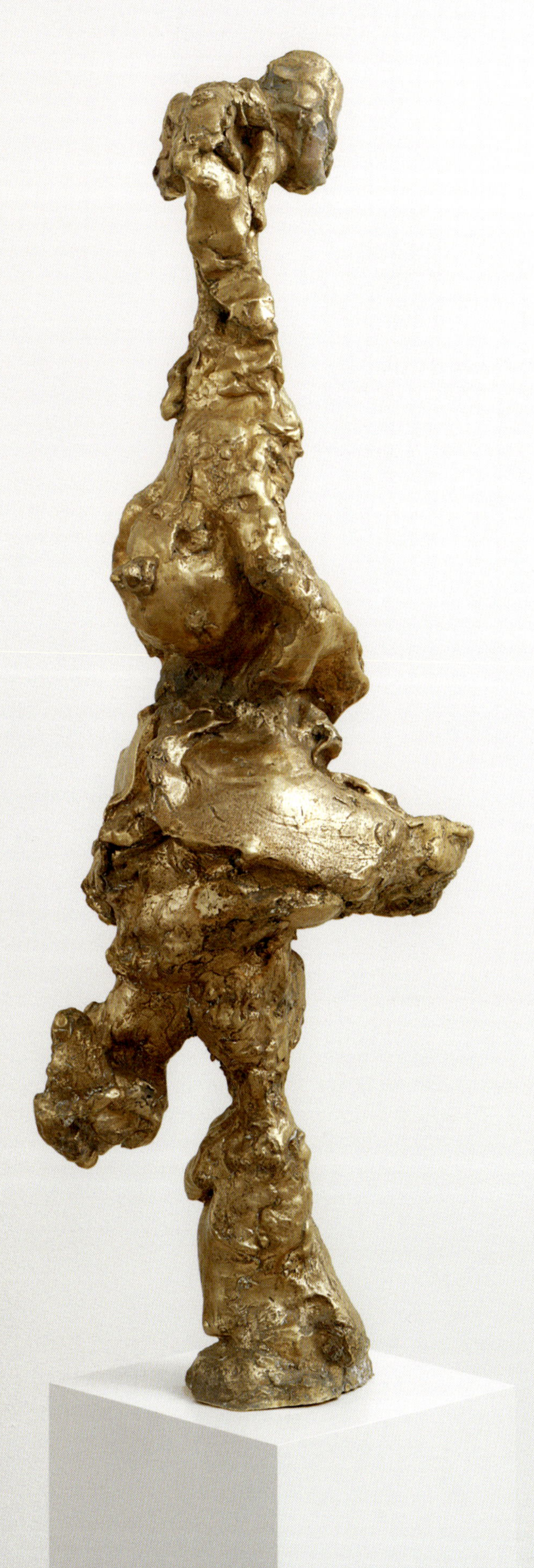

MONSTER CHETWYND
BAT OPERA [L'OPERA DES CHAUVE-SOURIS]
2008

Monster Chetwynd, également connue auparavant sous les pseudonymes successifs de Spartacus Chetwynd et Marvin Gaye Chetwynd, est célèbre pour son travail dans le domaine de la performance et de la mise en scène théâtrale, mais elle est peintre de formation.

Ce diptyque fait partie d'une série de peintures, dont le titre générique est *Bat Opera* (« L'opéra des chauve-souris »). En raison de sa double activité, ce titre et la façon dont les scènes sont dépeintes ne sont pas surprenants, avec des personnages qui semblent évoluer sur des scènes de théâtre.

Cette série de peintures représente des nuées de chauve-souris, isolées ou côtoyant d'autres animaux, se détachant sur des arrière-plans qui ressemblent à des fonds de scène ou des illustrations. Les peintures sont des miniatures. Ces mammifères volants ont toujours eu mauvaise réputation dans nos cultures, et c'est la raison pour laquelle Chetwynd les a choisis. Leurs caractères anthropomorphes, leurs visages grimaçants, grotesques, en font des êtres humains caricaturaux. Ce sont des *outsiders*, des animaux nocturnes, qui sont associés au mal, au diabolique.

L'idée de ces tableaux lui est venue grâce à un livre de zoologie comportant des photographies de chauve-souris sur des fonds bleu turquoise, qui lui avaient fait penser à des peintures de Holbein. « Elles ressemblaient bizarrement », explique-t-elle, « à des peintures miniatures du XVIIe ou aux portraits de papes de Bacon avec ces visages vraiment déformés. Les petites chauves-souris ont cette apparence affreuse, elles ressemblent à des personnages d'autorité pompeux, légèrement déformés et en même temps bulbeux et arrogants. J'ai eu rapidement l'idée, quand j'ai vu ce livre, que je pourrai les utiliser comme anti-héros comiques. Cette tension classique en peinture entre la répulsion et l'attraction... pour moi, ça en faisait un grand sujet – intriguant, repoussant, et cependant avec des qualités anthropomorphiques et une histoire d'association avec le mal. »

Monster Chetwynd, previously known as Spartacus Chetwynd and Marvin Gaye Chetwynd, is known for her performances and plays, but she was trained as a painter.

This diptych is part of a series of paintings whose generic title is *Bat Opera*. Given her dual activity, this title and the way in which the scenes are depicted are not surprising, with characters who seem to move across the stage of a theatre.

This series of paintings presents swarms of bats, alone or alongside other animals, all of them depicted on backgrounds that resemble stage sets or illustrations. The paintings are miniatures. These flying mammals have always suffered from a bad reputation in our cultures and this is the reason why Chetwynd chose them. Their anthropomorphic features, their grotesque, grimacing faces, make them look like caricatural human beings. They are outsiders, nocturnal creatures who are associated with evil and the diabolical.

The idea for these paintings came to Chetwynd when she stumbled upon a zoology book that featured photographs of bats on turquoise blue backgrounds and that reminded her of Holbein's paintings. She says: "So they end up in an odd way looking like formal miniaturist paintings from the 1600s or Francis Bacon's Pope paintings with the incredibly distorted faces. The little bats have this awful appearance, looking like pompous figures of authority, slightly deformed yet also bulbous and arrogant. When I saw this book, I quickly realised that I could use them as comic anti-heroes. That classic tension in painting between repulsion and attraction... for me, this makes them a great subject matter – intriguing, repulsive, yet with anthropomorphic qualities and a history of being associated with evil."

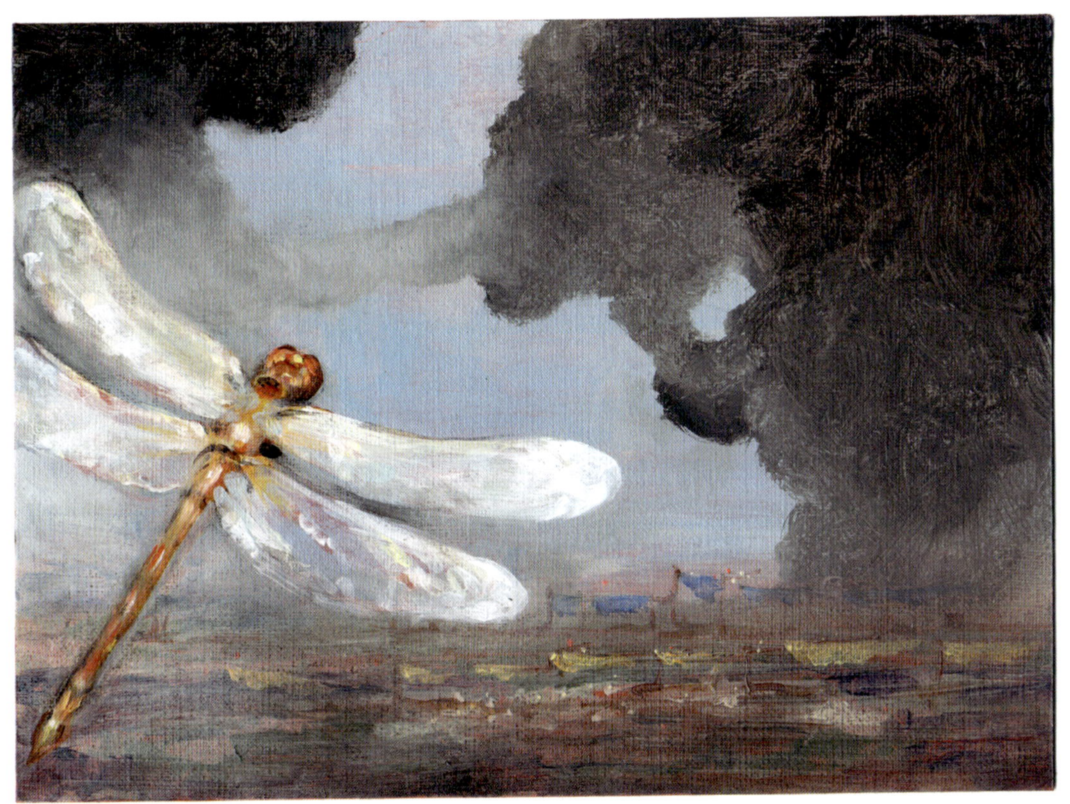

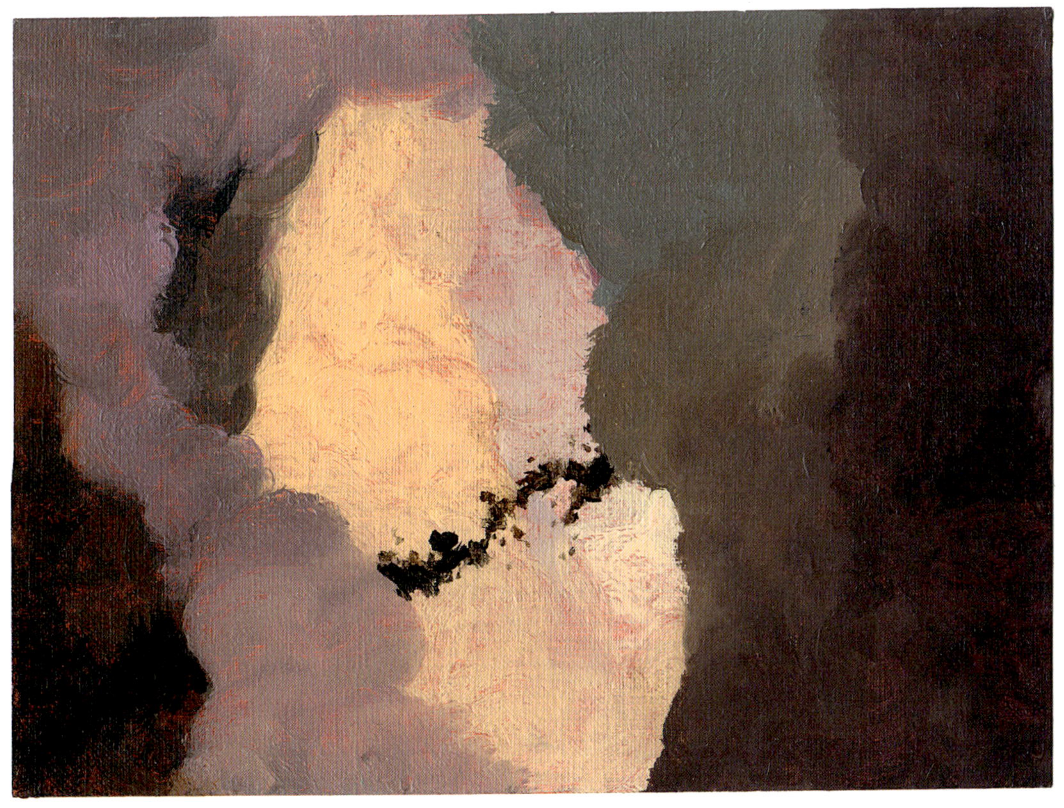

ISA GENZKEN
ORANG-UTAN, 2008

Isa Genzken utiise toutes sortes de médiums, de références et d'images. Son travail peut prendre la forme de sculptures, d'installations, de collages, de maquettes d'architecture, de peintures et de photographies… Cette propension à absorber les formats, les formes et les objets, dont *Orang-Utan* est une manifestation concentrée, semble ne pas avoir de vraie limite. Et s'il est juste de décrire une partie importante de l'histoire de l'art des années cinquante à soixante-dix comme un processus de soustraction ou d'exclusion, avec l'art minimal et conceptuel comme aboutissement provisoire, on peut voir à l'œuvre dans son travail le mouvement inverse ; cette prédilection pour l'addition ou l'accumulation (des référents, des formes) est emblématique de l'art de son époque.

Cette évolution cumulative de l'art, à laquelle elle participe et qui lui fait amonceler toutes sortes d'objets (meubles, ombrelles, chaises roulantes, poupées, mannequins, cabine d'avion de ligne…), peut être perçue comme une allégorie satirique des sociétés de consommation parvenues à leur point de saturation. Dans cette optique, ses sculptures peuvent être décrites comme des cornes d'abondance distribuant aléatoirement un grand nombre de choses inutiles et disparates, l'universalité du consumérisme amalgamant sans peine le mobilier en plastique, les *sweatshirts* et les bustes de Nefertiti.

Plus spécifiquement, *Orang-Utan* est l'équivalent contemporain d'une « singerie ». Les singeries étaient des genres de peinture (et plus rarement de sculpture) très en vogue au XVIIIe siècle, qui représentaient par exemple des singes peintres, ou investis de fonctions nobiliaires. Le singe d'*Orang-Utan* est représenté en majesté : il porte une couronne en plastique, arbore des attributs associés à la noblesse (le cheval) et est revêtu de grands morceaux de tissus synthétiques imitant des soieries qui forment comme un vêtement d'apparat (en toc, comme tout le reste).

Isa Genzken uses all sorts of mediums, references and images. Her work can take the form of sculpture, installation, collage, architectural models, painting and photographs… This propensity to absorb formats, shapes and objects, of which *Orang-Utan* is a condensed manifestation, seems to be limitless. If it is accurate to describe a significant part of art history from the 1950s to the 1970s as a process of subtraction and exclusion, with Minimal and Conceptual art as its temporary outcome, we can see just the opposite at work in Genzken's practice. Her predilection for adding and accumulating (references, forms) is emblematic of the art of her time.

This cumulative evolution of art, in which she is an active participant and for which she accumulates all sorts of objects (furniture, umbrellas, wheelchairs, dolls, mannequins, airliner cockpits…) can be seen as a satirical allegory of consumer societies that have reached their saturation point. From this standpoint, her sculptures could be described as overflowing horns of plenty randomly distributing disparate, useless things – the universality of consumerism easily amalgamating plastic furniture, sweat-shirts and Nefertiti busts.

More precisely, *Orang-Utan* is the contemporary equivalent of a "*singerie*" (French for "monkey trick"). *Singeries* were a popular genre in painting (and on some occasions, in sculpture) in the 18th century that depicted monkeys as painters or exercising noble functions. The monkey in *Orang-Utan* is represented in majesty – it sports a plastic crown and attributes associated with nobility, such as the horse. It is dressed in large pieces of synthetic, silk-like fabric that look like a ceremonial dress – although, like everything else, a fake one.

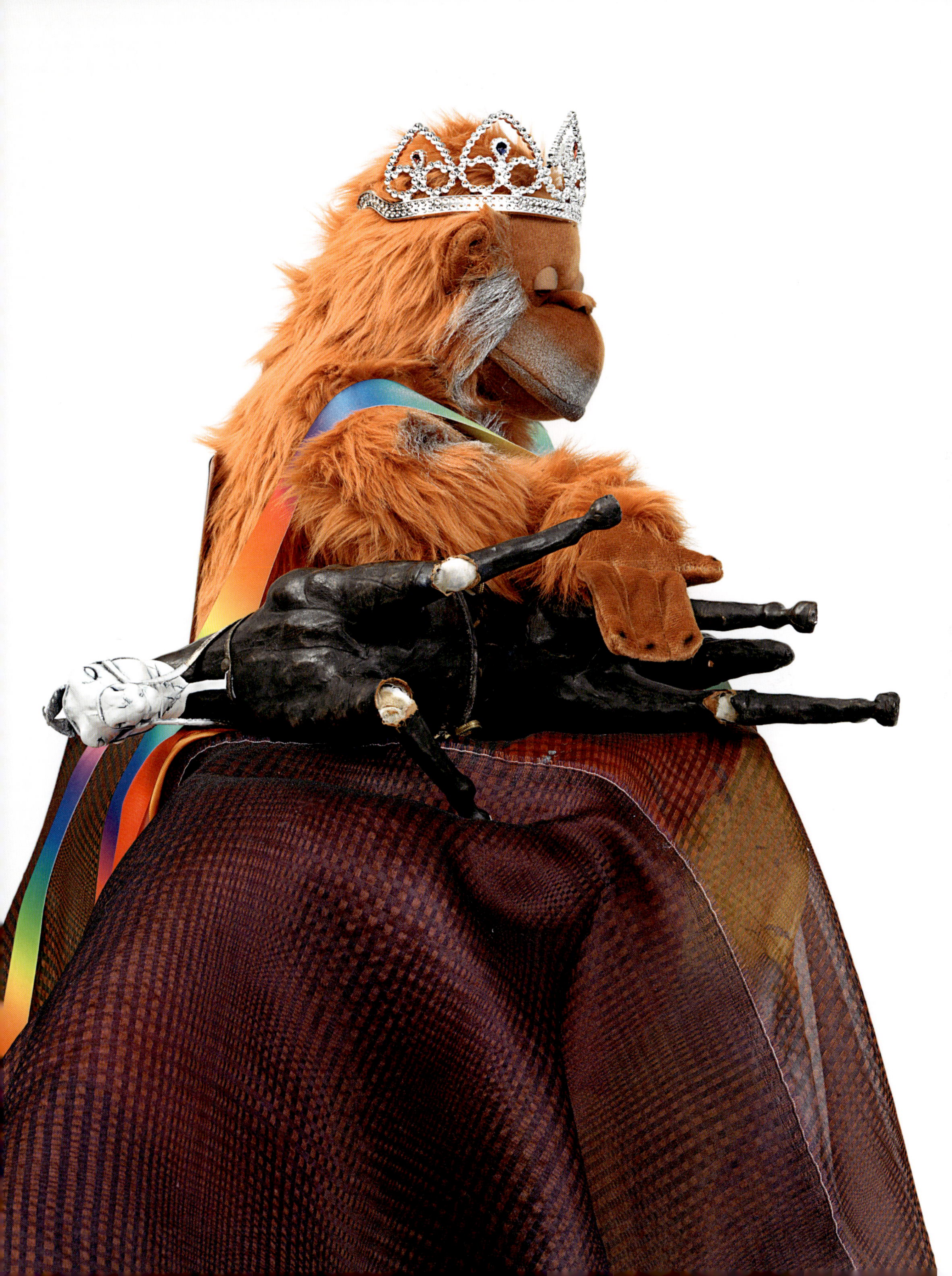

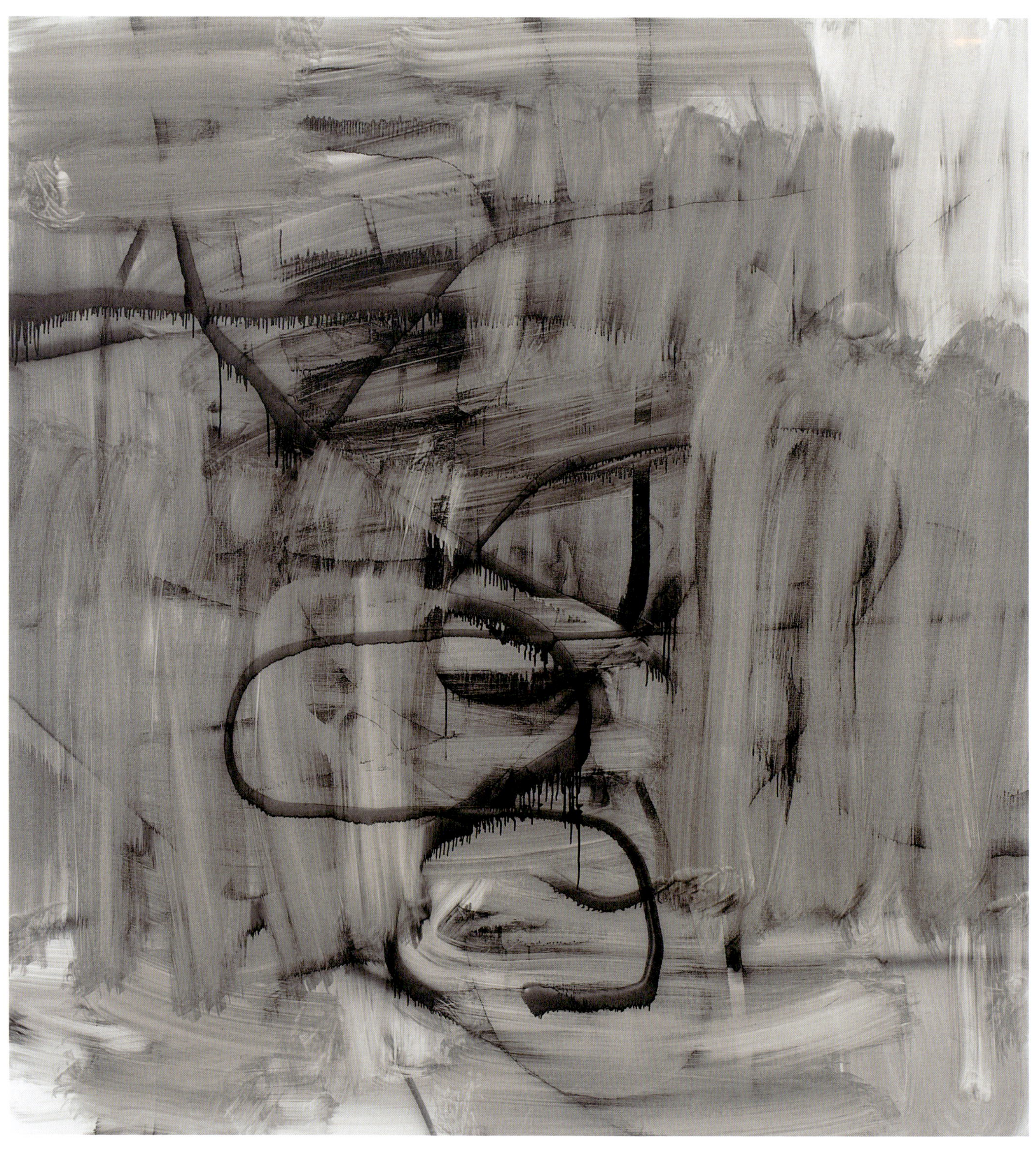

Christopher Wool
Untitled [Sans titre], 2008

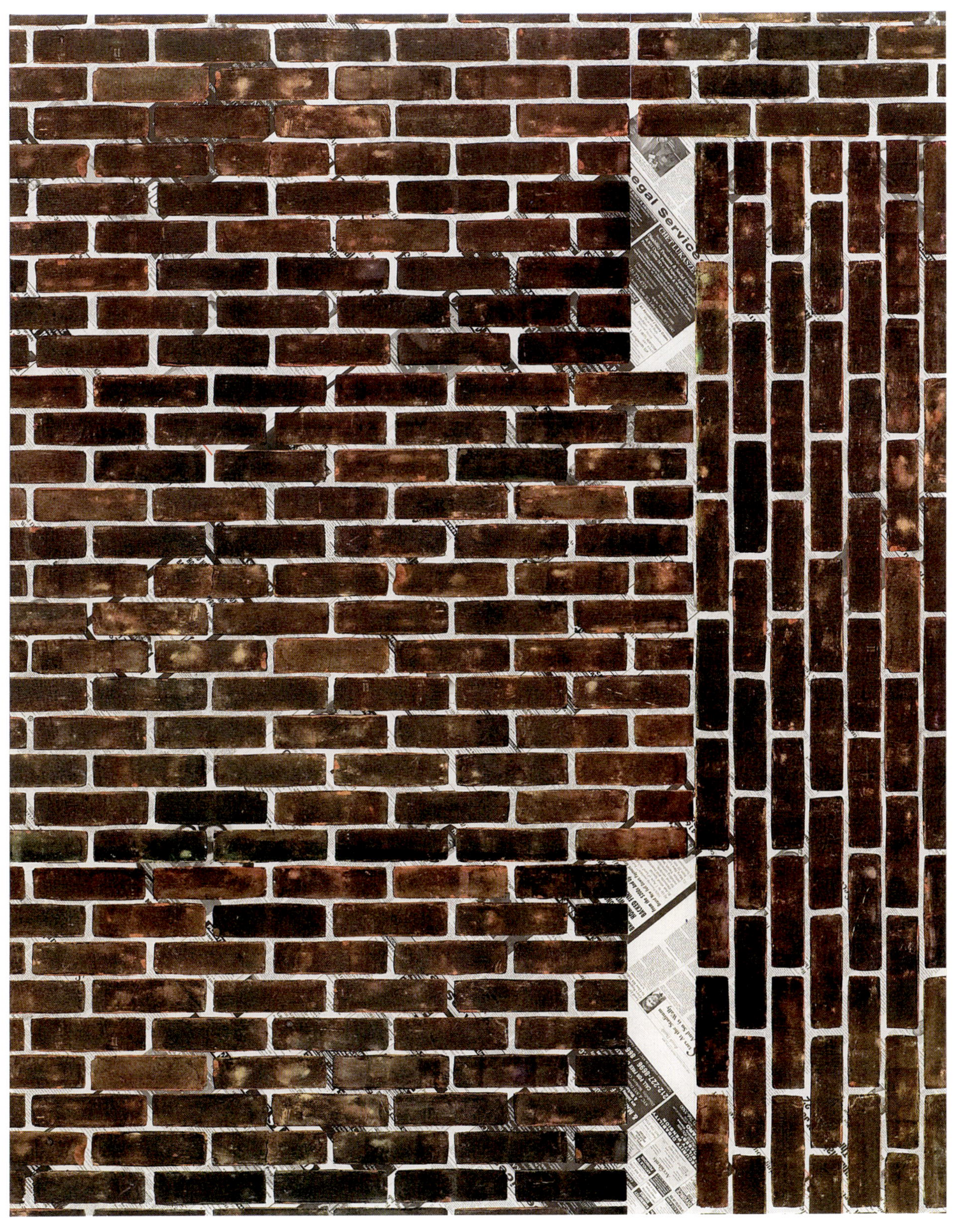

Kelley Walker
Untitled [Sans titre], 2008

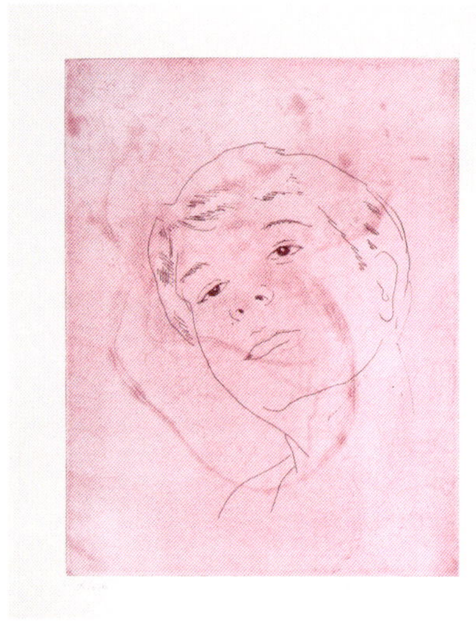

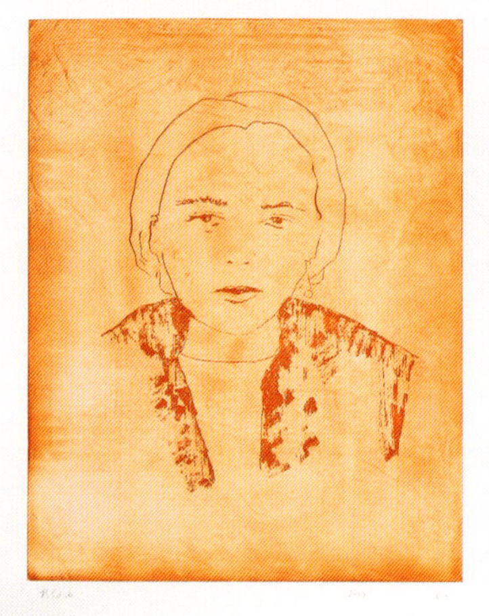

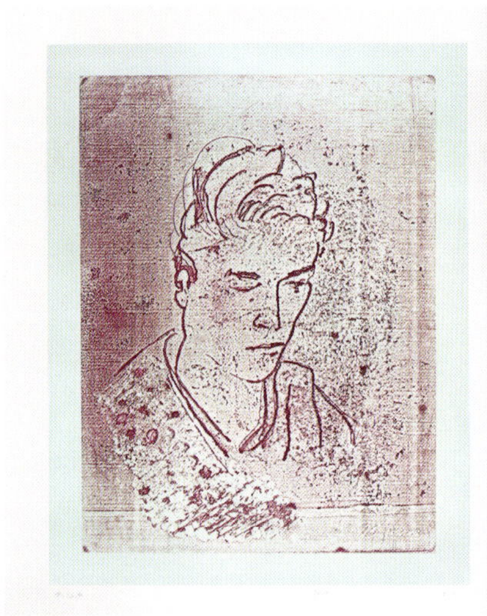

Thomas Schütte
12 Portraits, 2009

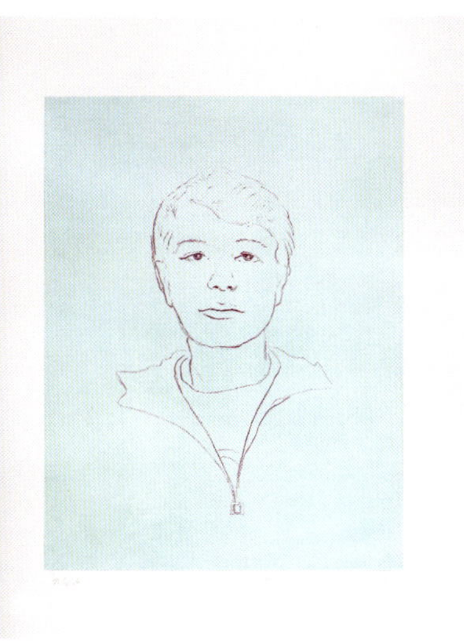
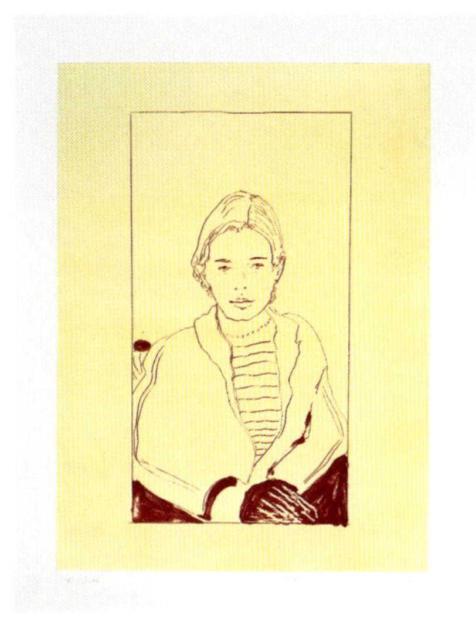
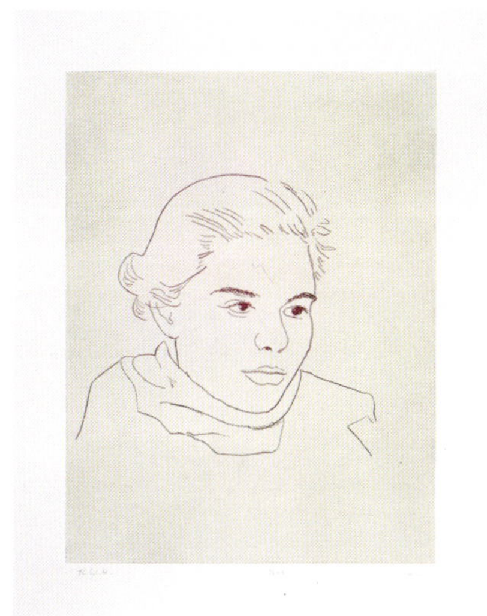
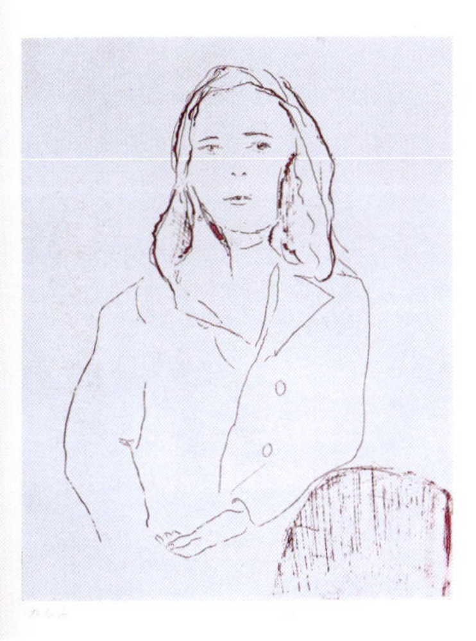
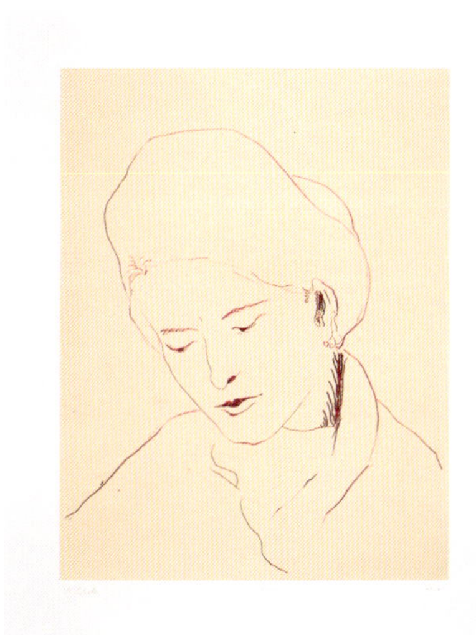
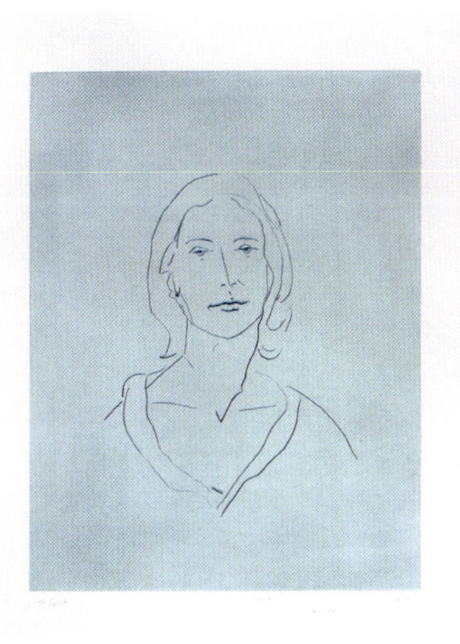
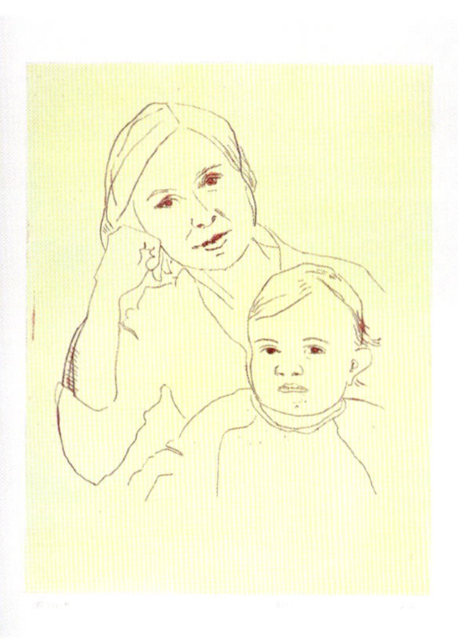
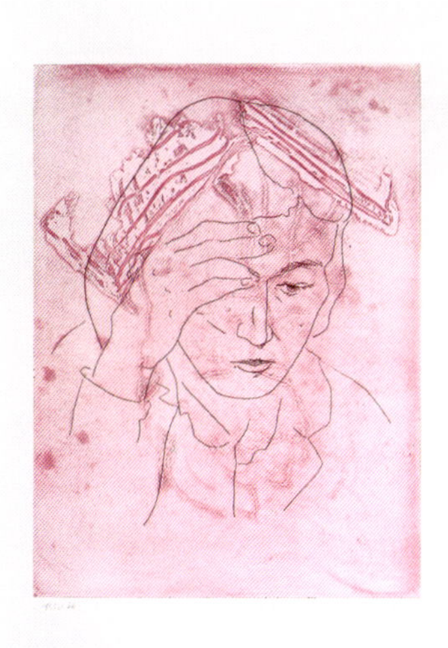
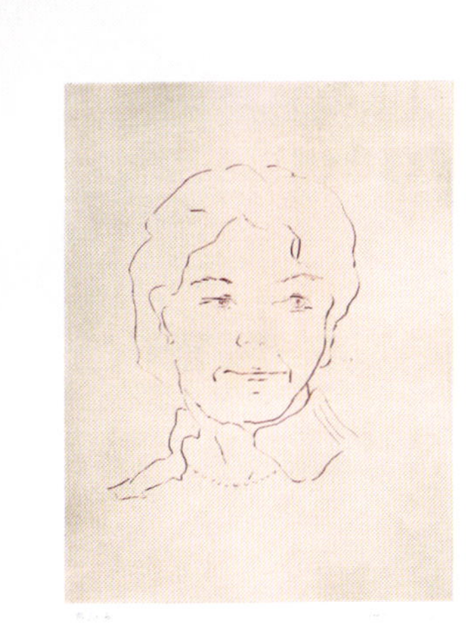

GUYTON\WALKER
UNTITLED [SANS TITRE]
2009

Guyton\Walker est le nom collectif de deux artistes présents par ailleurs dans la collection, Wade Guyton et Kelley Walker. Amis de longue date, ils ont partagé le même atelier, et cette proximité a suscité au fil des années une familiarité et une compréhension réciproque, qui donne à leur collaboration un aspect évident. La nature des objets produit par le duo est, à l'image de son double producteur, hybride : un mélange d'opérations informatiques, de sérigraphie, d'impression numérique, de peinture. Le résultat est un tableau d'aspect « *computerly* », pourrait-on dire en pensant à l'usage de l'expression « *painterly* », qu'on utilise pour désigner les peintures dans lesquelles sont mis en avant les moyens de l'art (la touche, les outils, la matière...). Mais ici, ces moyens mis en avant sont ceux de la technologie contemporaine. Leurs tableaux sont faits d'images déchirées, scannées, rehaussées de peinture ou de sérigraphie, manifestant dans ce processus la nature recyclée de l'imagerie de départ. Saturés par les couches successives, les tableaux paraissent usés, comme pour dissuader par avance toute velléité de réemploi, comme s'ils s'étaient donné pour but d'être la fin de la chaîne du recyclage, d'y mettre un terme.

Dans ce tableau se retrouvent, mélangés, des pots de peinture et de fruits, au même format. Le pot de peinture est l'image d'un contenant, mais il représente également le contenu – le sujet – du tableau, la matière première de l'image. À cela s'ajoute des fragments d'images scannées, superposées par « couches » comme dans un logiciel d'infographie, suggérant l'idée que la peinture est un « contenu » comme un autre de l'appareillage numérique. L'aspect général du tableau, avec ses images qui se chevauchent ou se juxtaposent sans justification apparente, prend toutefois le contrepied de la logique des industries numériques, qui repose sur un effort d'harmonisation et de rationalisation entre le contenant et les matières premières désignées comme « les contenus ».

Guyton\Walker is the collective formed by two artists who are, individually, represented in the collection – Wade Guyton and Kelley Walker. Long-time friends who shared a studio, their closeness, over the years, gave way to an intimacy and a mutual understanding that imbues their artistic collaboration with a wholly natural aspect. The objects produced by the duo reflect their hybrid, two-person origin – a mix of digital operations, silkscreens, inkjet prints and paintings. The result is this "computerly"-looking painting, in what may be deemed a reference to the expression "painterly", used to designate paintings which their own means of production (the brushstroke, the tools, the matter...). But here, the highlighted means are those of contemporary technology. Their paintings are made of images that are sometimes torn apart, then scanned, repainted or silkscreened, using this process to express the recycled nature of the original image. Overloaded with successive layers, the paintings look used, as if to disperse in advance any vague hopes of them being reused, as though their very aim was to put a full stop to the recycling cycle.

In this painting, paint cans find themselves mixed with tinned fruits – all of them, the same size. The paint pot is the image of a container, but it equally indicates the content – the subject – of the painting, its raw material. Also included are fragments of overlaid, scanned images forming "layers" like in an infographics programme, suggestive of the idea that painting is a "content" like any other when it comes to digital equipment. Yet the work's general appearance, with its overlapping images juxtaposed without apparent logical reason, takes an opposite stance to the logic of the digital industry, which is based on an effort to harmonise and rationalise the container and the raw matter that is defined as "content".

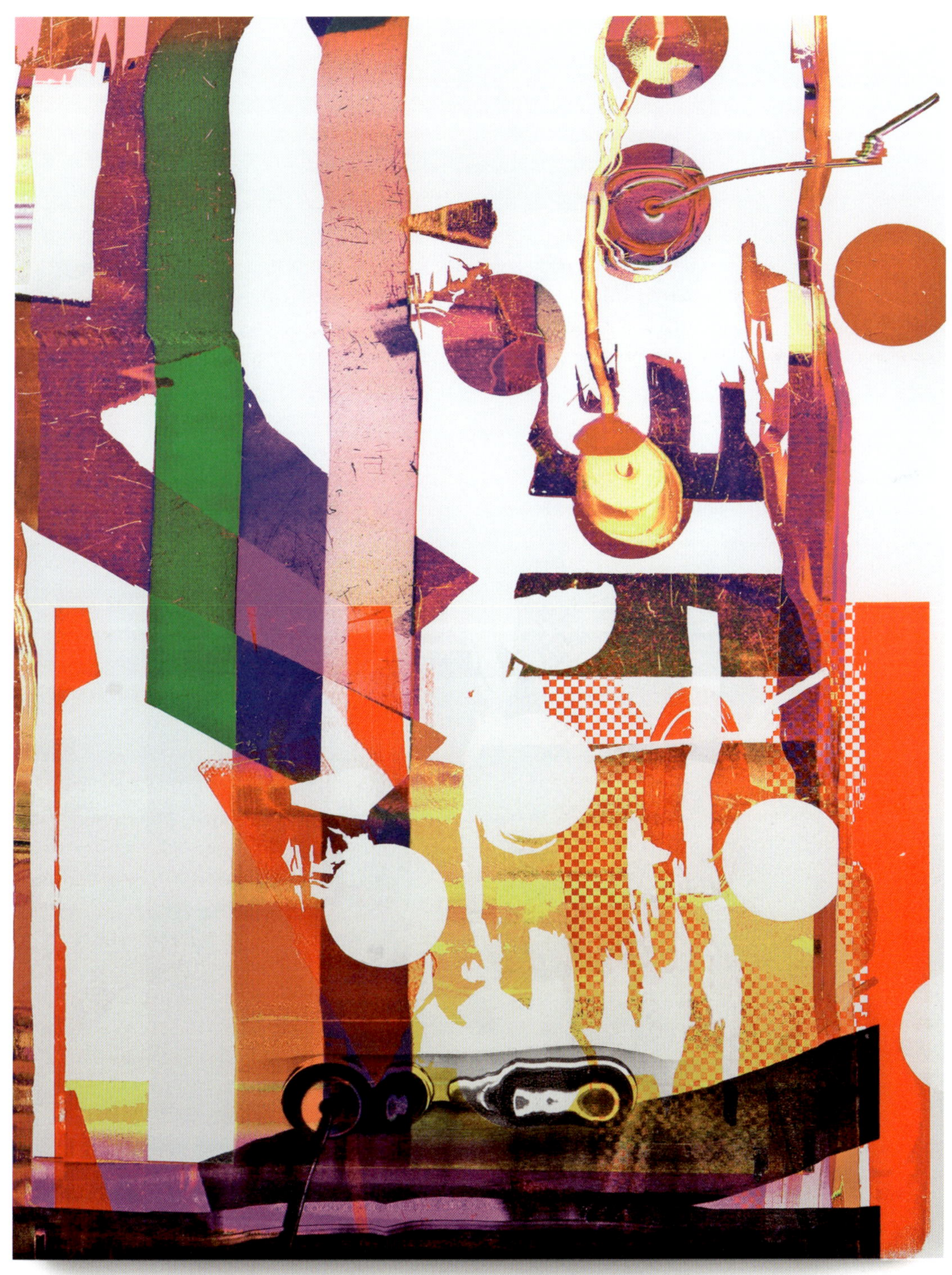

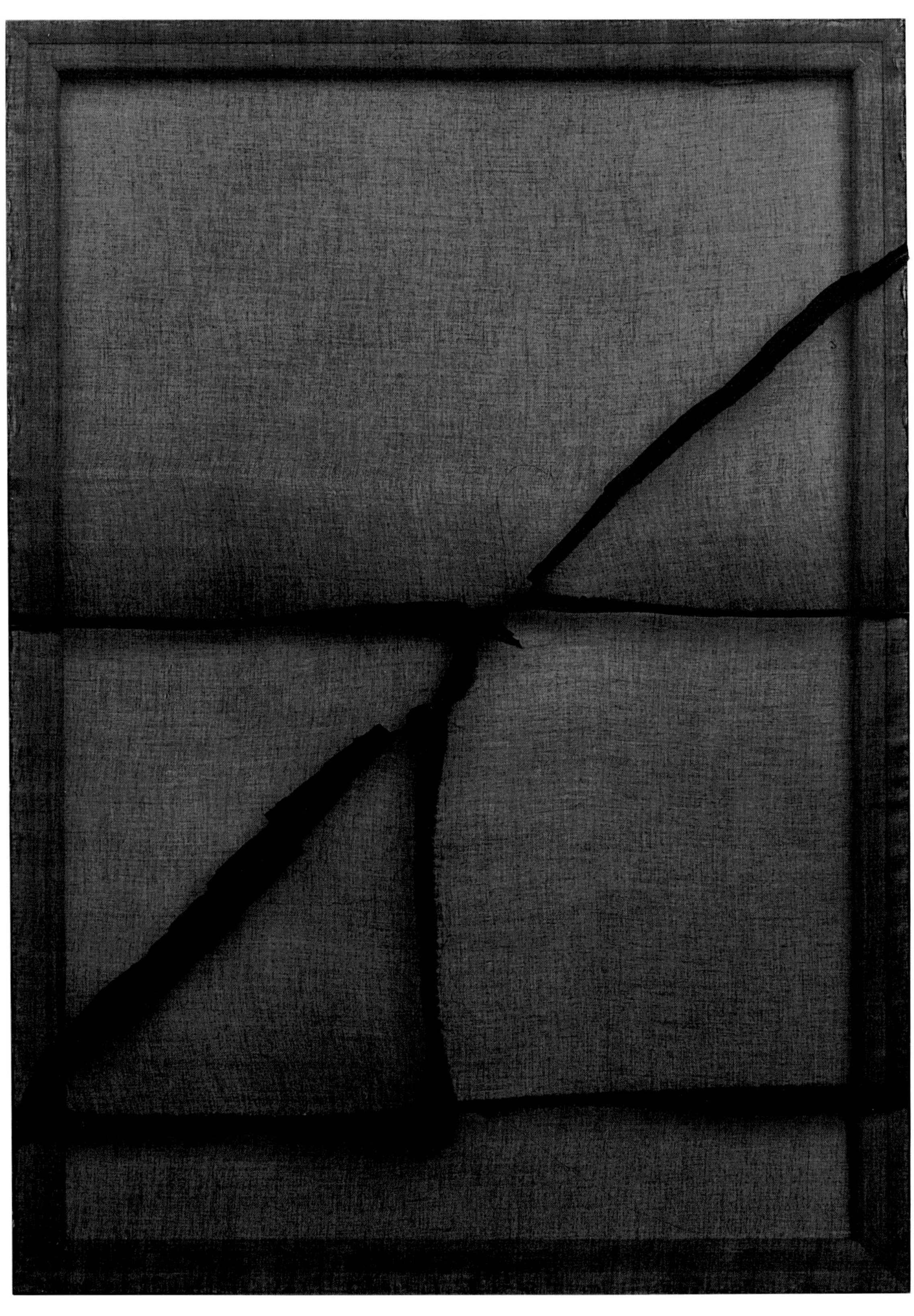

Sergej Jensen
Untitled [Sans titre], 2009

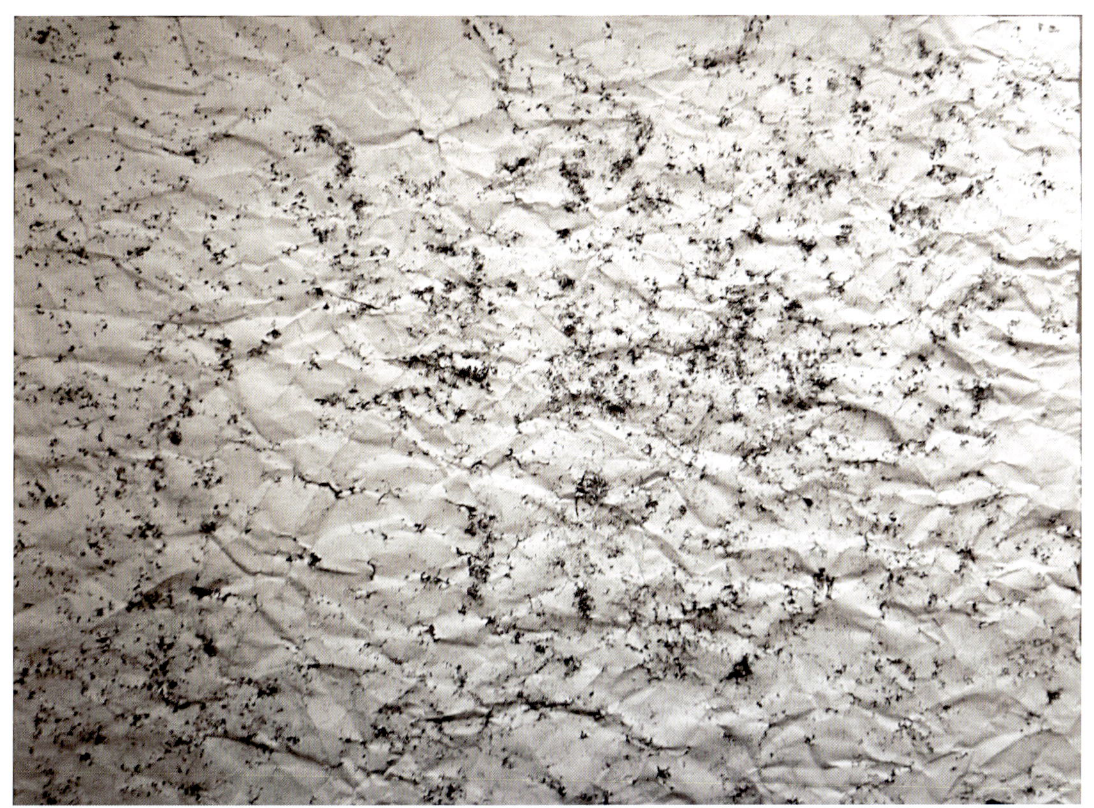

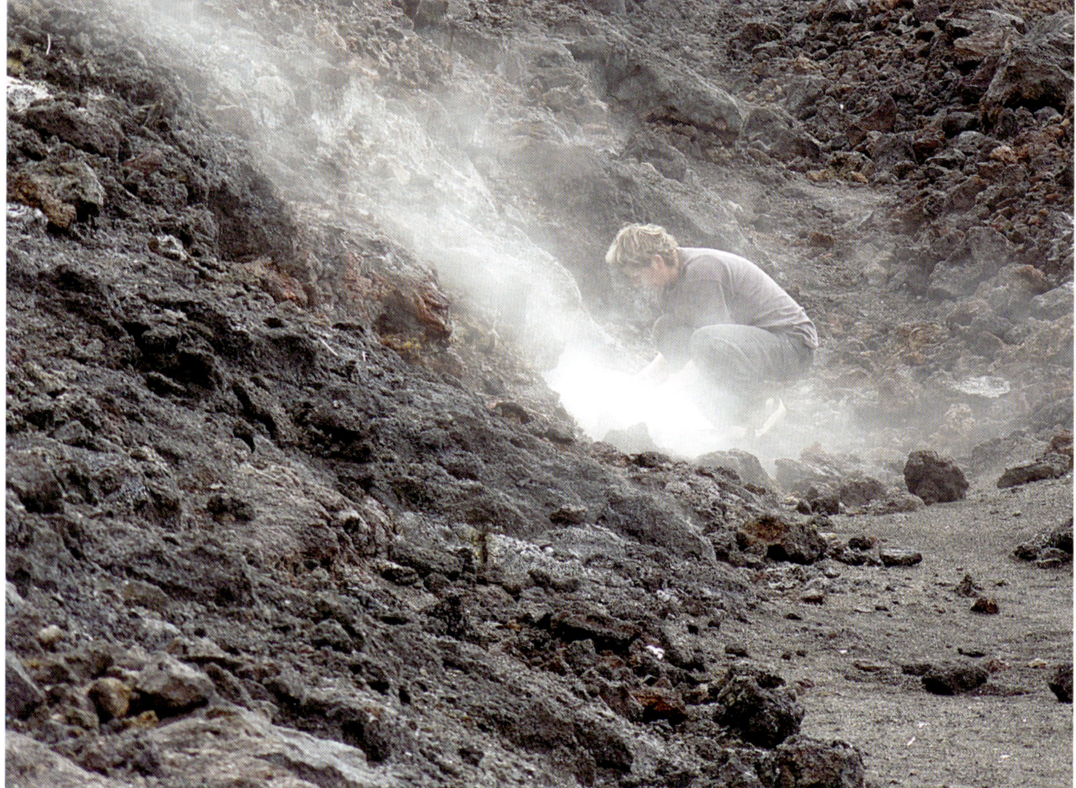

Edith Dekyndt
Drawing 011 Volcan – Reunion romain [Dessin 011 Volcan – Réunion (détail)], 2009
Photo de l'artiste réalisant *Drawing 011 Volcan – Reunion*
Photo of the artist making *Drawing 011 Volcan – Reunion*

CHRISTOPHER WOOL
UNTITLED [SANS TITRE]
2009

Si Christopher Wool a auparavant utilisé dans ses peintures des lettres ou des motifs décoratifs, ce tableau, comme les deux autres de la collection, sont abstraits. Mais un examen attentif invite à nuancer ce qualificatif. Le tableau de 2009 et l'œuvre sur papier de 2008 semblent faits au blanc d'Espagne, comme si on avait essayé de recouvrir un graffiti. En plus de l'abstraction, deux usages ordinaires de la peinture sont donc convoqués ici (le tag et la peinture en bâtiment). De façon générale, Wool cherche à casser l'isolement de la peinture dans cette réserve que constituent les beaux-arts, en lui intégrant d'autres régimes ou fonctions – peinture « sauvage » ou utilitaire. Ses tableaux sont par ailleurs en noir et blanc, évoquant la photographie (la sérigraphie est une technique de transfert de l'image photographique).

Cette dimension est encore accentuée dans le tableau de 2009, avec la trace de quatre écrans sérigraphiques juxtaposés, bien visibles. Deux couleurs sont utilisés – le noir et blanc à nouveau, mais aussi le sépia, une teinte qui évoque encore la photographie ou l'application d'un filtre sur la moitié de l'image. La composition paraît avoir été exécutée rapidement, mais cette impression est trompeuse, puisque nous faisons face à une image de cette première composition. La vitesse a été figée par la photographie avant d'être transférée sur la toile. On peut ainsi voir le tableau comme un geste suspendu, une abstraction représentée, ce qui en fait un paradoxe – ni véritablement abstrait, ni complètement figuratif. En le regardant, on ne peut pas être sûr de se trouver devant une peinture abstraite ou son image, devant une production mécanique ou une peinture expressive.

If Christopher Wool has previously used letters and decorative patterns in his earlier paintings, this one, as well as the two other paintings in the collection, is abstract. A closer inspection, however, proffers an invitation to reappraise this assertion. The 2009 painting and the work on paper from 2008 both look like they are made of whitewash, as if someone tried to cover up a graffiti. Thus, in addition to abstraction, two ordinary uses of painting are included in these works (the graffiti tag and wall painting). Broadly speaking, Wool aims to draw painting out from its isolation in the storehouse that are the fine arts by incorporating other regimes or functions, such as "primitive" or utilitarian painting. Black and white, these paintings allude to photography (silkscreen printing is a technique used for transferring the photographic image).

This aspect is even further accentuated in the painting from 2009, on which the trace of four silkscreens, juxtaposed side by side, is clearly visible. The artist uses two colours: black and white, but also sepia, a shade that evokes the colours of photographs or the use of a filter on one half of the image. The composition appears to have been executed quickly, but this is a misleading impression as we are faced with an image of the original composition. Speed was frozen by the photograph and before being transferred on to the canvas. This painting can be viewed as a gesture placed on hold, as the representation of an abstraction, which transforms the painting into a paradox, neither truly abstract nor definitively figurative. Looking at it, it is unclear whether we are in front of an abstract painting or its image, in front of a mechanical production or an expressive painting.

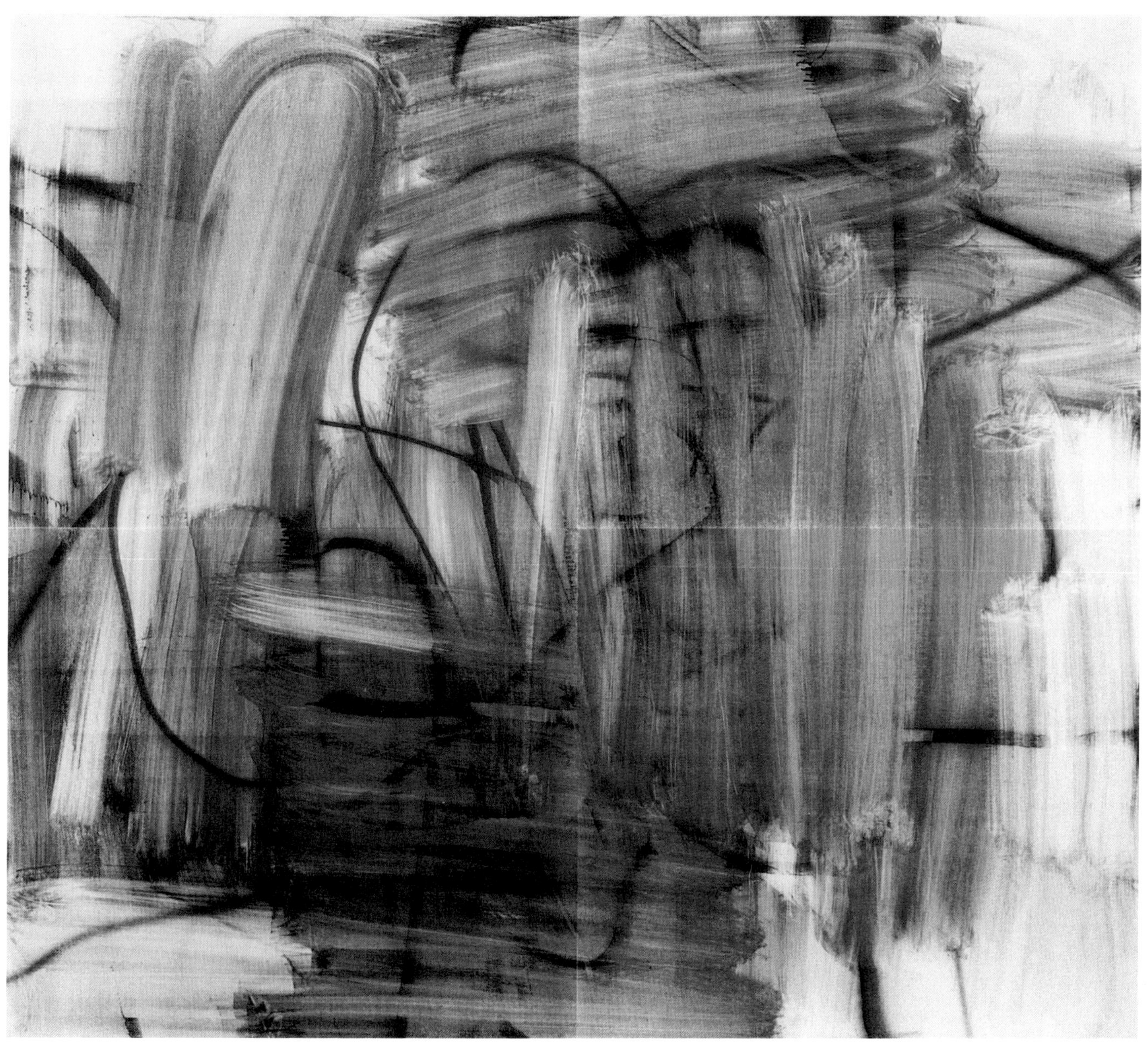

Glenn Ligon
Figure #42, 2010

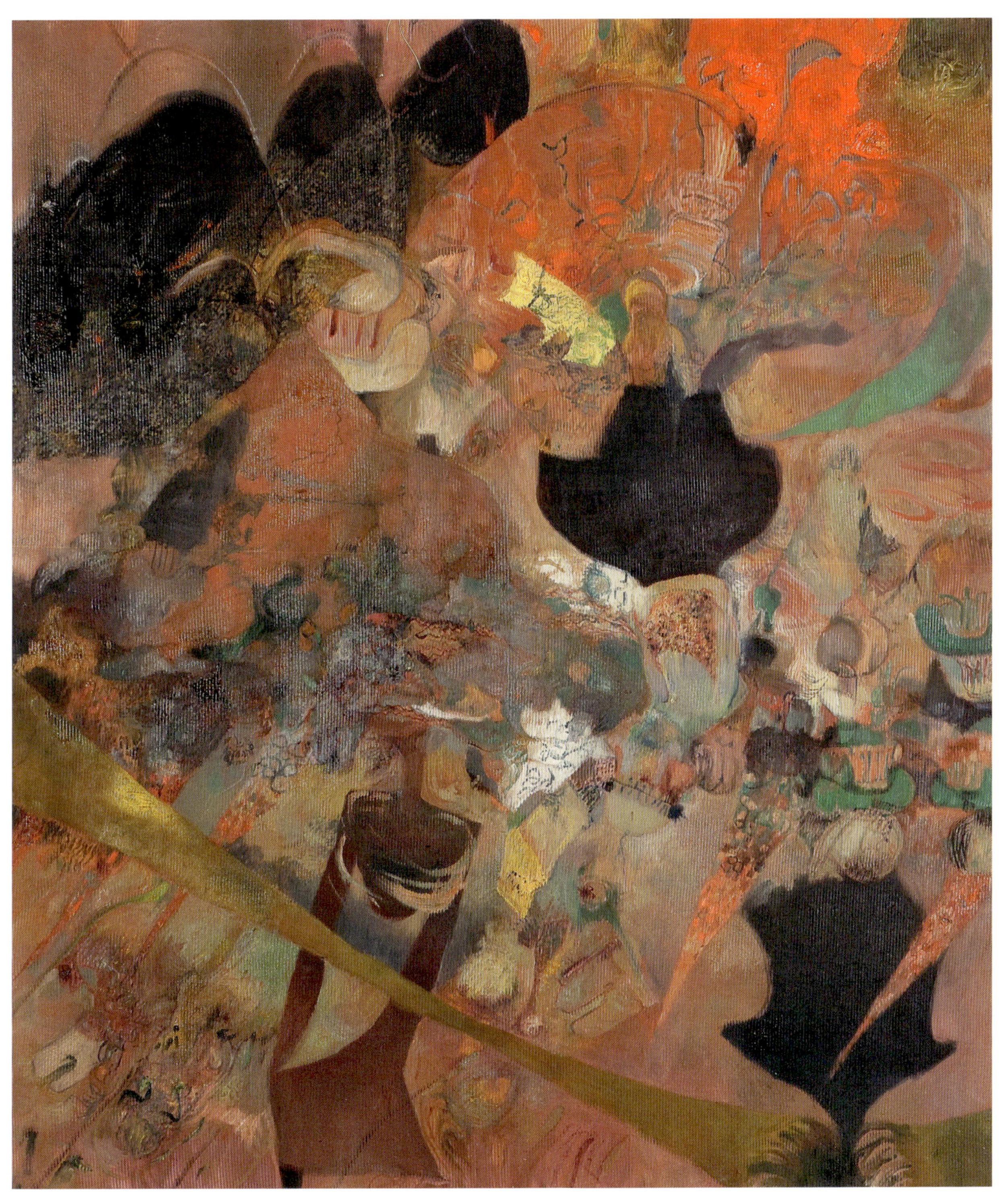

Kai Althoff
Untitled [Sans titre], 2010

RACHEL HARRISON
AVATAR
2010

Le titre de la pièce pourrait faire allusion aux « avatars » dont se servent les *gamers* pour jouer en ligne. Mais on peut relever également que la sculpture a été réalisée après la sortie du film à succès de James Cameron qui porte le même titre. L'œuvre de Rachel Harrison s'en distingue toutefois. *Avatar*, le film de James Cameron, a été l'une des productions les plus coûteuses, et aussi des plus rentables, de l'histoire du cinéma. La sculpture de Harrison constitue son avatar sur la planète Art. C'est une œuvre à petit budget, dénuée d'effets spéciaux, à moins que l'on considère que la polychromie en fait partie. La forme principale, qui s'apparente à un socle ou une stèle, est barbouillée de différentes couleurs, comme si elle avait été graffitée.

Elle est aussi habillée d'un pantalon, posé sur la sculpture, comme abandonné. Celui-ci est réalisé en un tissu imprimé de motifs de sous-bois ; il provient de la marque Realtree, qui commercialise des vêtements de camouflage pour la chasse, suggérant que la sculpture est ainsi « camouflée » par cet ajout, comme si elle cherchait à se dissimuler, à passer inaperçu dans l'environnement auquel elle est destinée.

Sur l'une des faces de la sculpture est fixé un collage numérique repris d'un magazine de mode, qui figure une mannequin habillée dans un genre « tribal » non spécifié, sur un fond de jungle. Harrison a collé une photo de la tête d'Ozzy Osbourne sur le corps de la femme, soulignant la glamourisation perverse adoptée par les éditeurs du magazine, et les fantasmes racistes véhiculés par ce type de représentations des « indigènes ». Conçue comme une entité susceptible de vivre en symbiose avec son environnement médiatique, la sculpture repose sur une articulation évidente entre naturel et artificiel.

The title of this work could refer to the "avatars" used by gamers online. However, we might also take note of the fact that the sculpture was created following the release of James Cameron's highly successful film of the same name. Yet Rachel Harrison's piece differentiates itself from it. James Cameron's *Avatar* was one of the most expensive, as well as one of the most profitable, films in the history of cinema. Harrison's sculpture constitutes her avatar on Planet Art. This piece is undoubtedly low budget, devoid of special effects, unless we consider polychromy as such. The main form, that resembles a plinth or a gravestone, is smeared with different colours as though it had been covered in graffiti.

The sculpture also wears a pair of trousers that are resting on top of it, as if discarded. The trousers are made of a forest-pattern fabric produced by the Realtree brand, that sells camouflage clothing for hunting, implying that the sculpture is "camouflaged" by this addition, as though it were trying to hide itself, to remain undetected in the environment for which it is destined.

A digital collage picked from a fashion magazine, depicting a model dressed in an unspecific "tribal" attire against a jungle backdrop, hangs on one of the sculpture's sides. Harrison has collaged a picture of Ozzy Osbourne's head to the woman's body, drawing attention to the perverse glamorisation of the editorial and the racist fantasies that sustain such representations of indigenous people. Conceived as an entity that could live in symbiosis with its mediatic environment, the sculpture rests on the evident hierarchy between nature and artifice.

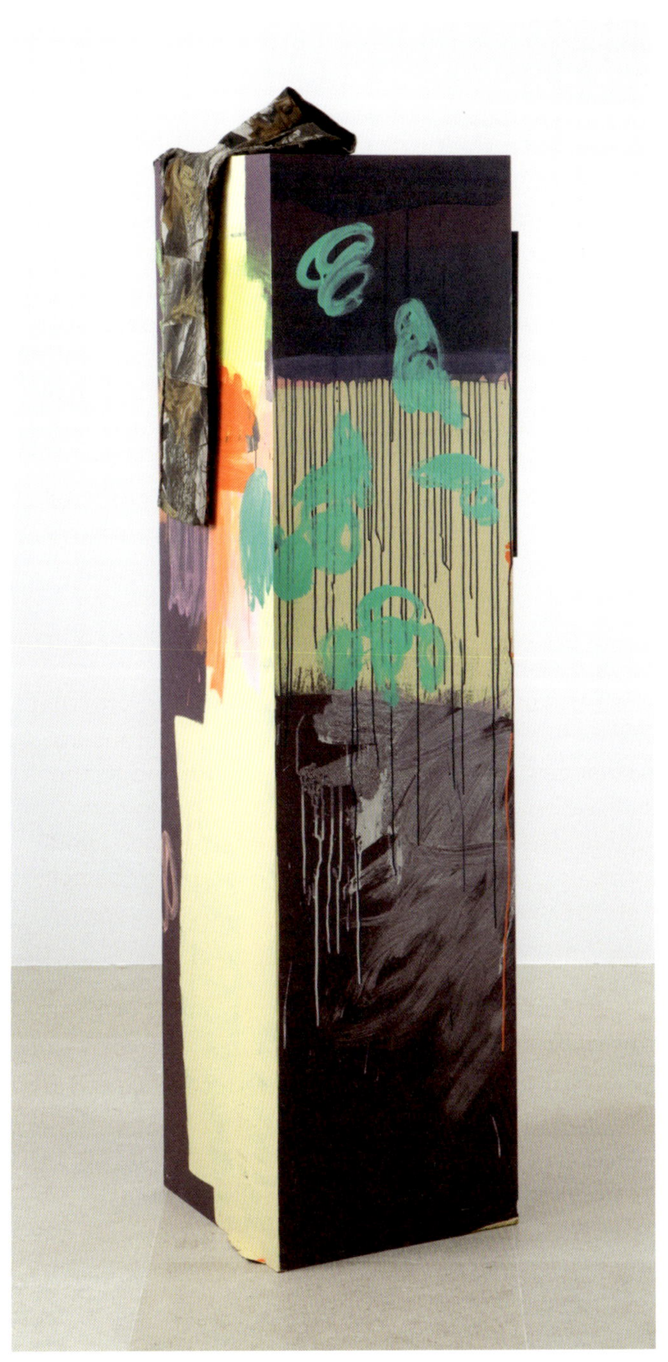

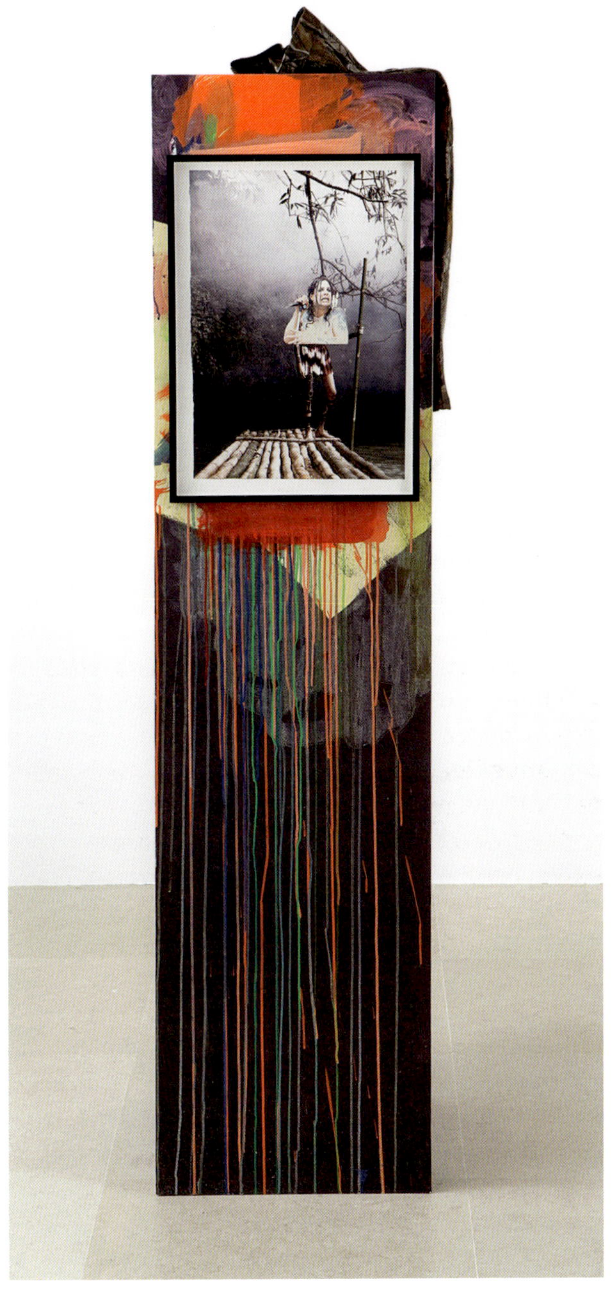

KELLEY WALKER
UNTITLED [SANS TITRE]
2011-2012

Kelley Walker utilise les images (le plus souvent, issues de la presse ou des publicités) comme matière première. Dans le cas de cette œuvre en quatre-vingt-seize panneaux, les images dont il s'est servi sont celles d'une campagne de publicité américaine pour la *coccinelle* de Volkswagen. Cette campagne, développée dans les années soixante, a été mise au point par l'agence Doyle Dane Bernbach (DDB).La voiture y était mise en scène sur un fond blanc, flottant dans un espace abstrait, sans indication d'échelle.

Walker a dans un premier temps scanné ces publicités. À partir de ces fichiers-images, il a ensuite procédé à des perforations, puis à une forme d'extrusion de l'image plane à l'aide d'un logiciel de PAO destiné au modelage de formes, appelé *Rhino*. Ce logiciel est habituellement utilisé par les architectes et les créateurs de produits industriels pour obtenir un rendu 3-D de constructions, vêtements ou séquences d'animation… L'interface du programme distingue les « nerfs », l'armature des objets, et leur « peau ». Dans les manipulations effectuées via ce programme sur les images-sources, les publicités de la *coccinelle* forment donc une peau. Les images deviennent des enveloppes organiques, comme une métaphore de leur omniprésence dans notre environnement. Une fois les retouches terminées, Walker a imprimé ces images sur les panneaux de médium, au préalable recouverts de gesso. L'impression des images s'est ensuite faite en trois temps, à chaque fois en sérigraphie : le fond avec une encre Pantone, puis une forme blanche pour faire ressortir le sujet, et enfin l'image retouchée en quadrichromie. Ce mélange de différents procédés d'impression, correspondant à des technologies de différentes époques, fait écho aux différentes strates historiques superposées dans ces images : une voiture conçue dans l'Allemagne nazie, devenue grâce à la publicité une icône du cool dans l'Amérique des années soixante, et l'avènement de l'ère numérique.

Kelley Walker's raw materials are images, usually taken from advertisements or magazines. In the case of this 96-panel piece, the images he used come from an American advertising campaign for Volkswagen's Beetle. This campaign from the 1960s was developed by the Doyle Dane Bernbach agency (DDB). The car was depicted on a white background, floating in an abstract space with no indication of its size.

Walker started by scanning the ads. Then, he perforated the newly acquired image files and extruded the flat image thanks to the desktop publishing 3D design software, Rhino. This software is habitually used by architects and industrial product designers to obtain 3D renderings of buildings, clothes, and animated sequences… The software's interface distinguishes the difference between "nerves", the objects' framework as such, and their "skin". When the source-images are handled using this software, the Beetle ads are, eaffectively, skins. These images become organic envelopes, a metaphor for their perpetual presence in our environment. Once the images have been retouched, Walker prints them on wood panels covered in gesso. The images then go through a three-step screen printing process: the background with a Pantone ink, then a white shape that allows the subject to stand out, and finally, the CMYK retouched image. This mix of various printing processes, each one corresponding to the technology of different time periods, resonates with the different historical layers superimposed within the images: a car conceived in Nazi Germany that, thanks to advertising, became an icon of cool in 1960s America, and the advent of the digital era.

Following pages / Pages suivantes:
Kelley Walker *Untitled* [Sans titre], 2011-2012
Vue d'installation / Installation view, *Kelley Walker*,
Galerie Catherine Bastide, Bruxelles, Belgique, 2 juin – 21 juillet, 2012.

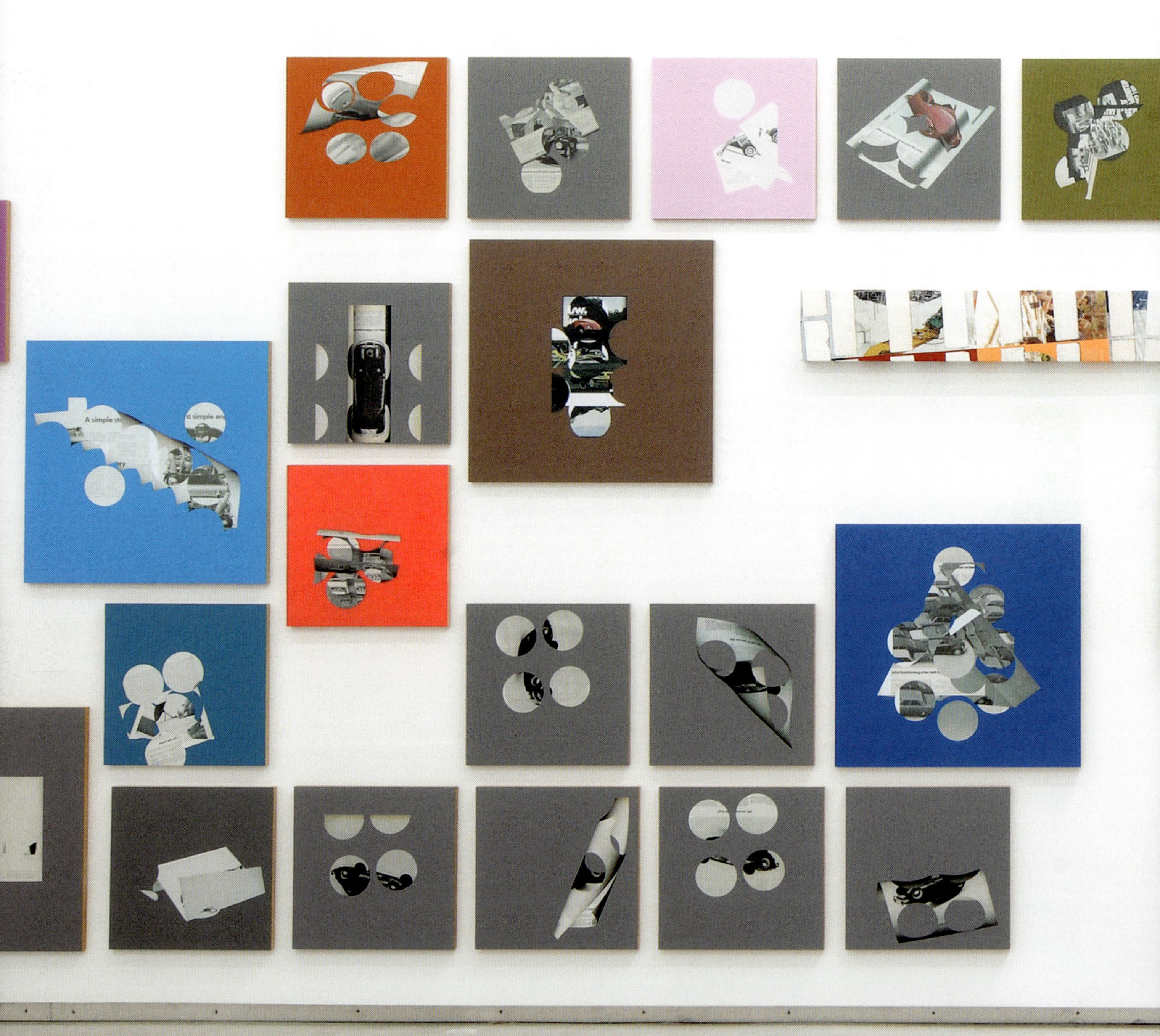

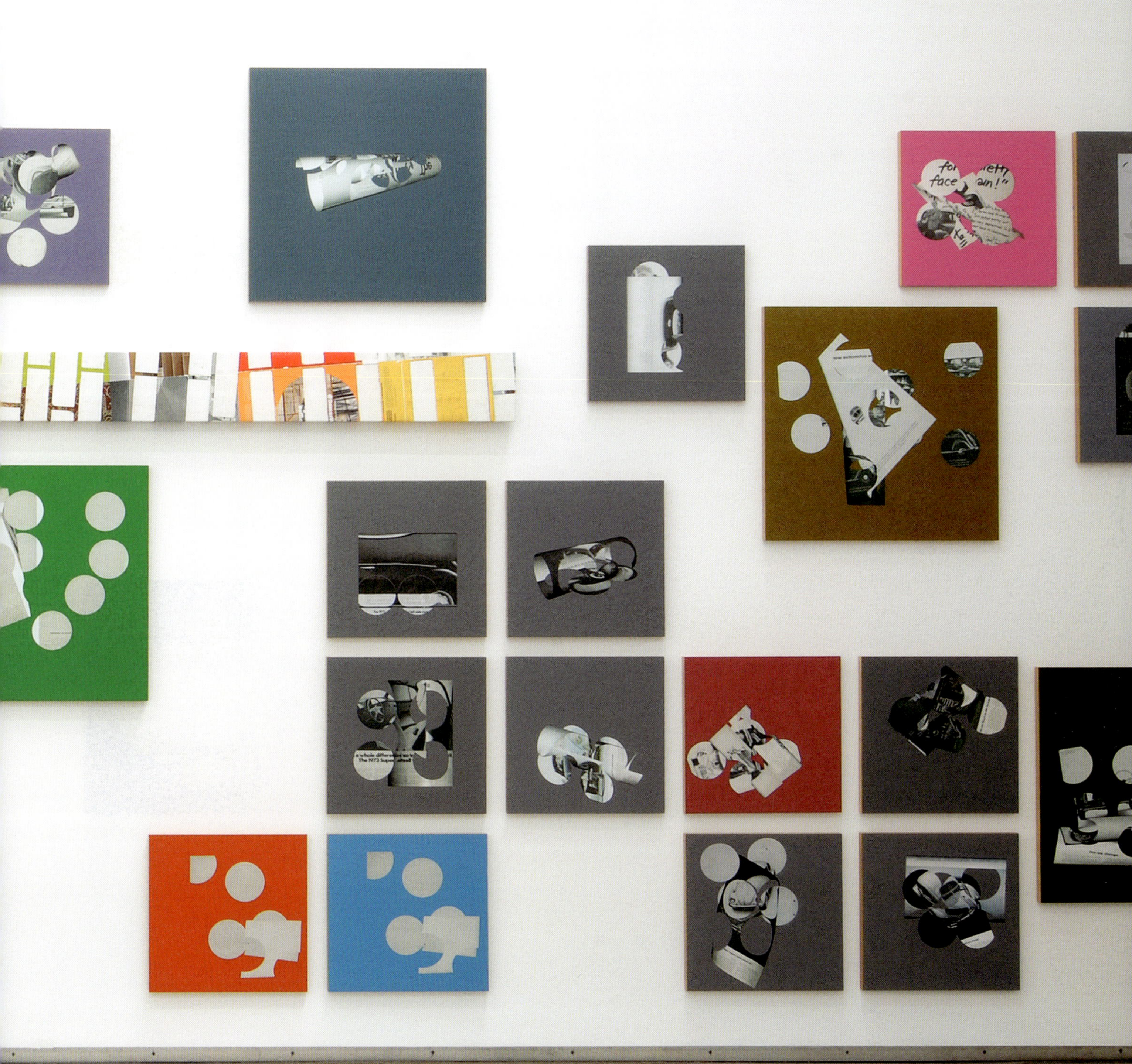

Chronologie
Timeline

2000

À l'approche du passage à l'an 2000 une angoisse mondiale est de plus en plus palpable, provoquée par la crainte d'un bug informatique systémique : le fameux **Bug de l'an 2000**. En cause : une erreur de conception informatique réduisant la date à deux chiffres qui provoquerait un retour à zéro. Couplée à la peur symbolique du passage à un nouveau millénaire, cette crainte du Bug de l'an 2000 génère les pires scénarios : un arrêt du système bancaire ferait s'écrouler l'économie mondiale, les avions s'écraseraient ou s'entrechoqueraient dans le ciel, les trains, les centrales, tous les systèmes électriques, informatiques et téléphoniques seraient paralysés, les missiles nucléaires exploseraient, ce qui pourrait mener à la fin du monde. Ce schéma catastrophe, voir apocalyptique du passage informatique au nouveau millénaire n'a finalement pas lieu grâce aux milliards de dollars dépensés en amont pour changer les architectures informatiques.

Le **Turner Prize** organisé par la Tate Britain à Londres depuis 1984, est le principal prix d'art contemporain anglo-saxon, qui marque non seulement la prédominance du marché anglo-saxon dans les années 2000, mais qui contribue également à la résonnance internationale de ces artistes. Le jury de l'année 2000 récompense l'allemand **Wolfgang Tillmans** – premier photographe non-britannique à gagner le prix – pour ses expositions tenues en 1999 et notamment leurs accrochages audacieux, ainsi que pour plusieurs publications de son travail. Les autres nommés du Turner Prize en 2000 sont : Glenn Brown, Michael Raedecker, Tomoko Takahashi.

Création du Prix Marcel Duchamp par l'ADIAF (Association pour la diffusion internationale de l'art français) en partenariat avec le Centre Pompidou. Cette récompense – équivalent français du Turner Prize – est décernée par le plus grand groupe de collectionneurs privés d'art contemporain en France à un artiste français ou résidant en France dont la pratique est originale, novatrice et représentative du foisonnement de la scène contemporaine nationale. Né d'une logique concurrentielle inhérente à son statut, l'objectif du Prix est de soutenir la création artistique française et son rayonnement à l'international, tout en redynamisant le marché de l'art contemporain français. Le premier lauréat du Prix est **Thomas Hirschhorn** qui présente l'année suivante *Pôle-Self* au Centre Pompidou. L'œuvre se décline en une multitude de sculptures et installations faites de matériaux pauvres, formant des sortes d'agrégats monstrueux et oppressants qui envahissent l'espace. Provocante et théâtrale, *Pôle-Self* sonne comme une critique cinglante de la société de consommation et du système démocratique occidental.

Inauguration de la Tate Modern dans une ancienne centrale électrique de Londres. Cette usine, symbole du passé industriel de la Grande Bretagne, est supplantée par un musée d'art moderne et contemporain qui représente l'avènement d'une société de la connaissance et du savoir. Afin de casser les codes préétablis du parcours chronologique et de classification historique, la Tate Modern présente désormais sa collection permanente sous forme thématique. Cette nouvelle manière d'exposer la collection donne lieu à des rencontres inattendues, et offre un autre regard sur les œuvres. Pour l'ouverture en 2000, la première artiste invitée à investir le Turbine Hall – l'ancienne « salle des machines » de 1 437 m^3 dédiée aux œuvres monumentales – est **Louise Bourgeois** avec *I Do, I Undo, I Redo*. Avec cette installation, qui confronte le spectateur à la fois à sa propre image mais également au regard d'autres individus qui l'observent, Bourgeois préfigure les questionnements autour de l'identité, de réflexion sur soi et de spectacle qui se développeront profusément avec les réseaux sociaux.

Sony sort le 4 mars 2000 la PlayStation 2 au Japon. Non seulement elle constitue une révolution au niveau graphique par rapport au précédent modèle, avec un design futuriste qui se démarque de ce que l'on voit habituellement dans l'industrie du jeu vidéo, mais d'un point de vue technique, Sony a voulu créer un produit véritablement complet ; avec un système multimédia, équipé notamment d'un lecteur DVD pour visionner des films, de deux ports USB, et surtout d'une rétrocompatibilité avec les jeux de la PlayStation 1. La PS2 explose les records de vente, et devient la console la plus vendue de l'histoire avec 155 millions d'exemplaires dans le monde entier en 2011. Le développement frénétique des jeux vidéo dénote un désir général de sortir de la réalité, de s'évader, et la PlayStation 2 en révèle le plein potentiel avec une multitude d'échappées.

26 mars 2000 : Neuf ans après la chute de l'URSS et une décennie marquée par un climat d'anarchie et de décadence – où l'état est en crise voire en faillite –, **Vladimir Poutine succède à Boris Eltsine comme président de la Fédération de Russie.** Son arrivée au pouvoir se traduit par la mise en œuvre d'un projet nationaliste : celui d'une Russie forte et glorieuse capable de reconquérir sa place parmi les plus grandes puissances mondiales.

En mai 2000, lors de sa présentation au Festival de Cannes, ***Dancer in the Dark* de Lars von Trier** frappe par sa puissance émotionnelle et son esthétique : il reçoit de manière unanime la Palme d'or et attribue le prix de la meilleure interprétation féminine à Björk, icône de la musique d'avant-garde, qui a également composé la bande originale du film. En rupture avec le cinéma hollywoodien, Lars von Trier, un des fondateurs du groupe dogme 95, revisite radicalement le genre de la comédie musicale dramatique, en confrontant parfois violemment deux espace-temps ; le récit à travers l'obscurité, le silence, la gravité du réel, et un univers onirique chanté et dansé, où tout est sublimé et épuré de toute forme d'injustice et de chaos. Dernier volet de sa trilogie du *Cœur en or*, *Dancer in the Dark* est un réquisitoire contre un *American dream* déchu où le personnage principal incarné par Björk, s'érige en martyr face à une succession de situations tragiques.

2 novembre 2000 : Encore inimaginable dix ans plus tôt, **le projet de la Station Spatiale Internationale – « le plus grand objet artificiel placé en orbite terrestre » – lancé en 1998 par la NASA, réunit les agences spatiales fédérales russe, européenne, japonaise et canadienne**. Le 2 novembre 2000, elle accueille l'Expédition 1 : première équipe qui habite la Station Spatiale Internationale, composée de William Shepherd (USA), Sergei K. Krikalev (Russie) et Yuri Gidzenko (Russie). Le désir inhérent à l'espèce humaine d'aller toujours plus loin et coloniser s'étend à l'espace, dont la Station Spatiale Internationale symbolise la porte d'entrée, le SAS vers un monde inconnu et infini.

Dès sa parution, ***Empire* de Michael Hardt et Antonio Negri** suscite de vifs débats en proposant un cadre théorique général pour une analyse radicale des nouvelles formes de pouvoirs capitalistes. Pour les auteurs, la « mondialisation » et la « globalisation » sont liées à une mutation structurelle profonde des formes d'autorité et de production, en réponse aux luttes contestataires des années 1960-1970 et aux désirs de libération de l'être humain. Ces mouvements donnent lieu à un nouvel ordre politique, social, économique, juridique et culturel que Hardt et Negri décrivent comme un nouvel Empire. L'Empire constitue ainsi une forme historique sans précédent, par l'issue qu'il donne aux désirs de liberté, de coopération, de créativité de la « multitude » – un projet démocratique de résistance venant remplacer la notion de prolétariat.

Sous la direction de Sam Keller, la foire internationale d'art moderne et contemporain Art Basel inaugure ***Unlimited*** ; une section de 16 000 m^2 dédiée à des œuvres d'art monumentales, présentées par des galeries qui participent à la foire. Prenant la forme d'une exposition collective, cet événement hybride fait concurrence aux biennales et foires d'art contemporain. *Unlimited* constitue un tout nouveau format, qui contribue à renforcer l'attractivité du marché de l'art et s'inscrit dans une course au gigantisme dans l'art contemporain propre aux années 2000.

En juillet 2000 se tient le **Sommet de Camp David pour la Paix au Proche-Orient** avec le président des États-Unis, Bill Clinton, le Premier ministre de l'Etat d'Israël, Ehoud Barak et le Président de l'Autorité palestinienne, Yasser Arafat. Cette tentative pour parvenir à un accord est un échec, si bien qu'en septembre débute la Seconde Intifada – désignant tous les événements de la révolte palestinienne contre l'occupation israélienne jusqu'en 2006. Les décennies de confrontation ne sont aujourd'hui toujours pas arrivées à leur fin.

Pipilotti Rist réalise l'installation vidéo ***Open My Glade (Flatten)*** commandée par Public Art Fund New York pour être diffusée sur un écran de Times Square. L'image forte de chaque élément de son visage malmené par diverses distorsions sur un écran géant, transgresse les diktats de la beauté véhiculée à outrance par les médias. À travers cette perpétuelle mutation visuelle, l'artiste explore la matérialité ainsi que la sensualité du corps – en particulier féminin ; entre fascination et répulsion. Comme retenu et pris au piège, le visage à la manière de l'être humain (ou de la femme ?) désire traverser l'écran et se libérer des limites imposées. Œuvre prémonitoire, *Open My Glade (Flatten)* peut évoquer la fixation du selfie ; phénomène de société aujourd'hui omniprésent, où l'obsession de l'apparence atteint son apogée.

Le concept d'**Anthropocène** est développé par le lauréat du Prix Nobel de chimie **Paul Crutzen.** Marquant la fin de l'Holocène – période géologique entamée après la fin de la dernière glaciation, qui s'étend sur les 10 000 dernière années – l'anthropocène est une nouvelle ère géologique dans laquelle la Terre est entrée, qui désigne également les changements environnementaux attribuables à l'activité humaine (réchauffement climatique, pollution, déforestation, fonte des glaces, usure de la biodiversité, extinction massive, etc.).

Wim Delvoye présente le premier exemplaire de ***Cloaca*** – il en existe aujourd'hui 10 – au musée d'art contemporain d'Anvers (M HKA). Également appelée la « machine à caca », cette installation reproduit le processus de la digestion (avec différents sucs pancréatiques, bactéries et enzymes, acides, etc. sous cloche de verre) ; plusieurs grands chefs ont composé des menus spécialement à son intention, et une fois « ingérés », la machine produit finalement des excréments. La matière fécale est un déchet produit par le corps, dont on se débarrasse et qui ramène l'être à une certaine animalité, que l'homme a transformé en une forme d'intimité et de vulnérabilité. À la fois portrait et réflexion teintée d'humour sur l'être humain, *Cloaca* dans sa subversivité incarne une critique de notre système que l'artiste juge utilitaire et capitaliste.

Parution de ***No Logo*** de l'essayiste, journaliste et altermondialiste canadienne **Naomi Klein**. Qualifié de best-seller anticapitaliste, *No Logo* décrit la domination croissante des marques et dresse un état des lieux alarmant de la société de consommation. L'autrice constate l'envahissement des marques, aussi bien dans l'espace public que dans nos imaginaires et décrit une « ère des logos » qui aujourd'hui est encore plus prégnante et a contaminé la totalité du globe.

2001

Janvier 2001 : Lancement par Apple de la première version d'**iTunes**, bibliothèque multimédia numérique distribuée gratuitement. De l'analyse des nouveaux usages liés à la musique digitale ; graver des CDs, mettre de la musique en format MP3 sur son ordinateur, faire des playlists, etc., Steve Jobs met au point iTunes qui simplifie toutes ces interfaces et décomplexifie leur utilisation. Le 23 octobre de la même année, Apple sort le premier **iPod**, baladeur numérique à disque dur de 5 Go. Sa sortie constitue une révolution ; en premier lieu ergonomique, puis technique et marketing, faisant de lui le baladeur le plus vendu au monde. Les produits culturels, tel que la musique, se digitalisent et bouleversent leur industrie. Le progrès technologique, induit par la dématérialisation de la musique, implique également une forme de destruction ; l'industrie du disque entre en crise et voit son marché chuter avec l'arrivée de nouveaux médias et plateformes d'écoute de musique en streaming (Deezer est lancé en 2007) ou en téléchargement (la plateforme de partage et de téléchargement illégal *Napster* est créé en 1999, et cesse de fonctionner en 2001 pour cause d'accusation de « violation massive du droit d'auteur », mais ouvre la voie à de nombreux autre sites semblables comme KaZaa, eMule ou encore eDonkey2000). La **loi HADOPI** voté en 2009 sera la première réponse législative de l'Etat français contre le téléchargement illégal de contenus culturels.

Issu du mouvement de la « non-danse » qui fait son apparition dans les années 90, **Jérôme Bel** réalise des spectacles épurés à leur paroxysme ; sans musique, sans décor ni costume, sans lumière, et sans danse au sens conventionnel. Avec ***The show must go on***, Bel signe un spectacle qui par sa simplicité s'érige en manifeste conceptuel. Provocatrice et ludique, la pièce réunit une vingtaine d'interprètes debout côte à côte faisant face à un DJ qui passe une série de hits musicaux mondialement connus. Ayant pour volonté de remettre en question les codes du spectacle, Bel en dissèque les mécanismes et n'en conserve que l'essentiel : la musique, les corps et le concept. Les performeurs répondent à un système d'action/ réaction avec les paroles des chansons, et les illustrent en mouvement. Jouant d'un effet de miroir entre les spectateurs et les interprètes, Bel abolit la frontière qui sépare la scène de la salle pour finalement créer une seule communauté avec une même mémoire collective, qui écoute la même musique et se meut à l'unisson.

Lancement de l'encyclopédie collaborative en ligne Wikipedia en janvier 2001, cofondée par Jimmy Wales et Larry Sanger. Accessible gratuitement, multilingue et universel, le projet scientifique Wikipedia est couplé de l'outil éditorial wiki, qui permet à n'importe quel utilisateur de nourrir la plateforme et de devenir auteur et éditeur de contenu. La production d'informations, de savoirs et de cultures est donc désormais confiée à qui le souhaite, et l'accès à tout type de connaissance est grandement facilité. Basé sur le même principe de large diffusion du savoir et de démocratisation que les 17 volumes de texte et 11 volumes de planches de l'Encyclopédie, ou *Dictionnaire raisonné des sciences, des arts et des métiers* de Diderot et d'Alembert (édité de 1751 à 1772), Wikipédia va au-delà en multipliant le nombre d'entrées – ainsi, alors que l'Encyclopédie comptait 71 818 entrées, Wikipédia en compte plus de 2 milliards en 2020.

Destruction des Bouddhas de Bâmiyân par les Talibans en Afghanistan. Erigées vers le Ve siècle, ces deux statues monumentales en haut-relief représentant Bouddha debout (55 et 38 mètres de haut), étaient nichées dans des cavités creusées dans la paroi d'une falaise de la vallée de Bâmiyân. Le mollah Omar, chef des talibans et « maître de l'Afghanistan » commande leur destruction, influencé par ses conseillers fondamentalistes proches d'Oussama Ben Laden. Ces symboles de la période préislamique de l'Afghanistan sont réduits en poussière par les troupes envoyées par Oussama Ben Laden, à coups de roquettes, de tirs d'obus, de dynamite.

Le 10 juin 2001 s'ouvre la première Biennale du nouveau millénaire : la **49ème Biennale de Venise nommée *Plateau de l'Humanité*** par son commissaire Harald Szeemann en référence au concept de l'exposition *The Family of Man* organisée en 1955 par Edward Steichen. Cette édition sans thème défini, affiche la volonté de montrer une ouverture totale sur la pluralité de la création artistique actuellement active. Le terme plateau a de multiples définitions et peut désigner aussi bien la base, la fondation, que la scène de théâtre, le studio de cinéma dans lequel les acteurs évoluent, ou qu'une surface plane. Le *Plateau de l'Humanité* rend compte d'un monde nouvellement globalisé, en quête d'éternel, où les œuvres s'émancipent de leur créateur, d'une provenance géographique ou temporelle, et révèlent leur caractère unique et autonome. L'œuvre devient alors universelle. L'exposition vise à dévoiler un portrait de l'humanité, en insistant sur les différences qu'il existe entre chaque être, tout en montrant leur appartenance à une même communauté. Mais regrettant l'absence de thématique commune, certains ont reproché à l'évènement de ne ressembler qu'à une multitude de mondes autonomes dont la frontière s'est avérée être imperméable. Ils ont vu dans l'absence de dialogue entre les œuvres une disparition de la notion de collectivité, donnant le sentiment d'une humanité fractionnée et d'un individualisme grandissant.

Parution de ***Plateforme***, peinture sociale houellebecquienne de notre époque. Faisant partie de la série « Au milieu du monde » dont la première partie est *Lanzarote* parue en 2000, *Plateforme* met en scène Michel, un antihéros de classe moyenne qui se plonge corps et âme dans un monde où bonheur rime avec argent et plaisir sexuel. A la mort de son père, il décide de changer de décor et de partir en voyage organisé en Thaïlande, où il expérimente diverses formes de consommation et de divertissement, notamment le tourisme sexuel. Houellebecq tire le portrait d'une société profondément modelée et gangrénée par un libéralisme économique qui s'étend à toutes les sphères de la vie humaine. À travers une observation attentive et sarcastique, il traduit toute la brutalité et l'amoralité de notre époque.

Les Pays-Bas sont le premier pays au monde à reconnaître le mariage entre personnes du même sexe et à leur accorder les mêmes droits et devoirs qu'un couple hétérosexuel. Deux ans plus tard en 2003, la Belgique suit l'exemple des Pays-Bas, puis c'est au tour de l'Espagne et du Canada en 2005, de l'Afrique du Sud en 2006, de la Norvège et de la Suède en 2009. Il faudra attendre 2013 pour que la France devienne le quatorzième pays à autoriser l'union d'un couple du même sexe, et 2015 dans tous les États des États-Unis. La lutte pour la reconnaissance des droits des homosexuels et contre les discriminations qu'ils subissent commence à la fin des années 1960 aux États-Unis, et est aujourd'hui loin d'être terminée puisque dans 71 pays du monde, les personnes qui sont lesbiennes, gays, bisexuelles ou transgenres risquent la prison, la torture, la mort ou les travaux forcés.

Dennis Tito, millionnaire américain de 60 ans, passionné par l'espace, est **le premier touriste spatial**. Après avoir payé la « modique » somme de 20 millions de dollars (soit 150 millions de francs ou 23 millions d'euros), il décolle le samedi 28 avril de Baïkonour au Kazakhstan pour rejoindre la Station spatiale internationale. Dans une société tournée vers le loisir, ce type de tourisme (pour l'heure réservé à une élite de milliardaires) pose de nombreuses questions éthiques, et plus particulièrement écologiques s'il vient à se développer et être accessible à un public plus large.

En 2001, **Maurizio Cattelan** crée l'œuvre polémique ***Him***, qu'il présente pour la première fois dans une usine en banlieue de Stockholm en Suède. À l'approche de cette sculpture, le spectateur découvre une silhouette de dos agenouillée, ayant vraisemblablement l'allure d'un enfant vêtu d'un costume. En faisant le tour de cette sculpture hyperréaliste, le visage de celui qu'on croyait n'être qu'un enfant apparait : Adolf Hitler adulte les mains jointes en position de prière. Symbole d'ignominie et de terreur, Hitler illustre une part d'ombre taboue de l'Histoire, il est inconcevable de le représenter ou de le mentionner. Dans ce scénario inimaginable de repentance, Cattelan met le spectateur face à l'incarnation du Mal, qu'il pensait de dos n'être que pureté et innocence enfantine. La représentation de cet ennemi déchû – coupable des atrocités de la Seconde Guerre mondiale et de l'Holocauste – réduit à une posture de pardon, force le spectateur à entrer dans un état réflexif sur le Bien, le Mal et le pouvoir que possède chaque individu à le créer.

26 avril 2001 : Diffusion sur M6 de l'émission de téléréalité ***Loft Story***, la première du genre en France. Les prémices de ce type d'émission dont le principe est de suivre la vie quotidienne de personnalités publiques ou anonymes, apparaissent aux États-Unis en 1971 avec *An American Family*. En 1999, un nouvel archétype d'émission sous forme de jeu télévisé apparait avec *Big Brother* (téléréalité néerlandaise) où sont rassemblés dans un lieu clos des participants sous surveillance permanente. Très populaire, le concept de l'émission est repris dans le monde entier et inspirera notamment en France *Loft Story* ou *Secret Story* (2007). Ces programmes pullulent dans les années 2000 et se déclinent à volonté ; *Koh-Lanta* (2001), *Star Académie* (2001), *L'île de la tentation* (2002), *Les Anges de la téléréalité* (2011) ou encore *Les Marseillais* (2012). Devenu un phénomène global, la téléréalité souligne une nouvelle tendance à l'exhibition de l'intimité et amène une perte de distinction entre la vie publique et privée. De la même manière qu'avec l'arrivée des réseaux sociaux, la vie devient performative, et la personnalité que l'on se construit devient un rôle que l'on joue.

Attentats du 11 septembre 2001 : Trois avions détournés par des terroristes islamistes s'écrasent contre des immeubles hautement symboliques : les tours jumelles du World Trade Center à Manhattan, et le Pentagone, siège du ministère de la Défense des États-Unis, à Washington. Un quatrième avion en direction de Washington s'écrase en rase campagne. Ces attaques terroristes font 2 995 morts et 6 291 blessés. Les images spectaculaires des tours jumelles en flammes, de l'avion qui explose dans les étages, de personnes qui sautent des Twin Towers dans le vide ou encore celles des tours qui s'effondrent constituent la matière principale d'une couverture médiatique sans précédent. L'image choc devient image-mémoire, emblématique d'un récit tragique. Symboliquement chargée et dramatique, cette attaque est un des premiers exemples de « mondialisation en direct » d'un événement. Un mois après les attentats du 11 Septembre, l'administration Bush lance une intervention militaire en Afghanistan au nom de la « guerre contre le terrorisme ».

7 jours après les événements du 11 septembre ont lieu les **premiers attentats bioterroristes** : des lettres piégées contaminées à l'anthrax (maladie du charbon) sont reçues par les bureaux de grands médias américains : ABC News, New York Post, CBS News, NBC et National Enquirer, puis trois semaines plus tard à deux sénateurs du gouvernement Bush : Tom Daschle et Patrick Leahy. Ces attaques font 22 malades et 5 morts.

Parution du catalogue grand publique *WOMEN ARTISTS* par Taschen. Prenant la forme d'un guide de l'art et des courants artistiques qui traversent les XXe et XXIe siècles à travers le prisme spécifique de la création féminine, *Women Artists* présente par ordre alphabétique plus de 90 artistes femmes du monde entier depuis le début du siècle dernier jusqu'à l'aube des années 2000. Étant la première publication proposant d'introduire à l'œuvre de femmes qui ont durablement marqué la création artistique, ce catalogue apparait comme un indicateur de la reconnaissance et de la visibilité des artistes femmes.

Is This It est le premier album de **The Strokes** sur le label Rough Trade Records. Considéré comme une œuvre majeure, cet album a eu une certaine importance dans l'histoire du rock puisqu'il est précurseur d'un renouveau du genre garage rock et a influencé de nombreux musiciens de cette nouvelle vague comme The Killers, Arctic Monkeys, The Kooks, Kings of Leon, Franz Ferdinand, etc. À un moment où l'industrie musicale est tournée vers le hip-hop ou la musique électronique, The Strokes ressuscite le rock.

Première exposition majeure aux États-Unis du photographe allemand **Andreas Gursky** au Museum of Modern Art de New York, qui voyage par la suite au Reina Sofía de Madrid, au Centre Pompidou à Paris et au Museum of Contemporary Art à Chicago. Issu de l'Ecole de Düsseldorf et de l'enseignement de Bernd et Hilla Becher – comme Thomas Struth, Thomas Ruff ou Candida Höfer –, les clichés monumentaux d'Andreas Gursky oscillent entre une certaine froideur documentaire et une idéologie pop dans le choix de la captation de notre époque ; un monde globalisé et post-moderne, où les êtres fourmillent et la vitesse est vertigineuse. L'exposition *Andreas Gursky* présente 45 photographies de 1984 à 2001, avec un focus sur sa production des années 1990, retraçant l'explosion progressive de la photographie et la légitimation de cet art contemporain par les institutions qui lui ouvrent leurs portes.

Le 21 septembre 2001, **l'usine pétrochimique AZF de Toulouse est détruite par l'explosion de 300 tonnes de nitrate d'ammonium**, faisant 31 morts et plus de 4 500 blessés. Les environs de l'usine sont dévastés et le paysage n'est plus qu'un spectacle de désolation ; 27 000 « structures immobilières » sont endommagées ou détruites, les nuages orange qui suivirent l'explosion ont plongé toute la zone dans une épaisse couche de poussière et de débris, les voitures abimées sont immobiles, les gens, dont certains sont blessés, errent sur la chaussée. Ce drame survenu seulement 10 jours après les attentats du 11 septembre aux États-Unis, fait craindre une attaque terroriste, piste qui est rapidement écartée au profit de la thèse de l'accident. Cette catastrophe résonne aujourd'hui plus fort avec l'explosion au port de Beyrouth le mardi 4 août 2020 dont la cause – le nitrate d'ammonium – est la même.

Salué par la critique, considéré comme l'un des chefs d'œuvre de **David Lynch**, ***Mulholland Drive*** reçoit le Prix de la mise en scène au festival de Cannes en 2001 et une nomination l'année qui suit pour l'oscar du meilleur réalisateur. *Les Cahiers du*

Cinéma le qualifie comme meilleur film de la décennie 2000. Ce film laisse le spectateur dans l'incompréhension, oscillant entre fascination et dérangement perdu dans ce thriller psychologique. Le film démarre la nuit en plein cœur d'Hollywood, sur la route de Mulholland Drive ou une jeune femme prénommée Rita/Camilla, victime d'un accident de voiture, erre, amnésique. Elle finit par entrer dans un appartement, celui de Betty/Diane, apprentie comédienne. Celle-ci va l'aider à retrouver la mémoire, et son identité. Soudain, tout bascule quand Rita ouvre la fameuse boîte bleue et nous fait basculer dans une expérience onirique. La confusion s'installe face à ce récit désordonné où chaque spectateur se retrouve à décortiquer chaque instant pour tisser des liens en apparence sans rapport et cherche des réponses pour démêler la fiction de la réalité.

Du 28 avril au 24 juin 2001 a lieu l'exposition d'art contemporain ***Freestyle*** au Studio Museum à Harlem (New York). Fondé en 1968 comme un lieu de rencontre des artistes d'origine africaine au niveau local, national et international, Le Studio Museum regroupe des créateurs qui tout en rejetant l'étiquette d'artiste « noir », ont un travail qui cherche à redéfinir ces notions complexes. Organisée par Thelma Golden et Christine Y. Kim, cette exposition présente une sélection de 28 artistes émergents d'origine africaine qui participent à l'excitante impulsion du nouveau millénaire, tout en développant le concept de « post-black art », introduit par Golden et l'artiste Glenn Ligon à la fin des années 1990. Métaphore musicale, le titre de l'exposition *Freestyle*, dénote un désir de libération ; c'est un espace d'improvisation où s'exprime chaque être dans sa singularité. Les choix opérés par Golden se sont avérés visionnaires, puisque nombre d'artistes exposés ont été reconnus au cours de la décennie suivante, comme Mark Bradford, Rashid Johnson, Sanford Biggers, Julie Mehretu et Clifford Owens.

2002

Janvier 2002 : Mise en circulation de l'euro dans douze pays européens : l'Allemagne, l'Autriche, la Belgique, la France, la Finlande, la Grèce, l'Irlande, le Luxembourg, les Pays-Bas et le Portugal. Cette nouvelle monnaie commune à plus de 300 millions d'européens, émerge d'une volonté d'aller plus loin dans l'unification du territoire de l'Union Européenne et contribue à rendre ce projet véritablement concret. Ce vecteur d'échange économique, culturel, humain et politique, favorise de nouveaux liens entre les nations.

Les années 2000 voient les foires d'art contemporain se multiplier de manière exponentielle à travers le monde. Leur nombre passe de 60 en 2000 à environ 300 en 2019, de même que les biennales et triennales qui se comptent aujourd'hui au nombre de 300. Certaines foires comme Art Basel, ouvrent des extensions à l'étranger ; en 2002, est inaugurée **Art Basel Miami Beach** aux États-Unis. En s'offrant une foire d'art satellite, la maison mère, reine du marché, intègre la logique nouvelle d'une course à la globalisation du monde de l'art qui se poursuivra avec la création, en 2013, d'une troisième manifestation parallèle : **Art Basel Hong Kong**, qui vient asseoir sa suprématie dans le monde en pleine expansion du marché de l'art. Entre 2003 et 2004 sont créées à Londres **Frieze Art Fair** et **Zoo Art Fair** (2004-2009), qui vont permettre au marché de l'art en Grande-Bretagne de se repositionner au rang de leader avec les États-Unis.

Entre le 8 juin et le 15 septembre 2002 a lieu à Cassel la 11ème édition de l'exposition quinquennale d'art contemporain **documenta**. Le directeur artistique, **Okwui Enwezor**, originiaire du Nigeria, est le premier directeur artistique non-européen de la documenta. Pour la première édition du nouveau millénaire, il rompt avec la tradition et organise de mars 2001 à septembre 2002 une documenta avec cinq « plate-formes » réparties sur quatre continents. A Vienne, Berlin, New-Delhi et Lagos des débats, interventions publiques et projets articulés autour de problématique artistiques, sociales et politiques sont organisés, tandis que l'exposition se déroule à Cassel. 117 artistes du monde entier présentent des œuvres engagées, autour de sujet tels que la famine ou le conflit israélo-palestinien. Avec ce concept Okwui Enwezor entend proposer un panorama de l'art actuel qui rend compte des mutations esthétiques mais aussi des changements géopolitiques. Remettant véritablement en question la suprématie de la scène Occidentale, il met en exergue un changement de paradigme et signe une documenta plus politique que jamais. Mondiale et post-coloniale, elle est considérée comme l'une des expositions les plus importantes des dernières décennies.

Le **SRAS** (Syndrome Respiratoire Aigu Sévère) est une nouvelle maladie infectieuse grave – de la famille des coronavirus – apparue en Chine à la fin de l'année 2002, et qui se diffuse au niveau mondial en 2003 pour prendre fin en 2004. La Chine dissimule l'existence du coronavirus et par la suite amoindrie l'ampleur de l'épidémie. Des mesures draconiennes sont prises pour enrayer la maladie particulièrement en Chine d'outre-mer, à Hong-Kong et Singapour. Entre avril 2009 et 2010, a lieu une pandémie d'une nouvelle forme de grippe : la **grippe A (H1N1)**, dont le premier cas signalé se trouvait au Mexique. S'effectuant par voie aérienne, la contamination engendre les mêmes symptômes que ceux de la grippe saisonnière avec des éternuements, des maux de gorge, de la toux, de la fièvre, des douleurs musculaires, etc. Une campagne de vaccination inédite est lancée à l'échelle internationale, par la rapidité de confection des vaccins, et par l'organisation des campagnes de vaccination. Il a été estimé que la maladie a fait le même nombre de morts qu'une grippe saisonnière ; entre 250 000 et 500 000 morts autour du globe. Au XXIe siècle, on observe une augmentation de la régularité de ce type de maladies infectieuses, notamment à cause de la crise climatique et écologique, du réchauffement de la planète et de l'action humaine sur l'environnement.

En janvier 2002, la ville de Paris voit naître le **Palais de Tokyo**, nouveau site de la création contemporaine. C'est dans l'aile Ouest du bâtiment nommé « Palais de Tokyo », construit en 1937 à l'occasion de l'Exposition Universelle, que la ministre de la Culture de l'époque, Catherine Trautman décide en 1999, d'installer ce centre d'art contemporain. Le site, confié à Jérôme Sans et Nicolas Bourriaud (critiques d'art et commissaires d'expositions) prend un parti prix architectural singulier qui bouleverse le paysage muséal français. En conservant et assumant des espaces bruts – les murs de bétons et la verrière –, les architectes Anne Lacaton et Jean-Philippe Vassal dotent cet espace hors norme d'une dimension de chantier permanent. C'est dans cet esprit de laboratoire que le Palais de Tokyo, lieu de vie continu et interdisciplinaire, accueille la création artistique émergente, notamment française et européenne. En un an, le Palais de Tokyo enregistre plus de 280 000 visiteurs, et se place en tête des centres d'art Européens.

La **découverte du crâne fossile de Toumaï** est présentée dans la revue *Nature* : cette découverte repousse le premier représentant de la lignée humaine à environ 7 millions d'années (contre 3,2 millions d'années pour Lucy). Contrairement à la majorité des fossiles trouvés en Afrique de l'Est, ceux de Toumaï ont été trouvés au Tchad en Afrique centrale.

En 2002 est traduit en français l'essai féministe ***Manifeste cyborg*** (« A Cyborg Manifesto ») de la philosophe américaine **Donna Haraway**, dix-huit ans après sa parution aux États-Unis. Dans cet essai l'autrice met en avant la figure métaphorique / rhétorique du cyborg, qu'elle définit comme « un organisme cybernétique, un hybride de machine et d'organisme vivant, une créature de la réalité sociale aussi bien qu'une créature imaginaire. ». À travers cette notion qui efface les distinctions entre humain et animal, organisme et machine mais aussi entre homme et femme, elle critique les catégorisations dualistes ; systématiques au sein des paradigmes de domination de l'Autre (des femmes, des personnes racisés, de la nature, etc.). Donna Haraway appelle à une révision de la notion de genre, en s'éloignant de l'essentialisme et du dualisme occidental pour s'approcher « d'un rêve utopique permettant d'espérer un monde monstrueux [comprendre modulable] sans genre » et souhaite ouvrir la voie à une reconstruction de l'identité, qui serait désormais dictée par affinité. Cet ouvrage prône une évolution du féminisme traditionnel, qui repose encore sur une politique identitaire basée sur ces conceptions dualistes et essentialistes du genre. *Manifeste cyborg* s'impose comme un ouvrage incontournable des *gender studies* (études de genre) et un pilier du cyber féminisme.

L'Organisation des Nations Unies organise le 26 août 2002 le **Sommet de la Terre à Johannesburg** en Afrique du Sud, aussi appelé Sommet mondial sur le développement durable. Bien qu'ayant pour objet principal le développement durable, de nombreux sujets sont abordés : la pauvreté, les ressources naturelles et la manière dont l'humanité les gère, l'accès à l'eau, la globalisation, la consommation, la biodiversité, le respect des Droits de l'homme, etc. L'enjeu symbolique de ce Sommet est important puisqu'il marque un intérêt mondial pour le respect de l'écologie et pour une croissance qui tient compte de l'environnement, de la santé et de la justice.

L'artiste américaine **Shana Moulton** débute sa série de vidéos/ performances ***Whispering Pines***, dont le titre est inspiré du mobile home park dans lequel elle grandit. En mettant en scène Cynthia – mi alter-égo, mi personnage autobiographique – Moulton explore des problématiques contemporaines (comme l'anxiété, la consommation, le téléachat, l'agoraphobie, les médicaments, les produits de beauté, la recherche perpétuelle de santé physique et mentale, de spiritualité) à travers une esthétique à la fois pop, kitsch, surréaliste et new-age. Le monde dans lequel Cynthia évolue est énigmatique et magique ; les objets qui peuplent le décor de son appartement – aussi insignifiants soient-ils – revêtent des propriétés surnaturelles qui l'éloignent de la triste banalité de son quotidien. *Whispering Pines* qui compte aujourd'hui 10 vidéos, montre à quel point il peut être difficile d'atteindre le bien-être et l'accomplissement de soi dans une société moderne où règnent consumérisme à outrance, paraître et recherche d'un bonheur inatteignable.

27 décembre 2002 : Brigitte Boisselier, présidente et fondatrice de la société de clonage humain Clonaid et disciple de la secte des raéliens, annonce **la naissance du premier clone humain** : une petite fille nommée Eve. Aucun accès à la famille et au bébé cloné n'est autorisé, ni aucun tests d'ADN, rendant impossible la vérification de la véracité de cette annonce choc. La secte annonce le 4 janvier la naissance d'un autre bébé cloné aux Pays-Bas, ainsi que d'autres naissances prévues entre janvier et février 2003. Ces événements marquent l'entrée dans l'ère de la multiplication (ou reproduction) asexuée ; où un enfant serait le clone identique de l'un des deux parents et non le fruit d'une relation sexuelle et donc le mélange génétique de la mère et du père.

Le 2 juin 2002 a lieu le lancement de la légendaire série TV ***The Wire*** sur HBO. Cette création, qui débute par une enquête plonge le spectateur dans une opération de surveillance policière dans la ville de Baltimore. David Simon, ancien journaliste et écrivain, et Ed Burns, ancien officier de la brigade criminelle de Baltimore, signent un chef d'œuvre ayant pour ambition d'être « plus qu'une série ». *The Wire* est en effet à la fois littéraire, cinématographique, politique, sociologique et esthétique. C'est une série télévisée qui transcende son format, questionne les États-Unis des années 2000 et ses logiques de pouvoir, ses conflits raciaux, ses inégalités sociales avec une crédibilité proche du documentaire ou du reportage. Avec 5 saisons et 60 épisodes, la série aux multiples récompenses est considérée de manière quasi unanime comme une des meilleures séries TV de tous les temps. Héritière des *Sopranos* de David Chase (1999), elle marque le début de la prédominance du format de la série, qui est aujourd'hui un phénomène sociologique au centre de notre culture audiovisuelle de divertissement.

Le 21 avril 2002, le candidat du Front National **Jean-Marie Le Pen, arrive en seconde position au premier tour de l'élection présidentielle française**, avec 16,86 % des voix. Il accède au second tour, face à Jacques Chirac, qui sera élu président de la République le 5 mai avec 82,21 %. Cet évènement inédit dans la vie politique française, témoigne d'une montée de l'extrême droite et du populisme en France. Il donne lieu à de nombreuses manifestations dans l'Hexagone durant l'entre-deux tours, qui atteignent leur apogée le 1er mai avec plus d'un million de manifestants, soutenus par de nombreux intellectuels et personnages importants de la vie démocratique française, qui appellent à faire front contre le candidat d'extrême droite. Durant la décennie suivante, ce phénomène s'étend à quasiment toute l'Europe qui est menacée par un nationalisme qui banalise le racisme, la xénophobie et met en péril les systèmes démocratiques.

2003

15 février 2003 : Journée de manifestations à travers le monde contre l'invasion de l'Irak par la coalition internationale – force armée multinationale qui compte une cinquantaine de pays de quatre continents. À Londres, c'est le plus grand rassemblement dans l'histoire du pays avec entre 1,5 et 2 millions de manifestants, à Rome on compte entre 1 à 3 millions de personnes et 2 millions à Madrid. Dans plus de 60 pays, et plus de 600 villes en Europe, en Afrique, aux USA, en Asie, au Moyen-Orient, en Amérique Latine, ce sont au total environ 10 à 30 millions de manifestants qui se sont mobilisés pour la plus grande manifestation de l'histoire. Symboliquement c'est la fin de la foi dans la démocratie parlementaire, puisque ce soulèvement mondial contre la guerre en Irak n'empêchera pas les États-Unis d'attaquer.

Le 25 juin 2003 ouvre au Centre Pompidou, à Paris, l'exposition ***Alors, la Chine ?*** qui offre pour la première fois un panorama du dynamisme et de la diversité de la création contemporaine chinoise des cinq dernières années. Les commissaires, Alfred Pacquement, Laurent Le Bon, Chantal Béret, Alain Sayag – ont réuni les œuvres de cinquante artistes autour d'une maquette de Pékin de Lu Ha, qui entremêle les souvenirs de la vieille ville, la Cité interdite et les immeubles les plus modernes. L'exposition fait partie des nombreuses manifestations organisées à l'occasion de *l'Année de la Chine* en France (octobre 2003 – juillet 2004) autour de trois thématiques : la Chine Eternelle, la Chine des traditions et de la diversité, ainsi que la Chine des créateurs et de la modernité. *L'Année de la Chine*, née d'une volonté commune des dirigeants français et chinois, a pour but de renforcer la relation entre les deux pays, et est suivie en 2004 par *l'Année de la France* en Chine. L'exposition offre un regard nouveau sur ce pays en pleine mutation, qui s'ouvre de manière inédite à l'international, avec notamment les Jeux Olympique de Pékin en 2008 et l'Exposition universelle de Shangaï en 2010.

L'artiste contemporain islandais danois **Olafur Eliasson** présente ***The Weather Project*** dans la Turbine Hall de la Tate Modern à Londres. Cette installation monumentale est composée d'un demi-disque d'environ 15 mètres de diamètre accroché à un plafond recouvert de miroirs, et éclairé par de nombreuses lampes. Thème récurrent dans sa pratique, la relation qu'entretient l'Homme avec l'environnement prend ici une dimension quasi-activiste ; l'espace-temps créé par l'expérience immersive de ce soleil levant dans une légère brume, est à la fois méditatif, contemplatif, mais également porteur de réflexion, et déclencheur de prise de conscience environnementale. Cette œuvre marque le début d'une course à l'ultra-spectacularisation dans l'art contemporain

20 mars : **La guerre en Irak** ou seconde guerre du Golfe, débute avec l'opération Liberté irakienne par la coalition menée par les États-Unis contre le Parti Baas de Saddam Hussein. Suite à l'invasion de l'Irak, le gouvernement baassiste est défait, et Saddam Hussein est capturé puis exécuté. Considéré comme étant l'un des rares exemples de **guerre qualifiée de préventive** – par la supposée détention d'armes de destruction massive appuyée notamment par le dossier monté par Colin Powell en février 2003 –, ce conflit suscite encore aujourd'hui des opinions divergentes. Quelques mois après la victoire américaine, il a été prouvé que ces affirmations et prétendues

preuves étaient fausses, et qu'elles avaient été falsifiées afin d'autoriser une guerre.

Le plasticien américain **Paul McCarthy**, qui avait déjà habitué le public aux provocations et au politiquement incorrect, réalise en 2003 ***Train, Mechanical*** ; une sculpture mécanisée composée de deux George W. Bush roses côte à côte, sodomisant deux cochons dans un bruit de fond érotique. Avec cette satire politique qui provoque la répugnance, McCarthy s'attaque directement à la figure du Président des États-Unis en fonction (de 2001 à 2009), largement critiqué à l'époque pour sa politique internationale de guerre en Afghanistan et en Irak. Pour l'artiste, cette pièce évoque les dégradations subies par la démocratie américaine entre 2001 et 2009 et répond au désir inconscient des spectateurs de voir la figure présidentielle humiliée. Il réalisera plusieurs variantes de l'œuvre dont *Static (Pinck)* en 2004 et *Pig Island Peaces* en 2007. En 2001, l'artiste John Horowitz s'était déjà emparé de l'image du Président américain avec l'œuvre *Official Portrait of George W. Bush Available for Free from the White House Hung Upside Down*, où la tête de George W. Bush se retrouve à l'envers.

14 avril 2003 : **Les chercheurs annoncent la fin d'un des plus grands projets scientifiques modernes : le Projet Génome humain**. Lancé fin 1988, ce programme avait pour mission de déterminer le séquençage complet de l'ADN du génome humain. C'est une avancée majeure non seulement pour les recherches sur la génétique et sur la connaissance des maladies, l'élaboration de traitements comme la thérapie génique, mais aussi pour déterminer ce qui différencie génétiquement chaque individu d'un autre, ainsi que l'Homme des autres espèces. Le Projet Génome humain rend compte d'un désir de compréhension et de savoir toujours plus important, si bien que l'ADN est considéré comme patrimoine de l'humanité ; elle est « la mémoire chimique du vivant ».

Juin-août 2003 : **L'Europe est frappée par une canicule importante**, avec des records de températures atteints durant les quinze premiers jours du mois d'août, spécifiquement dans les pays du sud (France, Italie, Espagne, Portugal). Cet événement climatique exceptionnel fait de nombreux morts – 141 en Espagne, environ 15 000 en France, 8 000 en Italie, 1 316 en Portugal – et a eu de lourdes conséquences sur les écosystèmes, avec des feux de forêts provocant l'endommagement de certaines espèces végétales, la perte de biodiversité dans plusieurs régions, et des problèmes d'infrastructures. Au cours du XXIe siècle, les « événements météorologiques extrêmes » (comprenant les vagues de chaleur, de sécheresse, les pluies torrentielles) se répètent et augmentent en intensité en raison du réchauffement climatique.

Kafka sur le rivage est une œuvre majeure de **Haruki Murakami**, auteur japonais de nombreux romans à succès, nouvelles et essais. Haruki Murakami est maître dans l'art de la déconstruction du système romanesque. Avec ce roman d'initiation autour de deux personnages principaux Kafka Tamura et Nakata qui finissent par s'interroger sur le sens de la vie. Kafka Tamura, jeune adolescent de 15 ans, fuit sa maison de Tokyo pour échapper à la terrible prophétie que son père a prononcée contre lui et Nakata, vieil homme amnésique et analphabète, et prend la route attiré par une force qui le dépasse. Nos deux héros vont croiser en chemin de multiples personnages fantasques, des situations absurdes, jusqu'à ce que le destin finisse de les réunir dans une bibliothèque dirigée par Mademoiselle Saeki, une très belle femme élégante et secrète.

En 2003, l'artiste japonais **Takashi Murakami**, connu depuis le milieu des années 1990 pour ses œuvres inspirées de la pop culture japonaise et imprégnées de l'univers du manga, expose pour la seconde fois en Europe avec *Takashi Murakami : Kaikai Kiki* à la Serpentine Gallery (Londres, Royaume-Uni, 2002-2003), et conquit les États-Unis avec son exposition personnelle *Double Helix Reversal* au Rockefeller Center de New-York. Après une collaboration en 2000 avec le styliste Issey Miyake, Murakami qualifié de chef de fil du néo-pop japonais (dit *Superflat*) lance en 2003 une collaboration avec la marque de maroquinerie Louis Vuitton, faisant figure de pionnier en collaborant avec l'industrie du luxe et embrassant pleinement une certaine conception marchande de l'art. Avec une approche ludique et une œuvre qui incarne le reflet de la société contemporaine, l'artiste qui revendique l'héritage d'Andy Warhol, n'hésite pas à briser les frontières entre « beaux-arts », mode et musique populaire. En 2007, il réalise notamment la pochette de l'album de Graduation ainsi que le clip *Good Morning* pour la star de rap américain Kanye West et, en 2010, il photographie la chanteuse Britney Spears pour la couverture du magazine japonais *Pop*.

L'auteur, critique et philosophe **Mark Fisher crée le blog *K-Punk***, qui sera alimenté jusqu'en 2015, et reconnu comme étant l'un des blogs les plus réussis de « théories culturelles ». Ravivant une ferveur intellectuelle de la presse musicale postpunk, le blog *K-Punk* n'aborde pas seulement la musique mais également tout ce qui l'entoure et l'alimente comme le cinéma, la télévision, le capitalisme, la politique, la philosophie ou encore la culture populaire, et dresse ainsi le portrait d'une époque à travers sa plume critique. Dans son blog, Mark Fisher popularise entre 2005 et 2006, la théorie de l'hantologie, un néologisme d'abord utilisé par Jacques Derrida en 1993, dans lequel une trace du passé hante le présent, et qui deviendra par la suite un courant artistique qui se manifeste en musique (notamment avec la musique concrète), le cinéma, la photographie ou dans l'univers des jeux vidéo.

Lancement du jeu vidéo *Second Life* par l'entreprise américaine Linden Lab. Le concept est de proposer une « seconde vie » aux joueurs ; un univers parallèle où ils peuvent être qui ils veulent et faire ce qu'ils désirent. Pour certains, ce jeu n'est qu'un passe-temps, tandis que d'autres décident d'y mener véritablement une seconde vie.

Alors qu'en 2002 Washington révèle le lancement d'un programme nucléaire secret dans une perspective militaire par Pyongyang qui suscite de grandes inquiétudes au niveau international, **la Corée du Nord se retire du Traité sur la non-prolifération des armes nucléaires** (1968) visant à amoindrir la propagation de l'arme nucléaire dans le monde.

En 2003 paraît en France la bande dessinée autobiographique de Guy Delisle *Pyongyang*, publiée par L'Association. Pendant de *Shenzen* (2001), dans laquelle l'auteur canadien relatait ses expériences de superviseur d'animation dans la ville chinoise, *Pyongyang* raconte le séjour professionnel de deux mois de Guy Delisle dans la capitale de la République populaire démocratique de Corée, pays encore extrêmement fermé aux étrangers. Par une succession d'anecdotes et de réflexions, l'auteur décrit avec un ton désabusé les absurdités auquel il fait face, générées par un régime dictatorial particulièrement paradoxal (culte de la personnalité de l'ancien leader politique Kim Il-Sung et du leader Kim Jong-Il, musique de propagande coréenne, absence de personnes handicapées, obligation permanente d'être accompagné de son guide et traducteur, etc.). *Pyongyang* connaît un succès important et est traduite en plusieurs langues, permettant aux Occidentaux de découvrir ce pays autosuffisant et dirigée par une dynastie communiste, jusqu'alors quasi inconnu du reste du monde.

En 2003 ***Elephant* de Gus Van Sant** sort aux États-Unis et reçoit la Palme d'or au Festival de Cannes ainsi que le Prix de la mise en scène. Le film raconte la fusillade de Columbine (20 avril 1999), dans laquelle douze étudiants et un professeur furent massacrés par deux étudiants. À travers une approche artistique et sensorielle, le film se construit autour d'un espace-temps défini : le lycée Columbine High School dans le Colorado, une heure avant la tuerie. Ce chef-d'œuvre politique s'empare du sujet sensible des armes à feux aux États-Unis. En 2002, Michael Moore faisait déjà de l'évènement de Columbine le point central de son film documentaire *Bowling for Columbine* à partir duquel il déployait un questionnement plus vaste sur la violence aux États-Unis : pourquoi le nombre d'homicides par armes à feu est-il proportionnellement plus élevé aux États-Unis que dans d'autres nations ? En 2012, suite à la tuerie de Newtown dans l'école primaire Sandy Hook, Michael Moore promouvra la diffusion de son documentaire sur YouTube.

2004

Invité par les Laboratoires d'Aubervilliers, **Thomas Hirschhorn** réalise l'installation ***Musée Précaire Albinet*** au pied de la Cité Albinet à Aubervilliers, du 20 avril au 14 juin 2004. Convaincu que l'œuvre possède la capacité de transformer la vie, Hirschhorn expose des chefs-d 'œuvres du XXe siècle – prêtés par le Centre Georges Pompidou et le Fond National d'Art Contemporain – dans son « Musée Précaire » fait d'un ensemble de bâtiments temporaires (dont un espace d'exposition, une bibliothèque, un espace buvette et un atelier) que les habitants du quartier ont aidé à construire. Huit artistes sont présentés : Marcel Duchamp, Kasimir Malevitch, Piet Mondrian, Salvador Dalí, Joseph Beuys, Le Corbusier, Andy Warhol et Fernand Léger. En délocalisant des œuvres d'art mondialement connues en périphérie de Paris, Hirschhorn offre aux individus de quartiers défavorisés la possibilité d'une rencontre avec l'art, et un contact de proximité puisque ce sont eux-mêmes qui ont été formés puis embauchés dans les missions de gardiennage, de montage, démontage et animation du lieu. Le projet *Musée Précaire Albinet* permet finalement de rassembler autour de l'amour de l'art.

Juin 2004 : **Des scientifiques américains et autrichiens annoncent – indépendamment – qu'ils ont téléporté l'état d'un atome** ; c'est à dire copier les caractéristiques d'un atome sur un autre. On assiste à la genèse d'un fantasme de téléportation devenu réalité.

L'exposition itinérante internationale ***Africa Remix, l'art contemporain d'un continent***, qui propose un panorama de la création contemporaine africaine, est inaugurée en 2004 au Museum Kunstpalast de Düsseldorf. Présentant plus de 200 œuvres de 84 artistes africains ou d'origine africaine – avec des peintures de Chéri Samba, de Ghada Amer, des installations de Barthélémy Toguo, Pascale Marthine Tayou, des photographies de Guy Tillim, Samuel Fosso ou encore Zwelethu Mthethwa – l'exposition se divise en trois sections : histoire/identité, corps/esprit, ville/terre. *Africa Remix* montre toute la complexité et la multiplicité des influences et des langages plastiques que les artistes mettent au service de questionnements actuels d'une réalité africaine post-coloniale. Dans la postérité de l'exposition *Magiciens de la terre* (1989) pensée par Jean-Hubert Martin, *Africa Remix* s'inscrit dans une démarche similaire d'offrir plus de visibilité et de reconnaissance aux territoires extra-occidentaux, en impliquant une « redistribution des chances » à l'heure de la globalisation. Sous la tutelle du commissaire principal Simon Njami, l'exposition se tient successivement à la Hayward Gallery de Londres (2005), au Centre Pompidou à Paris (2005), au Mori Art Museum de Tokyo (2006), au Moderna Museet de Stockholm (2006-2007) et à la Johannesburg Art Gallery de Johannesburg (2007).

Funeral est le premier album du groupe de rock indépendant montréalais **Arcade Fire**. Caractérisé par une forme d'anarchie émotionnelle, à la croisée de différents styles musicaux et d'époques, *Funeral* évoque la mort avec une mélancolie sombre – le titre de l'album est baptisé ainsi en référence aux décès de proches des membres du groupe durant l'enregistrement –, tout en parvenant dans certains morceaux à transfigurer ces événements tragiques en lumière éclatante d'espoir. Ce premier album est encensé par la critique à sa sortie, et sera considéré comme l'un des meilleurs albums des années

2000 par plusieurs magazines et sites spécialisés comme *Pitchfork* (2ème position), *Slant Magazine* (4ème position), *Rolling Stone* (6ème position).

26 décembre : Un tsunami géant ravage les côtes de l'océan Indien, faisant au moins 285 000 victimes. C'est un tremblement de terre d'une amplitude exceptionnelle (magnitude 9) dans les fonds marins, au large de Sumatra, qui a provoqué la lame de fond. Quelques heures plus tard, des vagues géantes, atteignant parfois 10 mètres de haut, s'abattaient sur l'Indonésie, la Thaïlande, le Sri Lanka, l'Inde et la Malaisie, tuant plus de 220 000 personnes et faisant plus d'un million de réfugiés.

2005

Création de YouTube, une plateforme d'échange de vidéos en ligne gratuite, qui change radicalement notre rapport au divertissement. Initialement crée pour rendre le téléchargement de vidéos plus simple et faciliter leurs diffusions sur internet, YouTube devient une véritable entité. Il est désormais possible de poster en ligne des vidéos de tout genre – aussi bien personnelles, que musicales, éducatives, culturelles, ou politiques.

En 2005, **Samuel Kung**, dirigeant d'une industrie de pierres précieuses et designer de jadéite, **fonde le MoCA (Museum of Contemporary Art) Shangaï**, premier musée privé d'art contemporain de Chine. Hébergé dans une ancienne serre réaménagée située dans le People's Park, le musée conserve une verrière monumentale et comporte une surface d'exposition de 1 800 m^2. En plus de promouvoir l'art contemporain chinois et international, le MoCA Shangaï s'ouvre aux grands noms de la mode (avec une rétrospective sur la Maison Chanel en 2011), du design et du monde créatif plus large, comme les studios Pixar, géants américains de l'animation et collabore également avec de grandes institutions comme le Solomon R. Guggenheim en 2007. Au cours des années 2000, la Chine voit fleurir un très grand nombre de musées privés ; en 2019 il en existe 1 500.

En 2001 un premier pas vers le clonage avait été franchi par le société américaine *Advances Cells Technology,* qui a réussi à fabriquer les premières cellules souches d'embryons humains clonés à des fins thérapeutiques. C'est suite à ce type d'essais qu'en 2005, la commission juridique de l'assemblée générale de l'ONU adopte une **déclaration de principes visant à interdire « toute forme de clonage humain »** dans le but de protéger la vie et la dignité humaine. Cette déclaration ne fait pas mention du clonage à des fins thérapeutiques, laissant alors cette question en suspens. Le processus de clonage permet l'entretien du désir d'immortalité de l'Homme, et bouleverse son rapport à la nature, à la sexualité et à la mort, desquelles il tend à s'affranchir progressivement.

En 2005 paraît ***Lunar Park***, le sixième roman de l'auteur américain **Bret Easton Ellis**. Dans cet ouvrage salué par la critique, l'auteur adopte le nouveau genre de l'autofiction. Avec un humour détaché et une grande habileté, Bret Easton Ellis tourne en dérision le mythe de l'écrivain et nous plonge dans une sorte de rêve halluciné, à la fois cauchemardesque et jubilatoire, où réalité et fiction s'entremêlent. Dans cet ouvrage fantasmagorique qui se déroule au début des années 2000, on retrouve le succès littéraire de l'auteur, sa vie familiale mouvementée mais aussi la débauche et la drogue, comme une réévaluation de sa vie et de son œuvre. Inspiré par les romans d'épouvante de Stephen King, les éléments de la vie quotidienne prennent des allures horrifiques ; des faits étranges voire paranormaux se produisent dans la région et dans la nouvelle maison de Bret qui semble hantée : sa femme devient soudainement folle, il reçoit la visite du fantôme de son père ainsi que celle de Patrick Bateman d'*American Psycho* et la peluche de sa belle-fille cherche à l'attaquer. Bret Easton Ellis s'attache à décrire l'angoisse, la paranoïa et l'étouffement ressentis par des parents et des enfants perdus, traités à la ritaline et aux anxiolytiques. Entre cauchemar et réalité, l'auteur réalise un hommage au cinéma et à la littérature d'horreur, empli de manifestations de ses démons intérieurs.

Du 30 avril au 25 septembre 2005 a lieu la rétrospective ***Photographs 1978–2004*** consacrée à l'œuvre du canadien Jeff Wall au Schaulager à Bâle, qui sera ensuite présentée à la Tate Modern de Londres. Réalisée en étroite collaboration avec l'artiste, cette exposition retrace le parcours photographique de l'artiste internationalement reconnu pour son rôle majeur dans la reconnaissance de la photographie dans le champs de l'art contemporain. Dès les années 1970 Jeff Wall renouvelle le mode de fabrication de la photographie documentaire et se place en pionnier des techniques numériques et cinématographiques. Présentée lors de la rétrospective, la photographie *A Sudden Gust of Wind (After Hokusai)* de 1993, qui rend hommage au maître de l'estampe japonais Katsushika Hokusai, est emblématique de ses photographies grands formats inspirées des peintures du XIXe siècle et du cinéma. À partir de mises en scène minutieusement composées, ses photographies donnent l'illusion d'un travail documentaire. Montées sur des caissons lumineux muraux, elles combinent l'aspect lumineux de l'écran de cinéma et la présence physique de la sculpture.

En 2004, Madrid est touchée par une série d'attentats islamistes ; plusieurs explosions ont lieu le matin du 11 mars à l'heure de pointe dans des trains de Madrid et sa banlieue. L'attaque fait 200 morts et 1 800 blessés, devenant alors l'acte terroriste le plus meurtrier en Europe depuis l'explosion du vol 103 Pan Am en Ecosse en 1988. **En juillet 2005 c'est Londres qui, à son tour, est touchée par une série d'attaques terroristes liées à la mouvance islamiste radicale.** Le 7 juillet, plusieurs bombes explosent dans les transports en commun (rame de métro et bus), faisant 56 morts et 700 blessés. Le 21 juillet ce sont quatre tentatives d'attentats à la bombe qui échouent. La menace terroriste s'enracine et plonge un peu plus la société dans le contrôle et la surveillance.

Tino Sehgal présente ***This is so contemporary*** dans le Pavillon Allemand de la Biennale de Venise en 2005. Connu pour ses « staged situations » (situations construites/mises en scène) où les interprètes interagissent avec les spectateurs par la danse, la voix, le mouvement aussi bien que par des discussions philosophiques, Tino Sehgal, dans une société capitaliste qui surévalue la valeur des objets, produit de l'immatériel, de l'expérience ; des rencontres et des émotions. Trois interprètes déguisés en gardiens de musée surgissent dans l'espace du Pavillon Allemand et se mettent à danser dans toute la salle en chantant « This is so contemporary, contemporary, contemporary ». Certains spectateurs sont amusés ou dansent, d'autres restent médusés ou sortent de l'espace. Les différentes réactions produites par cette pièce forment le point central de l'œuvre de Tino Sehgal et ce qui donne du sens à sa pratique. *This is so contemporary*, à l'image du reste du travail de l'artiste, est mutable et ouvre radicalement le champ des possibles. La pratique de Tino Sehgal par son caractère hybride dissout les catégories dans le paysage artistique et contribue à faire passer la danse du black box du théâtre au white cube du musée.

28 août 2005 : **L'ouragan Katrina** est l'un des plus puissants de l'histoire des États-Unis et l'un des six plus forts jamais enregistrés. Malgré le fait que la catastrophe était prévisible 6 jours auparavant et que plus d'1 million d'habitants aient été déplacés, les digues qui retiennent les eaux cèdent et la ville de La Nouvelle-Orléans est inondée. Ne pouvant quitter les lieux, les milliers de personnes issues de milieux défavorisés – majoritairement noirs – sont comme prisonniers et doivent attendre 48 heures avant de voir arriver les premiers secours. Cette profonde lenteur et ce manque de réactivité de la part du président George W. Bush, de la Federal Emergency Management Agency (FEMA), du gouverneur, du maire de la ville, est vivement dénoncée et critiquée. L'ouragan fait environ 1 836 morts, et les dégâts sont estimés à plus de 81 milliards de dollars (2005). Cet événement traumatique a mis en relief une structure sociale bancale et a creusé les inégalités qui régnaient déjà dans les deux États les plus pauvres des États-Unis (Louisiane et Mississippi) où le racisme structurel envers les afro-américains est encore prégnant.

Entrée en vigueur du protocole de Kyoto, signé en 1997 par 37 pays. Ce traité international contre le réchauffement climatique vise à réduire les émissions de gaz à effet de serre (GES) dues à l'activité humaine de -5,5% en 2012. Le protocole de Kyoto montre le début d'une prise de conscience écologique au niveau mondial de même que l'importance portée à l'environnement ainsi qu'à l'équilibre naturel de la planète, et vient acter la prise de décisions et l'engagement concret des pays engagés contre le réchauffement climatique. Les données du bilan de l'ONU ne prennent pas en compte l'absence des États-Unis, de la Chine et du Canada qui sont parmi les plus grands pollueurs du globe.

27 novembre 2005 : **Première greffe partielle de visage au monde**, réalisée au CHU d'Amiens-Picardie en France sur une femme de 38 ans défigurée par son chien. Cette greffe de la zone nez-lèvres-menton annonce une nouvelle ère dans l'histoire de la transplantation, mais soulève des questions éthiques, puisque la greffe est opérée à partir de tissus prélevés sur le visage d'un donneur cérébralement mort.

« Des forêts luxuriantes de l'Amazonie aux étendues glacées de l'Arctique canadien, certains peuples conçoivent leur insertion dans l'environnement d'une manière fort différente de la nôtre. Ils ne se pensent pas comme des collectifs sociaux gérant leur relation à un écosystème, mais comme de simples composantes d'un ensemble plus vaste au sein duquel aucune discrimination véritable n'est établie entre humains et non-humains. » (p. 37) Comment penser le monde sans lui appliquer le dualisme entre nature et culture qui imprègne notre cosmologie moderne ? Poursuivant depuis des années une réflexion critique sur ce sujet, **Philippe Descola** – professeur au collège de France de 2000 à 2019 dans la chaire d'Anthropologie de la nature – est parvenu avec ***Par-delà nature et culture*** (publié en 2005, traduit en dix langues) à élaborer une nouvelle théorie à même de faire enfin tomber les barrières de notre ethnocentrisme. À l'heure de la crise écologique, cet ouvrage majeur contribue à repenser le système de représentation du monde de notre société « moderne ».

2006

En 2005 le **Palazzo Grassi** (construit au XVIIIe siècle à Venise) devient la propriété et le siège de la fondation de l'homme d'affaire et collectionneur **François Pinault**. Le Palais, réaménagé en musée par l'architecte japonais Tadao Andō avec une mise en lumière d'Ólafur Elíasson, comporte 40 salles d'exposition sur 5000 mètres carrés. Inauguré en avril 2006 avec l'exposition *Where Are We Going ?*, le Palazzo Grassi révèle en exclusivité la collection d'art moderne et contemporain de François Pinault, qui réunit un ensemble de plus de 3000 œuvres. La direction générale du musée est confiée à Jean-Jacques Aillagon (Ex-Ministre de la Culture française) et la direction artistique à Alison Gingeras (Ex-Conservatrice du Centre Pompidou). En 2007, la Collection Pinault étend son activité muséale à la Punta della Dogana (inaugurée en 2009) à l'issu d'un concours lancé par la ville pour la création d'un centre d'art contemporain, auquel avait aussi participé la fondation Guggenheim. La transformation du Teatrino (bâtiment annexe au Grassi) en espace d'exposition en 2013, marque la troisième étape du projet culturel de la fondation Pinault à Venise.

En 2006 paraît ***King Kong Théorie***, sixième roman de **Virginie Despentes** présenté par son éditeur Grasset comme un manifeste pour un nouveau féminisme. Le titre fait référence à la créature du film *King Kong* de Peter Jackson, figure mythique hybride et métaphore d'une « sexualité d'avant la distinction des genres », « avant l'obligation du binaire ». L'essai auto fictif entremêle réflexion et vécu personnel : Virginie Despentes aborde le viol dont elle a été victime et dont elle fait un évènement fondateur, ses expériences de prostitution et l'exploration des milieux pornographiques. Esquissant un portrait de femme en inadéquation avec les normes, elle interroge de manière frontale la sexualité féminine et décortique les mécanismes de domination et de honte à l'origine d'un assujettissement politique, économique et sexuel des femmes. L'autrice anticapitaliste et antinaturaliste éreinte de manière incisive l'ordre social et les réflexes d'une société tournée vers l'homme. Le succès de cet ouvrage visionnaire, qui dresse un constat du présent et ouvre sur des possibilités futures, mitigé à l'époque de sa parution devient quasi unanime dès la décennie suivante.

Le MASS MoCA de North Adams aux États-Unis accueille la nouvelle installation de **Carsten Höller :** ***Amusement Park*** ; un vaste environnement de manèges dont la vélocité et les lumières fonctionnent au ralenti. L'artiste allemand, entomologiste de formation, fait de ses expérimentations scientifiques un moteur pour sa production artistique, constituant un tout nouveau terrain de jeu. À la manière de cobayes consentants, les spectateurs font l'expérience de quelque chose d'ordinaire – ici un parc d'attraction – mais d'une manière extra-ordinaire. Höller explore la perception humaine, ici notamment la désorientation spatiale et temporelle, et place le spectateur dans une position pro-active d'interaction avec l'œuvre. L'espace d'exposition, qui est un lieu de monstration et de sacralisation de l'art, est radicalement repensé par l'artiste en espace social d'action relationnelle.

Les membres de l'Union Astronomique Internationale ont voté que **Pluton, jusqu'alors neuvième planète du système solaire, ne fait plus partie des planètes qui constituent le système solaire**, mais est la première représentante des « planètes naines ». Avec l'évolution technologique et notamment l'amélioration des télescopes qui permettent de voir « mieux et plus loin », des milliers d'astres ont été découverts dans notre système solaire. Ces découvertes ont entraîné la nécessité de revoir la définition d'une planète qui, selon l'Union astronomique internationale, doit remplir trois conditions : être en orbite autour du Soleil, être assez grosse pour former une sphère, et être assez massive pour attirer les astres et débris rocheux plus petits dans sa zone d'influence gravitationnelle et fusionner avec.

L'artiste indien **Subodh Gupta** réalise en 2006 pour la Nuit Blanche dans l'Eglise Saint Bernard à Paris, ***Very Hungry God*** *(Dieu insatiable).* Dans le sillage du ready-made inauguré par Marcel Duchamp et de l'Arte Povera italien des années 1970, la pratique de Gupta s'articule autour d'objets du quotidien et de matériaux « pauvres » qu'il déplace et détourne. Symboliquement chargés, les artefacts choisis puis assemblés forment une iconographie nouvelle où se rencontrent les codes indiens et occidentaux, et qui se veut métaphore de problématiques universelles. Dans ce lieu fort de sens – puisqu'il est occupé par des travailleurs sans papiers –, l'artiste installe *Very Hungry God ;* un *memento mori* sous la forme d'un crâne gigantesque composé de milliers d'ustensiles de cuisine indienne en inox. Evoquant le caractère éphémère de la vie, cette vanité explore le « caractère transitoire des plaisirs terrestre », et incite le spectateur à entrer dans un état méditatif, de réflexion sur la vie, la mort, et la précarité du monde dans lequel nous vivons.

Le réseau social **Facebook** crée en 2004 par Mark Zuckerberg, Chris Hughes, Eduardo Saverin, Andrew McCollum et Dustin Moskovitz, s'ouvre au monde entier en 2006 et devient l'un des réseaux sociaux en ligne les plus importants. L'arrivée de Facebook – combinée à celle des smartphones – a changé notre manière de vivre et de communiquer. Devenu l'extension d'un « soi » que l'on contrôle totalement, il est possible sur Facebook d'exposer publiquement notre vie privée et de consommer la vie des autres ; nous transformant ainsi en voyeuristes narcissiques.

En mai 2006 ***Zidane, un portrait du XXIe siècle***, réalisé par **Douglas Gordon et Philippe Parreno** et dont l'unique sujet est l'icône mondiale du football Zinédine Zidane, est sélectionné à Cannes (hors compétition). Tourné lors du match Real Madrid-Villareeal CF (23 avril 2005), ce long-métrage entre cinéma et peinture reprend le format d'un match de foot : pendant 90 min, dix-sept caméras haute définition suivent la star du ballon rond, pour créer un portrait psychologique et intériorisé et « déformater le regard » grâce aux dispositifs de gros plans et au travail sur la bande son. Les deux artistes ont réussi un pari ambitieux : réunir le monde populaire du football et celui des arts plastiques, qui accèdent à la société du spectacle qu'est Cannes. Le film participe à la création d'un mythe moderne, bouleversé en 2012 par l'artiste Abdel Abdessemed qui immortalise avec une statue monumentale exposée devant le Centre Pompidou (Paris), le fameux « coup de tête » du Français envers l'Italien Marco Materazzi à la finale du Mondial de 2006

Le 20 juin 2006 est inauguré le **Musée du Quai Branly** à Paris, en présence du Président de la République Jacques Chirac – à l'initiative du projet depuis 1996 avec Jacques Kerchache, marchand d'art et spécialiste de l'art africain – et de l'anthropologue Claude Lévi-Strauss. Le musée, dont l'architecture est signée Jean Nouvel, comporte quatre bâtiments. Il et est pensé comme un large écosystème, englobant un jardin de 17 500 m² conçu par l'architecte-paysagiste Gilles Clément. Sur l'une des façades un mur végétalisé, inspiré des travaux de Patrick Blanc, comporte 376 espèces du monde entier en écho aux continents africains, océaniens, américains et asiatiques. Il demeure aujourd'hui encore l'un des plus importants au monde. Ayant pour vocation la création d'un dialogue inédit entre les cultures des continents africain, asiatique, océanien et américain, l'institution publique abrite les anciennes collections d'ethnologie du musée de l'Homme et du musée national des Arts d'Afrique et d'Océanie (soit 300 000 pièces). En plus d'expositions temporaires, il présente aussi sur le plateau central 3 500 pièces d'une grande diversité (sculptures, textiles, photographies, etc.), de la période néolithique au XXe siècle.

Août 2006 : Luisel Ramos, mannequin de 22 ans meurt d'une crise cardiaque sur un podium de défilé de mode en Uruguay. Epuisée, à bout de force, Luisel Ramos était soumise à un régime composé exclusivement de laitue et de boisson light. Un mois plus tard, les organisateurs de la Fashion Week de Madrid interdisent de défiler les mannequins dont l'indice de masse corporelle (IMC) est inférieur à 18. En novembre, la top-model brésilienne Ana Caroline Reston meurt d'une infection généralisée probablement liée à sa maigreur extrême. L'industrie de la mode commence à prendre conscience que l'idéal féminin véhiculé sur les podiums et dans les médias – auquel des millions de femmes et jeunes filles à travers le monde souhaitent ressembler – ne peut plus être associé à ce type de physique.

Affaire du Probo Koala : en août 2006, le navire vraquier Probo Koala affrété par la société suisso-hollandaise Trafigura, transporte d'Europe jusqu'à Abidjan en Côte d'Ivoire, environ 600 tonnes de déchets toxiques appelés « slop » issus du nettoyage des cuves. Mais les déchets, déversés dans une dizaine d'endroits de la ville par une société locale sans aucune précaution, sont en réalité très toxiques et causent la mort de 17 personnes et des milliers de malades par intoxication alimentaire. Considéré comme étant « une des plus grandes catastrophes industrielles du XXIe siècle » par Amnesty International, le scandale du Probo Koala met en évidence la manière dont l'Afrique est traitée par les occidentaux : un continent poubelle.

En 2006 est lancé le réseau social **Twitter** qui permet à ses utilisateurs de partager gratuitement des messages courts, de 140 caractères maximum, appelés « tweets ». Twitter connait un succès rapide, et devient le deuxième réseau social du monde avec 313 millions d'utilisateurs actifs par mois en 2017. Tous les sujets sont abordés et discutés de manière instantanée et brute ; d'un détail de vie banal à l'actualité mondiale. Cette nouvelle manière de partager des informations et du contenu incisif, en temps réel et sans filtre, a radicalement changé le journalisme et la politique moderne. Twitter est notamment utilisé dans le monde entier – allant du mouvement #MeToo, au Pape en passant par Donald Trump – à des fins de sensibilisation, de rassemblement, de manifestation et de soulèvement, exprimés par un hashtag. Twitter a également joué un rôle de premier ordre dans plusieurs révolutions comme le Printemps Arabe en Tunisie et en Égypte, la révolution iranienne (2009-2010) ou encore au Venezuela. Sans être un véritable outil d'organisation, Twitter sert à donner le maximum de visibilité et un flux constant d'informations.

En octobre 2006, Bernard Arnault, Président-Directeur général du groupe LVMH et Yves Carcelle, Président de Louis Vuitton, annoncent officiellement la **naissance de la Fondation Louis Vuitton**, qui s'implantera à proximité du Jardin d'Acclimatation à Paris. Le chantier débute en mars 2008 pour une ouverture au public le 27 octobre 2014. L'idée de ce musée consacré à l'art contemporain est née d'une rencontre entre Bernard Arnault et Frank Gehry, l'architecte du projet, qui ont largement été inspirés par une visite du musée Guggenheim de Bilbao. Les œuvres sont présentées dans 11 galeries réparties sur trois étages, dans un bâtiment unique ; défi architectural et technologique aux formes totalement nouvelles. Frank Gehry s'est inspiré de la légèreté de l'architecture de verre du XIXe siècle pour créer un édifice recouvert de verre, qui se présente comme un vaisseau. Ses 12 voiles recouvertes de 3 600 panneaux de verre courbé lui confèrent son élan et son volume. Posée sur un bassin, la Fondation Louis Vuitton s'intègre dans l'environnement naturel de jardin et de bois, et s'impose comme l'une des réalisations emblématiques de l'architecture du XXIe siècle.

25 novembre 2006 : **« Rules of the Internet »** est un manifeste édité sur le forum anonyme 4chan publié par le groupe hacktiviste **Anonymous** et qui définit avec humour et dérision Internet, la conduite que les utilisateurs doivent adopter en ligne, et qui donne les principes de la communauté Anonymous. C'est la première mention de ce groupe aujourd'hui très connu pour ses nombreuses attaques informatiques. Composé de 47 règles, ce manifeste mentionne notamment : « 4 : Anonymous est légion, 5 : Anonymous ne pardonne jamais, 6 : Anonymous peut être horrible, insensé, un monstre sans cœur, 7 : Anonymous est toujours là, 12 : Tout ce que tu pourras dire pourra être utilisé contre toi, 38 : Il n'existe aucune limite qui s'applique ici, même pas le ciel. » En 2007, Anonymous lance sa première action hacktiviste contre l'Eglise de scientologie : le Projet Chanalogy. Cette communauté de hackers masqués, de la même manière que des organisations comme **WikiLeaks** (crée la même année par Julian Assange), dénote une nouvelle forme d'activisme, de contestation et de résistance contre des pouvoirs traditionnels et l'injustice.

Création de la **première foire d'art contemporain de Pékin, Art Beijing**, qui devient en 2018 le troisième marché du monde devant la FIAC. Ayant pour ambition d'égaliser voire de surpasser les manifestations occidentales et de mettre en avant la scène artistique chinoise et internationale, Art Beijing s'ouvre sur le monde en accueillant une centaine d'organisations artistiques venues de 12 pays et régions d'Europe et d'Asie. En 2011, la Chine devient – pour une année seulement – premier marché de l'art devant les États-Unis et le Royaume Uni. Alors qu'au début des années 2000 le pays n'existait quasiment pas sur le marché de l'art, en 2018 la Chine s'érige à la troisième place sur le marché et compte plus de 20 foires d'art, 1 500 musées privés et 4 300 galeries.

Trouble dans le genre. Pour un féminisme de la subversion est un ouvrage majeur des *gender studies* de la philosophe féministe **Judith Butler**, publié en 1990 aux États-Unis et traduit en français dans une version approfondie en 2006 par Cynthia Kraus. L'autrice invite à penser la notion de trouble du genre à travers une multitude d'identités, et met en avant un féminisme dont le principe fondamental serait l'éclatement d'une identité stable construite par la société. À travers la relecture de Foucault, Freud, Lacan, Lévi-Strauss, ou encore Beauvoir, Irigaray et Wittig, Judith Butler rediscute les différents points de vue que proposent ces auteurs sur le genre, la sexualité et le sexe, et offre une critique radicale de l'ordre sexuel hétéronormatif et binaire, qui oppose du même coup femme et homme, mais aussi hétérosexualité et homosexualité.

L'écrivain et dramaturge français **Pierre Guyotat**, « humble laboureur de la langue », publie son nouveau récit autobiographique : ***Coma***, qui retrace la vertigineuse descente de l'auteur dans les méandres d'une dépression nerveuse, d'un coma, et d'une profonde crise artistique. Le travail de Guyotat sur *Le Livre* (paru en 1984), l'écriture de la vie d'une jeune prostituée nommée Samora Mâchel, la prise abusive de médicaments et la sous-alimentation, provoquent une déchéance à la fois spirituelle et physique prenant des allures de tragédie mythologique.

2007

Le années 2000 voient les expositions et rétrospectives institutionnelles dédiées aux artistes femmes se multiplier ; en 2007 aux États-Unis ont lieux deux expositions majeures : ***Global Feminisms*** et ***WACK! Art and the Feminist Revolution***. *Global Feminisms* est présentée au Elizabeth A. Sackler Center for Feminist Art du Brooklyn Museum à New York et *WACK !* au MOCA de Los Angeles, avant de voyager dans d'autres institutions du continent. Ces deux expositions internationales de grande ampleur offrent une vision de la production artistique des artistes femmes du monde entier des années 1965 à 2007. En France, de 2009 à 2011, a lieu le troisième accrochage thématique des collections permanentes du Musée National d'Art Moderne : ***Elles@centrepompidou***. Cet accrochage exclusivement consacré aux artistes femmes réuni 150 artistes et 350 œuvres retraçant les XXe et XXIe siècle. Ces expositions permettent un nouveau regard sur l'époque moderne et contemporaine à travers le prisme des artistes femmes, tout en participant à la reconnaissance de leur impact et de leur héritage dans l'histoire de l'art.

29 juin 2007 : **Lancement du premier iPhone** qui réinvente le téléphone : il combine à la fois un iPod avec un grand écran tactile multi-touch, un téléphone mobile capable d'utiliser internet de manière fluide, et un appareil photo. Devenu une extension dont on ne peut plus se passer, l'iPhone bouleverse radicalement nos habitudes et intègre l'informatique mobile à notre vie quotidienne ; en changeant notamment la manière dont on communique, se socialise, s'informe, travaille ou regarde des vidéos ou des films. L'iPhone contribue également à modifier notre rapport au temps, à l'espace et la manière dont nous sommes présents au monde ; l'urgence, le multitasking, l'immédiateté deviennent maître-mots de nouvelles formes de pratiques. Avec l'iPhone, et plus largement les smartphones, nous sommes constamment en train de faire du *zapping ;* nous consommons les informations, ce qui amène inévitablement à une modification du régime des images.

16 février 2007 : **Britney Spears**, icône des années 2000, star sulfureuse mondialement connue depuis 1998 avec son tube « ... Baby One More Time », est harcelée jour et nuit par les médias et les paparazzis. Elle entame alors une descente aux enfers – entre dépression, drogue, médicaments – et finit se raser entièrement la tête. Cette image de la star chauve devenue culte, cristallise un moment sombre où la presse people exerce une pression mentale hors du commun sur de jeunes starlettes (comme Paris Hilton, Lindsay Lohan, Nicole Richie) dont l'image publique ne correspond pas à leur image privée. Leur vie est documentée sans arrêt, à l'extrême. L'année suivante, Lady Gaga sort son single *Paparazzi* qui fait écho à la lutte pour la gloire, et aux rapports complexes entretenus avec les paparazzis et la presse à scandale.

Le 30 mai 2007 s'ouvre la première édition de l'exposition d'art contemporain ***Monumenta*** dans la grande nef du Grand Palais à Paris. Chaque année jusqu'en 2014 (excepté en 2009 et 2013) puis de manière bi annuelle, la Monumenta propose à un artiste national ou international d'investir cet espace majestueux avec une œuvre réalisée spécialement pour l'occasion. Avec une superficie de 13 500 m^2 et une hauteur de 45 mètres, l'étonnante architecture de verre permet l'exposition d'œuvres monumentales. En 2007 l'Allemand Anselm Kiefer propose *Chute d'étoiles*, une installation multipartite composée de 7 « maisons » faites de tôles, de plaques de béton et autres matériaux de récupération, qui abritent les peintures de l'artiste, ainsi que trois sculptures monumentales : une tour de 17 mètres de haut, la seconde de 8 mètres et la dernière tour effondrée, détruite au sol. Ce paysage de la ruine et de la destruction prend tout son sens en écho au titre de l'exposition, qui évoque à la fois la mort et la naissance de l'univers, des étoiles qui la composent et des êtres vivants ; finalement la fin n'est qu'un autre commencement.

Le 25 mai 2007 est inauguré à Bruxelles **l'institution d'art contemporain WIELS**, entièrement dédiée à la présentation et production d'expositions temporaires d'artistes belges et internationaux. Le centre, qui tire son nom de la marque de bière *Wiels*, se situe dans une ancienne brasserie réaménagée issue de l'architecture industrielle moderniste et construite par l'architecte Adrien Blomme dans les années 1930. L'institution comporte 3 salles d'exposition sur une surface de 1800 mètres carré. Exposant aussi bien des talents émergents que des artistes reconnus, le centre accueille également des artistes en résidence et promeut un programme de médiation et d'éducation culturel.

En 2007 **Steve McQueen**, vidéaste, réalisateur mais également plasticien reconnu, expose l'œuvre ***Queen and Country*** au Great Hall of Manchester's Central Library. L'artiste avait été chargé dès 2003 par l'Imperial War Museum (Londres) de réaliser une œuvre en hommage aux forces armées britanniques pendant la guerre en Irak. Après s'être rendu en Irak, il présente une série de plaques portant des feuilles des timbres-poste sur lesquels on découvre les portraits intimes et domestiques des soldats tués jusqu'alors. Les plaques sont placées dans des tiroirs, que le spectateur doit ouvrir, évoquant les archives de personnes disparues ou encore les tiroirs de la morgue. Le format des timbres-poste (objets officiels et institutionnels) ainsi que l'association de l'effigie de la reine aux visages offrent plus qu'un hommage aux défunts. Ces détournements relativement subversifs amènent également le spectateur à s'interroger sur la validité de la guerre, l'identité et la perte nationale et les institutions au pouvoir. Steve McQueen souhaitait que le Royal Mail édite les timbres, mais sa demande fût refusée. Considérant dès lors son œuvre comme incomplète, il constituera des pétitions pour appuyer sa demande. L'artiste qui démontre son engagement contre l'invisibilité et la mort a divisé la critique avec cette œuvre.

En 2007 a lieu au Festival international de Manchester la première mondiale de ***Il Tempo del Postino*** (Le Temps du Facteur), une exposition collective unique, organisée par Hans Ulrich Obrist et Philippe Parreno. À travers ce projet commandé par le Festival International de Manchester et le Théâtre du Châtelet (Paris), les commissaires tentent de réinventer le format de l'exposition de groupe, en offrant aux artistes non pas un espace mais du temps. Cette pièce expérimentale est abordée à la manière d'un jeu dont les règles sont les suivantes : 15 artistes disposent de 15 minutes pour présenter une œuvre dans n'importe quel média excepté le film ou la vidéo, et qui pourra être rejouée par toute personne intéressée. Situé dans un théâtre, le spectacle transforme radicalement l'espace de la galerie ou du musée en une expérience partagée du temps et de l'œuvre sur scène. Le titre se réfère à la notion de « postman time » [temps facteur], comme si l'exposition était directement livrée au public et non parcourue à son rythme par chaque individu. À la manière d'un « opéra d'art visuel » en plusieurs actes ou d'une performance divisée en épisodes, *Il Tempo del Postino* forme une seule et même œuvre, soulignant un vif intérêt pour la collaboration et la production collective.

L'artiste suisse **Urs Fischer**, connu pour ses œuvres irrévérencieuses et subversives, réalise l'installation ***You*** à la Gavin Brown Enterprise Gallery de New York. Réduite à un trou gigantesque dans le sol – 11,5 par 9 mètres, pour 2,4 mètres de profondeur –, l'espace de la galerie devient une zone hostile, physiquement dangereuse où, comme l'indique un panneau à l'entrée, il y a un risque de blessure grave ou de décès. Dans la lignée d'artistes des années 60/70 comme Gordon Matta-Clark, Robert Smithson, Walter De Maria ou encore Chris Burden, Urs Fischer aborde les thèmes de la destruction, de la transformation, et de la perturbation par la maltraitance de l'espace « sacralisé » de la galerie. Par un geste que l'on peut assimiler au mouvement expressionniste, et une situation créée qui s'apparente au surréalisme, *You* bouleverse les sens et met à mal l'esprit.

Le groupe Radiohead sort en 2007 l'album *In Rainbows* qu'il autoproduit et publie sur internet à prix libre. Depuis le début des années 2000 avec les mutations qu'a connu l'humanité, le groupe britannique se lance dans la recherche et l'expérimentation, et opère un virage dans sa production, en se concentrant davantage sur les machines, les claviers, les boucles et les textures sonores plutôt que sur les guitares qui rythment le rock alternatif. Les albums produits par Radiohead durant cette première décennie du nouveau millénaire – *Kid A* (2000), *Amnesiac* (2001) et *Hail to the Thief* (2003) – illustrent une nouvelle esthétique musicale ; cosmique et angoissée, une déstructuration des rythmes et harmonies, qui en font des échos parfaits des bouleversements civilisationnels qui nous accablent.

Premier mouvement d'envergure en philosophie à émerger au XXIe siècle, le **réalisme spéculatif** a comme acte de naissance une conférence organisée le 27 avril 2007 à l'université londonienne Goldsmiths College, réunissant les figures clés du mouvement : Ray Brassier, Ian Hamilton Grant, Graham Harman et Quentin Meillassoux. Cette pensée, largement diffusée via des blogs et des publications en open source, s'inscrit à la croisée de théories divergentes mais qui se retrouvent face à un adversaire commun : le « corrélationnisme », ou la croyance que toute existence est réductible à l'expérience humaine de l'existence. Il y aurait un monde en dehors de l'esprit, de la langue et des forces économiques.

2008

12 mai 2008 : **séisme de magnitude 8** dans la province du Sichuan en Chine. Cette catastrophe fait plus de 70 000 morts, 18 000 personnes sont portées disparues et environ 300 000 blessés. Les bâtiments – écoles, maisons, villages – n'ayant pas été construits dans les normes de sécurité, s'effondrent en quelques minutes. L'artiste chinois Ai Wei Wei, dénonce que les dégâts sont minimisés par le pays, et réalise une série de photographies du réel désastre matériel et humain. Il recueille également le nom de tous les enfants morts sous les décombres de leur école, dont le bâtiment n'avait pas été construit aux normes sismiques. Cette provocation a valu à l'artiste un passage à tabac et l'enfermement.

Le 15 septembre 2008, jour de la **faillite de la banque Leman Brothers** consécutive à la crise des « subprime », l'artiste **Damien Hirst** réalise un coup de maître historique et inédit, bouleversant les règles du marché. Il organise directement avec Sotheby's une vente aux enchères à Londres sur deux jours en se passant des galerie marchandes, et récolte la quasi-totalité des bénéfices de la vente de ses 223 œuvres, soit 147 millions de dollars. Achetée pour 16,5 millions de dollars par François Pinault, l'œuvre *The Golden Calf*, [Le veau d'or] (symbole de l'idolâtrie dans la Bible) devient le symbole de ce qui est advenu du marché de l'art contemporain. En 2007 l'artiste avait déjà démontré ses talents de stratège en vendant *For the love of God*, un moulage de crâne humain recouvert de 8 601 diamants, pour 74 millions d'euros à un groupe d'investisseurs dont il faisait partie. L'artiste fait ainsi monter lui-même sa côte, et le *memento mori* devient l'œuvre la plus chère vendue du vivant de l'artiste. Avec Jeff Koons, Damien Hirst fait partie de la première génération d'artistes (depuis la Renaissance) qui redéveloppe le modèle du studio d'artiste dans un esprit d'entreprise, véritables « machines à créer » où travaillent des dizaines d'assistants.

4 novembre : **Barack Obama devient le premier président noir des États-Unis.** Après 43 présidents blancs et un passé marqué par l'esclavagisme et le racisme, Obama entre dans l'Histoire en étant élu avec plus de 9 millions de voix d'avance sur le candidat républicain John McCain. Dès le début de sa campagne, Obama s'inscrit non seulement en rupture totale avec le gouvernement Bush, mais il s'ancre dans la communauté africaine-américaine et ainsi dans une histoire raciale en voie de rédemption. L'année suivante, le 4 juin 2009, Barack Obama prononce un discours nommé « Un nouveau départ » à l'université du Caire en Égypte, visant à opérer une réelle rupture dans les relations passées entre les États-Unis durant les années Bush et le monde musulman. Dans son discours, Obama appelle à une lutte commune contre l'extrémisme et la violence, et aborde également plusieurs thèmes comme la guerre en Irak et la division qu'elle suscite, la menace nucléaire en Iran, la lutte contre le terrorisme en Afghanistan, le conflit israélo-palestinien, mais aussi le colonialisme et la lutte contre les stéréotypes négatifs sur l'islam. Les paroles du président sont très largement diffusées sur les chaines du monde et sur les réseaux sociaux, dans le but de multiplier son impact et sa résonnance.

Le 12 juin 2008 est inauguré à Moscou le premier centre d'art privé en Russie dédié au développement de l'art contemporain : **Garage Center for Contemporary Culture**, cofondé par la collectionneuse d'art Dasha Zhukova et l'homme d'affaire et politique Roman Abramovitch. Le musée est initialement hébergé dans le garage de bus de Bakhmétevsky, érigé par l'architecte constructiviste Konstantin Melnikov et l'ingénieur Vladimir Choukhov en 1927/1928. A l'inauguration, Amy Winehouse donne une représentation privée et l'artiste mexicain Rafael Lozano-Hemmer, considéré comme le diffuseur du concept de « l'architecture relationnelle », présente l'œuvre *Pulse Spiral*, commandée par le centre d'art pour l'ouverture et inspirée par l'ingénieur Vladimir Choukhov. Le paraboloïde en spirale tridimensionnel se compose de 400 ampoules disposées selon une équation mathématique, qui évoque la phyllotaxie des plantes (disposition des feuilles ou des cellules des racines). La pièce interactive réagit au rythme cardiaque des spectateurs grâce à un capteur. Le centre d'art a pour principale vocation de rendre visible l'art russe des années 1950 à nos jours mais organise également des expositions des artistes internationaux. En 2009, il accueille la troisième Biennale d'art contemporain de Moscou.

Le 10 septembre 2008 ouvrait l'exposition ***Jeff Koons à Versailles***, pensée par les commissaires Laurent Lebon et Elena Deuna comme un hommage à l'un des artistes les plus en vue de l'époque, qui n'a quasiment jamais exposé en France. Dix-sept sculptures pop monumentales sont exposées dans le château et dans le jardin, comme le célèbre homard en aluminium rouge, *Lobster* (2003) pendu au plafond du Salon de Mars. La présence de l'artiste kitsch américain dans le haut lieu du classicisme français a fait polémique : le Comité de défense du patrimoine de Versailles et l'Union nationale des écrivains de France ont ainsi vivement manifesté leur mécontentement de voir la star de l'art contemporain investir le lieu. Le château de Versailles, laboratoire de création et maison des transformations permanentes dès Louis XIV, comme le rappelle Laurent Lebon, a par la suite accueilli les œuvres de nombreux artistes contemporains comme Takashi Murakami (2010) et Anish Kapoor (2015), dont la sculpture géante *Dirty Corner*, aussitôt surnommée « le vagin de la reine » a suscité une nouvelle polémique.

9 novembre 2008 : le programme de la chaine CBS ***60 Minutes*** **diffuse un reportage sur les déchets de la décharge de Guiyu (Chine)** arrivés illégalement des États-Unis qui externalisent leur traitement. Guiyu est la plus grande décharge de déchets d'équipements électroniques et électriques au monde. Symbole de notre société de surconsommation à l'ère de l'électronique, cette ville-décharge accueille environ un million de tonnes de déchets électroniques par an, et soulève de graves problèmes sanitaires et environnementaux.

Après avoir subi les ravages de la guerre contre la Serbie à la fin des années 1990, et avoir été administré par un protectorat de l'ONU, **l'indépendance unilatérale du Kosovo est proclamée le 17 février 2008** par le Premier ministre Hashim Thaçi. Reconnue par les États-Unis et un grand nombre de pays européens, l'indépendance du Kosovo est rejetée par la Serbie, la Russie et d'autres pays comme l'Espagne, la Roumanie, la Grèce, etc.

2007-2012 : Une **crise boursière** de grande ampleur – « Grande Récession » –, débute en 2007 et touche en 2008 presque toutes les places du monde. Trouvant son origine dans l'immobilier américain et plus particulièrement dans le marché des subprimes (des emprunts risqués), cette crise atteint en premier lieu les institutions financières américaines, européennes, puis asiatiques, et enfin les marchés boursiers. L'économie réelle est touchée dès 2008 et la majorité des pays riches entre en récession. Première crise financière à l'échelle mondiale depuis la Seconde Guerre mondiale, elle est considérée comme la pire depuis la Grande Dépression de 1929 et a de nombreuses conséquences désastreuses comme une forte hausse des prix du pétrole et des matières premières, une hausse du chômage, ou encore une baisse forte de la croissance du PIB des principales puissances économiques mondiales.

La chanteuse, compositrice, danseuse et actrice américaine, **Beyoncé**, déjà connue grâce au groupe de RnB Destiny's Child et pour ses albums solo *Dangerously in Love* (2003), puis *B'Day* (2005), sort en 2008 son troisième album *I Am... Sasha Fierce*. Le single *: **Single Ladies (Put a Ring on It)***, est classé n°1 des 100 singles de l'année par le magazine Rolling Stone et n°2 des meilleures chansons de l'année par MTV. Ce tube planétaire devient un véritable phénomène et revêt une dimension de manifeste, d'hymne aux femmes fortes et libres. Epuré et d'une grande efficacité, le clip en noir et blanc réalisé par Jake Nava avec une chorégraphie de Frank Gatson et JaQuel Knight, présente Beyoncé accompagnée de deux danseuses en talons et vêtues d'un justaucorps noir. À la fois hommage au *Mexican Breakfast* du chorégraphe Bob Fosse (1969) ainsi qu'à la *J-setting* danse (pratiquée dans les clubs gays afro-américains des environs d'Atlanta), la chorégraphie de *Single Ladies* est reproduite par des milliers d'amateurs qui diffusent leurs vidéos. Beyoncé, décrite comme « la musicienne la plus populaire, la plus importante et la plus influente du XXIe siècle », profite d'un tout nouveau phénomène : l'internet participatif, qui contribue à faire de *Single Ladies* « la première danse majeure du millénaire et de l'internet ».

En mai 2008 le gratte-ciel ***Burj Dubaï*** (tour de Dubaï), dont le chantier avait débuté en 2004, devient la plus haute structure humaine jamais construite. C'est en 2003 qu'Emaar, société immobilière proéminente de Dubaï à l'origine du projet, annonce sa volonté de réaliser la plus haute tour du monde, qui atteint la hauteur finale de 828 mètres en 2009. Elle s'intègre dans un vaste projet urbanistique, immobilier et architectural : la création du Downtown Burj Khalifa, qui comprend lac artificiel, résidences, hôtels et centres commerciaux. Conçu comme un immeuble résidentiel, le bâtiment intègre par la suite à ses 160 étages des bureaux et un hôtel de luxe. L'architecture et l'ingénierie de cette construction de béton armé, d'acier, d'aluminium et de verre au style contemporain ont été conçu par une entreprise américaine. Lors de son inauguration en 2010, la tour est renommée *Burj Khalifa*, en remerciement au cheik Khalifa ben Zayed Al Nahyane, président des Émirats arabes unis, pour son soutien financier aux projets de Dubaï suite à la crise financière de 2008. Le *Burj Khalifa* reflète une véritable logique concurrentielle et assied l'entrée des Émirats Arabes Unis dans la course mondiale du gigantisme, du spectaculaire et de la démesure.

Le 12 octobre 2008 s'ouvre au Baltimore Museum of Art l'exposition rétrospective ***Franz West : To Build a House You Start with the Roof : Works (1972–2008)***, qui voyage ensuite au Los Angeles County Museum of Art jusqu'en 2009. Cette rétrospective majeure présente sous la forme la plus complète jusqu'alors, l'œuvre de l'artiste viennois Franz West, qui englobe la sculpture, l'installation et le design. Cet artiste incontournable a contribué pendant trois décennies à la redéfinition de la sculpture, en tant qu'expérience sociale et environnementale et a préfiguré l'esthétique trash des années 1990. Dans son travail, marqué par une forte influence philosophique, l'œuvre disparaît souvent au profit de son usage et la découverte tactile de l'objet vient se substituer à l'intérêt visuel. L'exposition offre un large panorama de son œuvre, de ses premières œuvres interactives des années 1970 à ses installations monumentales composées d'objets aux couleurs vives en aluminium et en époxy.

Le terme **post-Internet** vise à qualifier et à analyser les pratiques d'une nouvelle génération d'artistes, nés dans les années quatre-vingt et marqués par l'influence d'internet lors de leur formation artistique dans les années deux mille. Utilisé pour la première fois par l'artiste Marisa Olson en 2008 ce terme désigne des pratiques artistiques en ligne et hors ligne qui rendent compte de l'impact d'internet sur nos vies. Tout comme les médias de masse constituèrent un environnement populaire de la seconde partie du XXe siècle, internet peut être considéré comme une part prépondérante de notre univers commun à partir du moment où le réseau nous entoure de toutes parts et contribue à notre quotidienneté. Internet est devenu en quelque sorte l'esprit de notre temps et à ce titre le Post-internet exprime ce monde-Internet et constitue la forme sensible de notre temps.

Epopée homérique contemporaine, ***Zone*** de **Mathias Enard**, est un roman découpé en vingt-quatre chapitres, chacun constitué d'une seule phrase, sans terminaison. D'une ligne à l'autre, on change de personnages, de sujet ou de siècle. Au-delà de la prouesse formelle, ce procédé, dit du courant de conscience, permet à l'auteur de faire preuve d'une rare ampleur, passant de la vie d'un individu à l'histoire de l'humanité et d'un décor à l'autre (Liban, Balkans, Algérie, Espagne, Troie...). Cette géographie des morts relate les conflits passés et actuels, les innombrables actes de barbarie et de violence qu'ils ont engendrés. Roman de nos mondes blessés et de nos doutes *Zone* raconte l'espace méditerranéen et son cortège ininterrompu de violences. L'auteur livre une interrogation sur l'Histoire, une méditation funèbre sur la condition humaine et réalise un tour de force littéraire.

L'auteur et philosophe espagnol **Paul B. Preciado** publie ce qu'il appelle un « essai corporel » nommé ***Testo Junkie : sexe, drogue et biopolitique***. Décrit comme un travail *d'auto-théorie*, ce texte à la fois philosophique, autobiographique et autopornographique retrace l'expérience de l'auteur sur son propre corps et son genre. Suivant un protocole strict d'intoxication volontaire à la testostérone, Preciado fait l'examen des effets que l'ingestion de ce produit crée sur son corps, sur sa sexualité et son psychisme. Inspiré par les thèses de Judith Butler et la construction performative du genre, ainsi que par la biopolitique pensée par Michel Foucault, Preciado remet en cause le système capitaliste qui exercerait une forme de contrôle sur les corps, les genres et la construction de l'identité sexuelle, notamment par l'industrie pharmaceutique. Dans une logique de contestation politique face aux normes binaires induites par la société, l'auteur pirate et déconstruit toute forme de fatalité dans l'être, et se réinvente à son image.

Figure marquante de la scène artistique française et internationale des années 1990, **Pierre Huyghe** réalise l'installation immersive d'une durée de 24 heures ***A Forest of Lines*** au Concert Hall de l'Opéra de Sydney, dans le cadre de la 16ème Biennale de Sydney nommée *Revolutions – Forms that Turn*. Lové au sein de l'immense salle de concert de l'Opéra – radicalement transformée pour l'occasion –, l'artiste crée un environnement sauvage et onirique plongé dans la brume. La forêt, composée de 1 000 arbres, est expérimentée par le public comme un espace naturel, tout en étant ancrée dans un lieu profondément urbain, ultime symbole de culture. Cette œuvre monumentale, quintessence d'un art de l'expérience, brouille les frontières entre le public et l'œuvre, entre la réalité et le rêve, de même qu'elle malmène l'opposition nature contre culture.

2009

La Corée du Nord devient une véritable « puissance nucléaire ». Après son premier essai nucléaire en 2006, la Corée du Nord réalise un nouvel essai plus puissant encore en 2009, peu de temps après le lancement d'un missile balistique au-dessus du Japon, malgré les séances de pourparlers à six (avec la Corée du Sud, les États-Unis, la Fédération de Russie, le Japon, et la République populaire de Chine) pour trouver une solution pacifique aux problèmes de sécurité internationales découlant du programme nucléaire nord-coréen.

En 2009, **183 pays ratifient le Protocole de Kyoto**. Selon des données publiées en 2019 dans la revue *Nature* : « les températures mondiales n'ont jamais augmenté aussi rapidement que maintenant ». Une étude australienne publiée en 2019 par le Breakthrough National Centre for Climate Restoration annonce une augmentation de la température terrestre d'au moins 3 degrés Celsius en 2050, rendant certaines zones du globe inhabitables et par conséquent « un effondrement des nations et de l'ordre mondial ». Ce type de rapports envisageant une fin du monde proche, se développent de manière exponentielle et rendent l'avenir de plus en plus inquiétant et incertain.

Le New Museum de New York inaugure la première édition de sa triennale : ***The Generational: Younger Than Jesus***, qui présente 50 artistes émergents de 25 pays du monde, âgés de moins de 33 ans. Concentrée sur la génération dite *Y, génération moi, génération Facebook ou Millenials*, née autour des années 1980, l'exposition explore la diversité et la richesse des visions et productions artistiques produites par ce groupe disparate de l'industrie 4.0. La peinture, le dessin, la photographie, le film, l'animation, l'installation ou encore la danse, l'art post-internet et les jeux vidéo, sont des médiums englobés par ces artistes qui conçoivent le monde chaotique du XXIe siècle, à l'instar de l'explosion de la communication, d'internet, du réseautage et d'une mobilité frénétique. Tout en étant tournés vers l'avenir, les créateurs de *Younger Than Jesus* n'abandonnent pas pour autant le passé, l'histoire et la tradition, mais tentent de penser de nouvelles communautés et élargir le champ des possibles. L'exposition ouvre la voie à de nombreux artistes aujourd'hui phares comme Ryan Trecartin, Anna Molska, Cyprien Galliard, Cory Archangel, ou encore Chu Yun.

Le 25 juin 2009, Michael Jackson succombe à une surdose d'un puissant anesthésiant. Le monde est en émoi et pleure la disparition du roi de la pop.

Le 20 août 2009 paraît au éditions Gallimard le roman ***Trois femmes puissantes* de Marie Ndiaye**, lauréate du Goncourt de la même année. En partie inspiré de la vie de l'autrice, l'ouvrage se compose de trois récits contant l'histoire de trois femmes dont les vies se retrouvent déchirées entre l'Afrique et la France. Marie Ndiaye livre une œuvre fracturée, à l'égal des destins qui y sont narrés, où se retrouvent les problématiques de migrations et les questions d'appartenances, devenus d'incontestables sujets de notre condition humaine contemporaine. Elle décrit avec une étrangeté insoutenable, radicale et quasi kafkaïenne la souffrance et l'écartèlement psychique vécus par des femmes, dus à des césures violentes, qui se retrouvent scindées entre deux pays, deux cultures, deux vies et qui deviennent presque étrangères à leur(s) propre(s) existence(s).

Usain Bolt bat le record du monde du 100 mètres avec le temps de 9,58 secondes, aux Championnats du Monde d'Athlétisme à Berlin. Il détrône son confrère jamaïcain Asafa Powell qui détenait jusque-là le record du monde avec le temps de 9,74 secondes atteint lors de la compétition internationale d'athlétisme – le meeting de Rieti – en 2007. Bolt est devenu l'homme le plus rapide de tous les temps et reste à ce jour encore indétrôné.

En 2009 l'artiste chinois **Xu Zhen**, figure emblématique de la nouvelle génération des jeunes artistes chinois, fonde la **MadeIn Compagny**, une société de production d'art contemporain. En dissolvant son identité artistique, Xu Zhen affirme son rejet du monde de l'art contemporain, axé principalement sur la personne et crée son propre système, autonome. Entre 2009 et 2013, toutes ses œuvres sont attribuées à la MadeIn Compagny et en 2013, il fait de lui-même un produit d'une infrastructure capitaliste en lançant la marque Xu Zhen. En tant que PDG de l'entreprise, il poursuit sa pratique artistique individuelle, mais également son travail de conservateur et de promotion de l'art auquel il est attaché depuis longtemps. Impliqué dans la promotion de la scène artistique contemporaine de Shangaï, il avait créé en 2006 l'un des sites Web d'art contemporain les plus populaires de Chine « *Art-Ba-Ba* » (lieu de débat entre artistes, critiques et conservateurs). Il est aussi à l'origine de BizArt, société à but non lucratif gérée par et pour des artistes émergents, en relation avec Shangart, l'une des galeries les plus influentes de Chine. La création de son entreprise permet de faciliter la réalisation de ce type de projet.

2010

Le 30 mai 2010 s'ouvre le MAXXI, Musée national des arts du XXIe siècle, à Rome. C'est le projet de l'architecte anglo-iraquienne Zaha Hadid qui est retenu, suite au concours d'architectes lancé en 1998 par le ministère italien de la culture, pour la construction du MAXXI. Œuvre architecturale majeure, le bâtiment ultramoderne d'acier, de verre et de béton joue sur la transparence et intègre une riche complexité de volumes (murs courbes, plancher ondulé, etc.). Avec une surface de 25 000 mètres carrés, il renvoi au gigantisme alors en vogue. Le musée est divisé en deux espaces, dont un consacré aux plasticiens (concentré sur la valorisation de la création la plus contemporaine et du XXe siècle) et l'autre à l'architecture, avec une collection (dessins de design, photographies, modèles, etc.) relative aux architectes des XXe et XXIe siècles.

Le 12 janvier 2010, **Haïti est frappée par un tremblement de terre d'une magnitude de 7.0**. Les dégâts sont innombrables ; on compte plus de 200 000 morts, des centaines de milliers de blessés, plus d'un million de personnes sans-abris, et des villes comme Léogâne sont détruites à plus de 90%. Cette catastrophe est survenue alors que l'État haïtien avait récemment fait face à une crise sociale et politique en 2004 ainsi qu'à plusieurs catastrophes naturelles en 2008 avec la tempête tropicale Fay et les ouragans Gustav, Hanna et Ike. Pour venir en aide au peuple haïtien, de nombreuses donations ont été effectuées par de grandes sociétés mondiales, des célébrités, mais aussi des centaines de milliers de micro-dons de la part d'habitants des États-Unis, notamment par téléphone. Ce nouveau genre de campagne de dons par téléphone, et la médiatisation extrême de l'événement a permis de récolter la somme de 9,9 milliards de dollars en novembre 2010.

Le 15 avril 2010, **un nuage de cendres s'échappe du volcan islandais Eyjafjöll** et provoque le dysfonctionnement des transports aériens mondiaux pendant plus d'une semaine. L'éruption volcanique sur l'Eyjafjöll au sud de l'Islande survenue dès le 20 mars, a provoqué une importante fonte de glace qui a entraîné des inondations glaciaires et la formation de nuages – aussi appelés panaches volcaniques – composés de gaz volcanique, de cendre et de vapeur d'eau. La fumée pouvant causer d'importants dommages aux réacteurs des avions, les transports aériens mondiaux sont extrêmement perturbés. Depuis les attentats du 11 septembre 2001, à la suite desquels l'espace aérien des États-Unis a été fermé pendant plusieurs jours, cet évènement constitue la plus grande restriction aérienne au monde.

Le 25 septembre 2010 s'ouvrait la **29ème Biennale de São Paulo**, juste avant le premier tour de l'élection présidentielle brésilienne, dans un climat très politique. Les commissaires Agnaldo Farias et Moacir dos Anjos, assistés de cinq commissaires internationaux, ont réuni dans le Parque Ibirapuera cent cinquante artistes, majoritairement latino-américains. Miroir de l'Amérique latine, la Biennale s'est organisée autour de six « Terreiros », espaces conceptuels conçus en lien avec des questions relatives à la pensée et à l'action politiques. Offrant une réflexion sur la démocratie et la notion de corps social, les œuvres reflètent les bouleversements du continent Sud-Américain et la récente ascension du Brésil. L'œuvre *Bandeira branca* (Drapeau blanc) du brésilien Nuno Ramos offre à voir des vautours dans une vaste cage, évoquant les fantômes de la dictature qui planent encore sur ce continent. Après plusieurs décennies de pardon et d'oubli contraint, la société latino-américaine et ses artistes s'emparent de ces souvenirs douloureux. Avec plus d'un million de visiteurs, la Biennale de São Paulo s'impose une nouvelle fois comme un incontournable des manifestations d'art contemporain. En 2005-2006, São Paulo voyait naître SP-Arte, une nouvelle foire internationale d'art contemporain, fondée par Fernanda Feitosa.

Le 20 avril 2010 explose la plateforme pétrolière Deepwater Horizon, provoquant la mort de 11 personnes, un incendie puis une marée noire de grande ampleur estimée à 780 000 millions de litres de pétrole répandus dans le golfe du Mexique. Ce désastre écologique inédit a des répercussions économiques énormes mais surtout environnementales : les écosystèmes de la région ont été considérablement atteints ; 400 espèces animales sont en danger dont les baleines, les dauphins, les lamentins et un grand nombre d'oiseaux.

Le 14 mars 2010, s'ouvrait au MoMA, à New York, la rétrospective ***Marina Abramović: The Artist is Present***, consacrée à l'une des pionnières de la performance artistique. L'exposition présente une cinquantaine d'œuvres (installations, vidéos, photographies, performances solos ou en duo avec son collaborateur Ulay) qui ont marqué la carrière de Marina Abramović, principalement connue pour ses performances qui convoquent fréquemment la nudité et la privation, et dans lesquelles le corps occupe une place centrale. De manière inédite et dans le but de « retransmettre la présence de l'artiste », ses performances historiques sont reprises en direct par d'autres personnes. En outre, Marina Abramović offre une expérience surprenante aux spectateurs en présentant sa nouvelle performance *The Artist is Present*. Durant trois mois, chaque jour d'ouverture du MoMA – et ce durant sept heures trente – l'artiste demeure assise sur une chaise sans manger, boire ou se lever. Face à elle, une autre chaise est occupée par un public qui se relaie, pour un échange silencieux, yeux dans les yeux. Cette « présence » offerte par l'artiste rassemblera plus de 750 000 personnes, venues vivre ce « dialogue direct des énergies » entre l'artiste et le public.

En 2010, le musicien, compositeur et artiste plasticien **Christian Marclay** crée ***The Clock*** (*L'horloge*). L'artiste et ses assistants ont puisé dans l'histoire du cinéma afin de choisir quelques 12 000 extraits, issus de milliers de films, qui comportent tous une indication de l'heure (sur des cadrans solaires, sabliers, montres de poche, LED de micro-ondes, etc.). Minutieusement orchestrés, ils composent un film de 24 heures à la mécanique parfaite, dans lequel l'heure affichée sur l'écran correspond à celle du temps réel de la projection. À travers cette création hypnotique, spectaculaire et immersive, Marclay crée une mise en abîme de cet art du temps. Il utilise le son comme liant, composant une œuvre musicale qui rend le spectateur « captifs » des sonorités. Prenant la forme d'un memento mori, ce film expérimental implique le temps du spectateur et l'invite à le contempler, rappelant le luxe que représente le temps dans notre société trépidante et effervescente. Le film offre un voyage à travers l'histoire du septième art et s'érige comme un film sur l'humanité. Après une projection-inauguration au White Cube en 2010, à Londres, *The Clock* est notamment présentée en 2011 à la 54ème Biennale de Venise, où l'artiste obtient le Lion d'or du meilleur artiste pour ce chef-d'œuvre de notre époque.

Après la découverte en 1997 du premier vortex de déchets du Pacifique nord que l'on nommera le « 7ème continent de plastique », la « soupe plastique » ou « la plus grande poubelle du monde » – mesurant un tiers des États-Unis et comportant 750 000 morceaux de plastiques par km^2 –, en 2010 est constatée l'**existence du vortex de déchets de l'Atlantique nord** avec 200 000 fragments de déchets par kilomètre. En 2020, trois autres vortex ont été identifiés dans d'autres océans.

Le 11 février 2010 le monde de la mode perd l'un de ses créateurs les plus prestigieux et talentueux. **Alexander McQueen s'est donné la mort à l'âge de 40 ans**, un mois après son dernier show, *The Bone Collector* (Le fossoyeur). Celui qui travailla chez Gucci ou Givenchy et créa sa propre maison de couture britannique dès 1992, connaissait alors un succès unanime grâce à ses présentations originales sur les podiums, ses installations avant-gardistes et sa proximité avec les arts de la performance. Dès l'année suivante une rétrospective, *Beauté sauvage*, lui est consacrée au MET, à New York. Le commissaire Andrew Bolton a ainsi rassemblé quelques 170 vêtements et accessoires créés par Alexander McQueen durant ses 19 ans de carrière. Articulée autour de cinq thèmes (la pensée sauvage, le gothique romantique, le nationalisme romantique, l'exotisme romantique, et le primitivisme romantique), l'exposition est ouverte par François-Henri Pinault, Salma Hayek, Colin Firth, Stella McCartney et Anna Wintour. Elle constitue un succès historique avec plus de 660 000 visiteurs. Ce génie révolutionnaire de la mode, qui a collaboré avec les plus grands artistes (David Bowie, Lady Gaga, Vanessa Beecroft, Björk, etc.), aura marqué l'histoire, en « défiant et en élargissant notre compréhension de la mode au-delà de l'utilité à une expression conceptuelle de la culture, de la politique et de l'identité » (Andrew Bolton).

En octobre 2010 l'Américain Kevin Systrom et le Brésilien Michel Mike Kireger lancent l'application **Instagram**, réseau social et service de partage de photos et de vidéos en direct. Mot-valise entre *Insta* pour Instant camera (l'anglais pour appareil photographique instantané) et *gram* pour telegram, l'application connait un succès immédiat et compte en 2018 un billion d'utilisateurs actifs par mois. Loin de se contenter d'alimenter un monde toujours plus narcissique où l'ego trip irradie tout sur son passage, Instagram aide certaines causes à gagner en visibilité et devenir virales (comme par exemple #MeToo ou #blacklivesmatter), à diversifier les standards de beauté, mais aussi à créer de nouveaux buisness et carrières. Instagram encourage la « phonéographie » (photographies réalisées à partir d'un téléphone portable), qui implique une ultra démocratisation de la photographie, et à long terme, à force de consommer des images, pourrait mener à une forme de désensibilisation. L'application s'inscrit pleinement dans une société de plus en plus tournée vers l'image et l'apparence – souvent factice –, et montrera dans la décennie suivante, que son grand succès peut induire des dangers pour la santé mentale des plus jeunes.

2000

As the new millennium drew closer, fear of the notorious systemic computer glitch known as the **millennium bug** fuelled an increasingly palpable sense of global anxiety. This was sparked by an IT design flaw: dates were represented by their last two digits and would therefore reset to zero after 1999. Combined with a symbolic anxiety about the transition to a new millennium, this fear of the Y2K bug gave rise to predictions of dire scenarios: a breakdown of the banking system bringing the world economy to its knees, planes crashing or colliding in mid-air, paralysis of trains, power stations and all electrical, IT and telephone networks, and nuclear missiles exploding and destroying the world. In the end, this apocalyptic disaster scenario around the transition of IT to the new millennium did not occur due to the billions of dollars spent reconfiguring IT architectures ahead of the date.

The **Turner Prize**, which has been organised by Tate Britain in London since 1984, is the main British contemporary art prize, reflecting not just the predominance of the British market in the 2000s, but also promoting the international reach of its artists. In 2000, the jury awarded the prize to German artist **Wolfgang Tillmans**, the first photographer and non-British winner, for his exhibitions in 1999 and their daring approach to presentation, as well as several books featuring his work. The other nominees for the Turner Prize in 2000 were Glenn Brown, Michael Raedecker, and Tomoko Takahashi.

The creation of the Marcel Duchamp Prize by the ADIAF (Association for the international diffusion of French art) in partnership with the Centre Pompidou. This French equivalent of the Turner Prize is awarded by the largest group of private contemporary art collectors in France to a French artist, or to an artist resident in France, whose practice is original, innovative and representative of the flourishing French national scene. The prize is essentially competitive in spirit, aiming to support the French art scene, promote its international reach, and boost the French contemporary art market. The first winner of the prize was Thomas Hirschhorn, who exhibited *Pôle-Self* at the Centre Pompidou the following year. This work consists of a multitude of sculptures and installations made from everyday materials forming monstrous and oppressive aggregates which invade the space. Provocative and theatrical, *Pôle-Self* is a scathing attack on consumer society and Western democracy.

The inauguration of the Tate Modern in a former electricity generating station in London. This power station, a symbol of Great Britain's industrial past, is replaced by a museum of modern and contemporary art which reflects the advent of a knowledge and information society. In a departure from conventional chronological hangs or historical classifications, Tate Modern presents its collection thematically. This new approach to exhibiting a collection creates unexpected encounters and offers an alternative perspective on works. For the opening in 2000, the first artist invited to exhibit in the Turbine Hall – the 1,437 m^3 former engine room devoted to monumental works – was **Louise Bourgeois** with *I Do, I Undo, I Redo*. With this installation which challenged viewers both with their own image and also the gaze of other spectators observing them, Bourgeois prefigured explorations of identity, reflexions about the self, and the sense of spectacle which are now massively amplified by social media.

The release of the Sony PlayStation 2 on 4 March 2000 in Japan. Compared to its predecessor, it represented not just a revolution in graphics, with a futuristic design that made it stand out in the videogames market, but also a technical revolution as Sony wanted to produce a complete product – a multimedia system with a DVD player for films, two USB ports and, most importantly, backward compatibility with PlayStation 1 games. PS2 set new records, becoming the best-selling console in history with over 155 million units sold worldwide in 2011. The breakneck speed of growth in videogames reflected a widespread desire to step back and escape from the real world. PlayStation 2 revealed its full potential with a multitude of opportunities for escapism.

26 March 2000: nine years after the dissolution of the USSR and following a decade characterised by a mood of anarchy and decadence when the state was in crisis or even bankrupt, Vladimir Putin succeeded Boris Yeltsin as President of the Russian Federation. His rise to power was reflected in a nationalist agenda: a strong and glorious Russia capable of reasserting its position as a world superpower.

In May 2000, **Lars von Trier** made a powerful emotional and aesthetic statement with ***Dancer in the Dark*** at the Cannes Film Festival. He was unanimously awarded the Palme d'or, and the avant-garde music icon Björk, who also composed the soundtrack for the film, won the award for Best Actress. In a departure from the Hollywood movie world, Lars von Trier, one of the founders of the Dogme 95 group, revisits the musical theatre genre in a radical way by juxtaposing two space-times, sometimes in a violent manner: the narrative of darkness, silence, and the grittiness of reality versus a dream world of singing and dancing where everything is beautified and stripped of all forms of injustice and chaos. The last film in the *Heart of Gold* trilogy, *Dancer in the Dark* is a powerful indictment of the collapse of the American dream in which the main character, played by Björk, becomes a martyr as a result of a tragic series of circumstances.

2 November 2000: in a development which would have been inconceivable just a decade earlier, **the International Space Station project – "the largest artificial object in space" – was launched in 1998 by NASA, bringing together Russian, European, Japanese and Canadian space agencies**. On 2 November 2000, it hosted Expedition 1, the first team to live in the International Space Station: William Shepherd (USA), Sergei K. Krikalev (Russia) and Yuri Gidzenko (Russia). Human beings' intrinsic desire to travel ever further afield and to colonise new territory now extends to space, and the International Space Station is the symbolic gateway or portal to an unknown and infinite world.

The publication of ***Empire* by Michael Hardt and Antonio Negri** prompted lively debate by proposing a general theoretical framework for a radical analysis of new forms of capitalist power. For the authors, globalisation is associated with a deep structural change in forms of authority and production in response to dissident movements of the 1960 and '70s and to the human desire for freedom. These movements have given rise to a new political, social, economic, legal and cultural order which Hardt and Negri call a new Empire. The Empire is an unprecedented historical form, providing an outlet for the desire of the "many" for freedom, cooperation, and creativity – a democratic resistance agenda to replace the idea of a proletariat.

Art Basel, the international modern and contemporary art fair directed at the time by Sam Keller, launched ***Unlimited*** – a 16,000 m^2 section devoted to monumental art and video installations for galleries taking part in the fair. As a group exhibition, this hybrid event vied with biennales and contemporary art fairs. *Unlimited* was a brand-new format which helped to enhance the appeal of the art market and was an expression of the trend for gigantism in contemporary art in the 2000s.

In July 2000, **the Camp David Middle East Peace Summit** was attended by US President Bill Clinton, the Israeli Prime Minister, Ehud Barak, and the Chairman of the Palestinian Authority, Yasser Arafat. This attempt to secure an agreement failed and in September, the Second Intifada began – the Palestinian uprising against Israeli occupation which lasted until 2006. Decades of conflict between the two sides remain unresolved.

Pipilotti Rist created the video installation ***Open My Glade (Flatten)*** commissioned by the Public Art Fund New York to be screened in Times Square. The powerful image of her distorted facial features on a giant screen is at odds with the dictates of conventional beauty conveyed by mass media. Through these constant visual changes, the artist explores the materiality and sensuality of the body, and the female body in particular, ranging from fascination to repulsion. Just like a human being (or woman perhaps), her face is caught in a trap and wants to break through the screen and free itself from the limitations imposed on it. *Open My Glade (Flatten)* is a prophetic work, which could perhaps reflect our obsession with selfies, a ubiquitous social phenomenon which represents the apogee of our preoccupation with our appearance.

The notion of the **Anthropocene** was developed by the winner of the Nobel Prize for Chemistry, **Paul Crutzen**. Marking the end of the Holocene – the geological period which began at the end of the last Ice Age and spans the last 10,000 years – the Anthropocene is a new geological era for the Earth which also describes environmental changes that can be ascribed to human activity (global warming, pollution, deforestation, melting ice caps, loss of biodiversity, mass extinction, etc.).

Wim Delvoye presented the first ***Cloaca*** – of which there are now 10 – at the Antwerp Museum of Contemporary Art (M HKA). Also known as the "poop machine", this installation reproduces the human digestive process (with various pancreatic juices, bacteria, enzymes, and acids under a glass dome). Several top chefs have produced menus specially for it, which once "ingested" are transformed into excrement by the machine. Faecal matter is a waste product formed and expelled by the body; it is associated with an element of animality which man has transformed into a private and vulnerable process. As both a portrait of and a humorous reflection on human beings, *Cloaca* subversively embodies a critique of our system, which the artist believes to be utilitarian and capitalist.

The publication of ***No Logo*** by the Canadian essayist, journalist and alterglobalist **Naomi Klein**. Described as an anticapitalist bestseller, *No Logo* traces the growing domination of brands, and paints an alarming picture of consumer society. The author observes that brands have invaded both the public space and our imaginations and describes a "logo era" which is more powerful than ever today and has infected the entire globe.

2001

January 2001: Apple launched the first version of **iTunes**, a free digital multimedia library. Analysing new digital music usage, burning CDs, downloading MP3 music files onto a computer, creating playlists – Steve Jobs developed iTunes to streamline all these interfaces and make them easier to use. On 23 October 2001, Apple launched the first **iPod**, a digital portable media player with a 5 Go. hard drive. This launch was first and foremost an ergonomic revolution, but also a technical and marketing one, making it the bestselling portable media player in the world. Cultural content such as music was digitised, and transformed industries. Technological progress enabled the dematerialisation of music but also brought destruction in its wake; there was a crisis in the record industry and the market plummeted with the advent of new media, platforms for listening to streamed music (Deezer was launched in 2007) and downloading music (the illegal file sharing and download service Napster was launched in 1999, and closed its service in 2001 charged with "massive infringement of copyright", but opened a number of similar sites such as KaZaa, eMule and eDonkey2000). The **HADOPI law** voted in 2009 would become France's first legislative response against the illegal downloading of cultural content.

Jérôme Bel creates shows stripped right back to the core with their roots in the 1990s "non-dance" movement – no music, stage set, lighting or dancing in the conventional sense of the word. With ***The show must go on***, Bel developed a piece whose simplicity transformed it into a conceptual manifesto. This provocative and playful work brought together some twenty performers standing side by side facing a DJ playing a series of world-famous hits. Bel's aim was to challenge the conventions of performance and he dissected their mechanisms, retaining only the key elements: music, bodies, and the concept. The performers responded to the song lyrics according to a system of actions and reactions, and illustrated them with their movements. By playing with the mirroring effect between spectators and performers, Bel broke down the wall between the stage and the auditorium to eventually create a single community with the same collective memory, listening to the same music and moving in unison.

The launch of the collaborative online encyclopaedia **Wikipedia** in January 2001, co-founded by Jimmy Wales and Larry Sanger. Free, multilingual and universal, the Wikipedia scientific project was coupled with a wiki editing tool allowing users to enhance the platform and become content editors. Information, knowledge and cultural production were now open to everyone and access to all types of knowledge became increasingly easy. Based on the same principle of the wide dissemination of knowledge as the 17 volumes of text and 11 volumes of plates of Diderot and d'Alembert's *Encyclopédie*, or *Dictionnaire raisonné des sciences, des arts et des métiers* (edited from 1751 to 1772), Wikipedia has far outstripped its predecessor's scope – the *Encyclopédie* has 71,818 entries, whereas Wikipedia counted over 2 billion in 2020.

The **destruction of the Bamiyan Buddhas** by the Taliban in Afghanistan. These two monumental high-relief statues erected in the 5th century depicting standing Buddhas (55 and 38 metres tall) were created in cavities hollowed out in a cliff wall in the

Bamiyan Valley. Caliban chief and "Master of Afghanistan", Mullah Mohammed Omar, ordered their destruction on the advice of fundamentalist advisors with close ties to Osama Bin Laden. These symbols of pre-Islamic Afghanistan were reduced to dust using rockets, mortar shells, and dynamite by troops sent by Osama Bin Laden.

On 10 June 2001, **the first Biennale of the new millennium** opened its doors. The 49th Venice Biennale was titled ***Plateau of Humankind*** by its curator Harald Szeemann in a reference to the exhibition *The Family of Man* organised by Edward Steichen in 1955. This edition without a specific theme was keen to demonstrate total openness to the plurality of current artistic activity. The term plateau has a number of definitions and can refer to a base and foundation, platform, or flat surface. *Plateau of Humankind* reflects a newly globalised world in search of eternity, in which works cut loose from their creator and geographical or temporal provenance can reveal their unique and autonomous nature, thus becoming universal. The aim of the exhibition was to reveal a portrait of humankind, highlighting the differences between individuals who nevertheless all belong to the same community. Some criticised the absence of a unifying theme and argued that the event was simply a multitude of autonomous worlds with impenetrable borders. They interpreted the lack of dialogue between works as the death of the idea of community, which implied that humanity was fragmented and individualism was rife.

The publication of ***Plateforme***, a depiction of contemporary society in a typically Houellebecqian vein. As part of the *Au milieu du monde* series, which began with *Lanzarote* in 2000, *Plateforme* features Michel, a middle-class antihero who fully embraces a world where happiness equates with money and sexual pleasure. When his father dies, Michel decides to go on a package tour to Thailand, where he explores different forms of consumption and entertainment, notably sex tourism. Houellebecq paints a portrait of a society deeply shaped and corrupted by economic liberalism which extends to every aspect of human life. His trenchant observation and sarcasm convey the full brutality and amorality of our times.

The Netherlands becomes the first country to recognise same-sex marriage and to grant partners the same rights and responsibilities as heterosexual couples. Two years later, Belgium followed the Dutch example, as did Spain and Canada in 2005, South Africa in 2006, and Norway and Sweden in 2009. France did not follow suit until 2013, when it became the 14th country to authorise same-sex marriage, as did the US in 2015. The fight to achieve recognition for homosexual rights and to outlaw discrimination began in the 1960s in the United States, but there is still much work to be done in 71 countries worldwide where lesbian, gay, bisexual and transgender people face prison, torture, death or hard labour.

Dennis Tito, a sixty-year old American millionaire and space fanatic became the first space tourist. After paying a cool $20 million (€23 million), he took off on Saturday 28 April from Baikonur in Kazakhstan to join the International Space Station. In a leisure society, this type of tourism (currently the preserve of an elite group of millionaires) would raise a number of ethical and notably environmental issues if it were to develop and become more widely accessible.

In 2001, **Maurizio Cattelan** created the polemical work ***Him***, exhibited for the first time in a suburban factory in Stockholm, Sweden. As visitors approached the statue, they saw a kneeling figure from behind, which looked like a child wearing a suit. When they walked round this hyperrealistic statue, the face of the figure became visible: it was Adolf Hitler, with his hands joined in prayer. A symbol of ignominy and terror, Hitler represents the dark taboo side of history and it is inconceivable to depict or refer to him. In this repentance scenario which defies imagination, Cattelan brings the viewer, who had believed he or she was witnessing childlike purity and innocence, face to face with the incarnation of evil. The depiction of this defeated enemy, responsible for atrocities during World War II and the Holocaust, reduced to a penitential pose, forces the spectator to reflect on Good, Evil and the power of the individual to create them.

26 April 2001: the French TV channel M6 broadcast the reality TV show **Loft Story**, the first of its kind in France. The earliest programmes of this type, following the everyday life of celebrities or ordinary people, appeared in the United States, such as *An American Family* in 1971. In 1999, a new programming format was born with the TV game show *Big Brother* (a Dutch reality TV programme) which placed contestants in a closed environment under 24/7 surveillance. It was extremely successful and was adopted worldwide, inspiring the French shows *Loft Story* and *Secret Story* (2007). These shows proliferated in the 2000s and included *Koh-Lanta* (2001), *Star Académie* (2001), *L'île de la tentation* (2002), *Les Anges de la téléréalité* (2011), and *Les Marseillais* (2012). Reality TV has become a global phenomenon and highlights a new trend for putting one's personal life on show and blurring the boundaries between public and private. In a manner similar to social media, life becomes performative and the personality constructed becomes a role that is acted out.

September 11, 2001: three planes hijacked by Islamic terrorists crashed into deeply symbolic buildings: the Twin Towers of the World Trade Centre in Manhattan, and the Pentagon in Washington, DC., the headquarters of the US Department of Defense. A fourth plane heading for Washington crashed in open countryside. These terrorist attacks claimed 2,995 lives and injured 6,291 people. Spectacular images of the Twin Towers burning, a plane exploding on impact with them, people leaping out, and the towers collapsing received unprecedented media coverage. Shocking images became memorials to a tragic narrative. This highly symbolically-charged and tragic attack was one of the first examples of "live globalisation" of an event. A month after the 9/11 attacks, the Bush administration launched a military intervention in Afghanistan in a "war on terror".

Seven days after the events of September 11, the **first bioterrorist attacks** took place. Letters containing anthrax were sent to major US news media offices – ABC News, the New York Post, CBS News, NBC and *The National Enquirer* – then, three weeks later, to two US Senators in the Bush administration, Tom Daschle and Patrick Leahy. These attacks poisoned 22 people and caused 5 deaths.

The publication of the catalogue ***WOMEN ARTISTS*** by Taschen. It takes the form of a guide to the art and artistic movements of the 20th and 21st centuries seen through a female lens. *WOMEN ARTISTS* presents 90 women artists from across the world in alphabetical order from the early 20th century to the dawn of the 2000s. As the first publication providing an introduction to the work of women who have made a lasting impact on artistic production, this catalogue reflects the recognition and visibility of women artists.

The release of ***Is This It***, the debut album by **The Strokes**, on the Rough Trade Records label. This album, which was hailed as a major work, played a significant role in the history of rock as the precursor to a revival of the garage rock genre and influenced a number of musicians in this new wave, such as The Killers, Arctic Monkeys, The Kooks, Kings of Leon, and Franz Ferdinand. At a time when the music industry was focusing on hip-hop and electronic music, The Strokes spearheaded a rock revival.

The first major exhibition in the United States by the German photographer **Andreas Gursky** at the Museum of Modern Art in New York, which then travelled to the Reina Sofía Museum in Madrid, the Centre Pompidou in Paris, and the Museum of Contemporary Art in Chicago. Andreas Gursky, a graduate of the Düsseldorf School of Photography and a student of Bernd and Hilla Becher – like Thomas Struth, Thomas Ruff and Candida Höfer – alternates in his monumental photos between a certain documentary distance and a pop ideology in order to capture the current era. This is a teeming globalised, post-modern world where everything takes place at dizzying speed. The exhibition *Andreas Gursky* presented 45 photographs from 1984 to 2001, with a particular focus on his work from the 1990s, and retraced the gradual explosion of photography and the legitimisation of this contemporary art form by institutions who opened their doors to it.

On 21 September 2001, the **AZF petrochemical plant in Toulouse was destroyed** when 300 tonnes of ammonium nitrate exploded killing 31 people and injuring over 4,500. The area around the factory was devastated and the landscape was left desolate; 27,000 "properties" were damaged and the orange cloud which followed the explosion shrouded the entire area in a thick layer of dust and debris; damaged cars were left stationary and wounded casualties wandered about on the highway. This tragedy took place just 10 days after the September 11 attacks in the United States, raising fears of a terrorist incident, but this theory was quickly ruled out in favour of an accident. This disaster is all the more poignant today following the explosion in the port of Beirut on Tuesday, 4 August 2020, from the same cause – ammonium nitrate.

Lauded by critics and considered one of **David Lynch's** masterpieces, ***Mulholland Drive*** receives award for Best Director at the 2001 Cannes Film Festival and receives a nomination for Best Director at the following year's Oscars. The *Cahiers de Cinéma* names it the best film of the 2000s. The film leaves the viewer in a state of incomprehension, fascinated and disturbed, lost in this psychological thriller. It begins at night on Mulholland Drive, in the heart of Hollywood, as a young woman named Rita/Camilla, victim of a car accident and having lost her memory, wanders around. She enters an apartment that belongs to Betty/Diane, a trainee actor, who will help her regain her memory and identity. Suddenly, everything succumbs to a sharp twist when Rita opens the famous blue box and transports us to a dreamlike experience. The disordered narrative forces each viewer to dissect every instant in order to draw out seemingly non-existent connections and to separate fact from fiction.

From 28 April to 24 June 2001, the contemporary art exhibition ***Freestyle*** was held at the Studio Museum in Harlem (New York). Founded in 1968 as a local, national and international hub for African-American artists, the Studio Museum brings together creators who reject the "black artist" label but are engaged in redefining these complex ideas. Organised by Thelma Golden and Christine Y. Kim, this exhibition presented a selection of 28 emerging artists of African origin who were embracing the exciting new millennium dynamic while developing the concept of "post-black art" introduced by Golden and the artist Glenn Ligon in the late 1990s. The musical metaphor in the exhibition title refers to a desire for liberation; it was a space for improvisation where each person could express their individuality. Golden's choices proved to be prescient as a number of these artists became famous in the following decade, including Mark Bradford, Rashid Johnson, Sanford Biggers, Julie Mehretu, and Clifford Owens.

2002

January 2002: the introduction of the euro in twelve European countries: Germany, Austria, Belgium, France, Finland, Greece, Ireland, Luxembourg, the Netherlands, and Portugal. This new currency, shared by 300 million Europeans, was born out of a desire to take the unification of the European Union territory a step further and to make this project a firm reality. This vehicle for economic, cultural, human and political exchange promoted new links between nations.

The 2000s saw an exponential rise in the number of contemporary art fairs worldwide. Numbers rose from 60 in 2000 to approximately 300 in 2019, and there are now 300 biennales and triennales. Some fairs, such as Art Basel, created satellites in other countries and in 2002, **Art Basel Miami Beach** was launched in the United States. By opening up a spin-off art fair, the parent company and queen of the market was responding to the impetus to globalise the art world which continued in 2013 with a third parallel event, **Art Basel Hong Kong**, which established its supremacy in the fast-growing art market. Between 2003 and 2004, the **Frieze Art Fair** and **Zoo Art Fair** (2004–2009) were created in London to enable the British art market to reposition itself as a leader alongside the United States.

Between 8 June and 15 September 2002, the 11th edition of documenta, the quinquennial contemporary art exhibition, was held in Kassel. Nigerian-born **Okwui Enwezor** was documenta's first non-European Artistic Director. For the first edition of the new millennium, he broke with tradition and organised a documenta with five "platforms" across four continents, from March 2001 to September 2002. In Vienna, Berlin, New Delhi and Lagos, debates, public lectures and projects focusing on artistic, social and political issues were organised, while the exhibition itself took place in Kassel. Some 117 artists from all over the world presented socially or politically engaged works on subjects such as famine and the Arab-Israeli conflict. Okwui Enwezor's aim with this concept was to provide an overview of current art reflecting not just aesthetic, but also geopolitical changes. This sent out a clear challenge to the supremacy of the Western art scene, highlighted a paradigm shift, and created a more political documenta. Truly Global and postcolonial, it is now considered to be one of the most significant exhibitions in recent decades.

SARS (Severe Acute Respiratory Syndrome), a serious new infectious disease belonging to the coronavirus family, appeared in China in late 2002, and spread worldwide in 2003, before dying out in 2004. China concealed the existence of the coronavirus and then played down the extent of the epidemic. Draconian measures were introduced to curb the disease, particularly in China's overseas territories, in Hong Kong, and Singapore. Between April 2009 and 2010, a new form of flu pandemic occurred: an influenza A virus (subtype **H1N1**), with the first reported case in Mexico. Infection was by respiratory transmission and caused the same symptoms as seasonal flu, including sneezing, a sore throat, coughing, fever, and muscle ache. A vaccination campaign on an unprecedented international scale was facilitated by the rapid production of a vaccine and the organisation of inoculation programmes. It is thought that the disease caused the same number of deaths as seasonal flu – between 250,000 and 500,000 deaths worldwide. In the 21st century, an increase can be observed in the frequency of this type of infectious disease, notably due to the climate and environmental crisis, global warming, and human impact on the environment.

In January 2002, the Palais de Tokyo, a new venue for contemporary art, opened in Paris. In 1999 the Minister of Culture, Catherine Trautman, decided to establish this contemporary art centre in the west wing of the **Palais de Tokyo** building, constructed in 1937 for the Universal Exhibition. With art critics and curators Jérôme Sans and Nicolas Bourriaud at the helm, an unusual architectural approach was pursued at this venue, marking a drastic change in the French museum landscape. By preserving and embracing bare spaces – the concrete walls and glass roof – architects Anne Lacaton and Jean-Philippe Vassal created a space which resembled a permanent building site. In this laboratory atmosphere, the Palais de Tokyo became a lively and interdisciplinary venue hosting emerging artistic talent, notably from France and Europe. Within the space of a year, the Palais de Tokyo recorded over 280,000 visitors, and positioned itself at the forefront of European art centres.

The discovery of the fossilised **Toumaï skull** was presented in *Nature* magazine; this discovery pushed the earliest representative of the human race back to approximately 7 million years (compared to 3.2 million years for Lucy). Unlike most such fossils, which are found in East Africa, the Toumaï fossils were discovered in Chad in Central Africa.

In 2002, the feminist essay ***A Cyborg Manifesto*** by American philosopher **Donna Haraway**, was translated into French, eighteen years after its publication in the United States. In this essay, the author reflects on the rhetorical/metaphorical figure of the cyborg, which she defines as "a cybernetic organism, a hybrid of machine and organism, a creature of social reality as well as a creature of fiction". By removing the distinction between human and animal, organism and machine, and also between man and woman, she criticises dualist categorisations which are systematic in paradigms of domination of the Other (women, racialised people, nature etc.). Donna Haraway calls to revise the notion of gender, moving away from essentialism and Western dualism towards "the utopian dream of the hope of a monstrous world without gender", and is keen to pave the way for a reconstruction of identity dictated by affinity. This work advocates changes in traditional feminism based on identity politics rooted in dualist and essentialists concepts of gender. *A Cyborg Manifesto* is a seminal work in gender studies and a pillar of cyber feminism.

On 26 August 2002, the United Nations organised the **Earth Summit in Johannesburg**, South Africa, also known as the World Summit on Sustainable Development. Although the main issues were sustainable development, many other topics were discussed, including poverty, natural resources and their management, access to water, globalisation, consumption, biodiversity, and respect for human rights. The symbolic aspect of the summit was significant as it highlighted a global interest in ecological protection and development, which takes the environment, health and justice into account.

American artist **Shana Moulton** began her series of videos/performances entitled ***Whispering Pines***, after the name of the trailer park where she grew up. Through Cynthia – part alter-ego, part autobiographical character – Moulton explores contemporary issues (anxiety, consumerism, TV shopping, agoraphobia, medication, beauty products, and her ongoing search for physical, mental and spiritual wellbeing) with a pop, kitsch, surrealist and New Age vibe. Cynthia's world is enigmatic and magical; although the objects decorating her flat are very ordinary, they take on supernatural properties which lift them out of the dullness of her daily life. *Whispering Pines* is now a series of 10 videos showing how difficult it is to achieve well-being and self-fulfilment in an excessively consumerist modern society, and depicts the quest for a happiness which remains elusive.

27 December 2002: Brigitte Boisselier, chairman and founder of the human cloning organisation Clonaid, and a follower of the Raëlian movement, announced **the birth of the first human clone**: a girl named Eve. All access to the family and the cloned baby were prohibited, as were DNA tests, making it impossible to verify this statement. The sect announced the birth of another cloned baby in the Netherlands, with further births due in January and February 2003. These events marked the beginning of an era of asexual reproduction in which a child would be the identical clone of one parent and not the product of a sexual relationship, i.e. a genetic blend of mother and father.

On 2 June 2002 the iconic TV series ***The Wire*** was first screened on HBO. This programme, which opens with an investigation, plunges the viewer into a police surveillance operation in the city of Baltimore. David Simon, an ex-journalist and writer, and Ed Burns, a former Baltimore police detective, wanted to write a masterpiece that was "more than a series". In fact, *The Wire* is simultaneously literary, cinematographic, political, sociological, and aesthetic. It is a TV series which transcends its format, challenges the United States in the 2000s, and the rationale of power, racial conflict, social inequality with a degree of credibility verging on the documentary. Running to five seasons and 60 episodes, this multi-award-winning series was unanimously hailed as one of the best mini-series of all time. As the heir to *The Sopranos* by David Chase (1999), it also marked the beginning of the supremacy of the series format, which has become a sociological phenomenon in audiovisual and entertainment culture.

On 21 April 2002, **the Front National party candidate Jean-Marie Le Pen finished in second place in the first round of the French presidential election**, with 16.86% of the vote. He went forward to the second round against Jacques Chirac, who was elected President of the Republic on 5 May with 82.21% of the vote. This unprecedented event in French politics revealed the rise of the extreme right and populism in France. A number of demonstrations took place between the two rounds of the election, reaching their peak on 1 May with over one million demonstrators, supported by a number of intellectuals and prominent figures in French democratic life, calling for opposition to the far-right candidate. In the last decade, this phenomenon has gained traction throughout most of Europe, which is under threat from a nationalist far right, advocating racism and xenophobia, and threatening democratic systems.

2003

15 February 2003: a worldwide day of demonstrations against the invasion of Iraq by the international coalition – a multinational armed force comprising some 50 nations from four continents. In London, this was the biggest demonstration in the country's history with between 1.5 and 2 million demonstrators; in Rome there were between 1 and 3 million people and there were 2 million in Madrid. In over 60 countries and 600 cities in Europe, Africa, the United States, Asia, the Middle East and Latin America, a total of approximately 10 to 30 million demonstrators mobilised in the biggest demonstration in history. Symbolically, it marked the demise of faith in parliamentary democracy since this global uprising against the Iraq war did not prevent the United States from attacking.

On 25 June 2003 the exhibition ***Alors, la Chine ?*** opened at the Centre Pompidou in Paris, offering an unprecedented overview of the dynamism and diversity of contemporary Chinese art in the previous five years. The curators – Alfred Pacquement, Laurent Le Bon, Chantal Béret, and Alain Sayag – assembled work by some 50 artists based around a scale model of Beijing by Lu Hao that blended memories of the old city, the Forbidden City, and more modern buildings. The exhibition was one of many events organised in France for *China Year* (October 2003 – July 2004) around three themes: Eternal China, Traditional China, and Chinese Creators and Modernity. The aim of *China Year*, a joint initiative between French and Chinese leaders, was to cement the relationship between the two countries, and it was followed in 2004 by a *French Year* in China. The exhibition cast a fresh light on this rapidly developing country, which was opening up to the world, notably with the Olympic Games in Beijing in 2008, and Expo 2010 in Shanghai.

The Danish-Icelandic contemporary artist **Olafur Eliasson** presented ***The Weather Project*** in the Turbine Hall of the Tate Modern in London. This monumental installation consisted of an illuminated semi-circle measuring approximately 15 metres in diameter attached to a mirrored ceiling. The recurring theme of the relationship between man and the environment in his practice assumed quasi-activist proportions; the space-time relationship created by the immersive experience of the sun rising through a light mist is both meditative and contemplative, but is also thought-provoking and acts as a trigger for environmental awareness. This stands out as one of the most unique examples of the trend for ultra-theatricalisation in contemporary art.

20 March: the Iraq War, or Second Gulf War, began with Operation Iraqi Freedom launched by the United States against Saddam Hussein's Ba'ath party. The Iraq invasion culminated in the defeat of the Ba'ath party, and the capture and execution of Saddam Hussein. This is a rare example of what was termed a "preventive war" sparked by the alleged stockpiling of weapons of mass destruction, notably documented in the dossier compiled by Colin Powell in February 2003. This conflict still divides opinion to this day. Several months after the American victory, it was shown that these statements and alleged proofs were false, and had been fabricated to legitimise war.

The American visual artist **Paul McCarthy**, already familiar to the public for his provocations and political incorrectness, created ***Train, Mechanical*** in 2003, a mechanical sculpture of George W. Bush Senior and Junior, side by side, sodomising two pigs to the accompaniment of an erotic soundtrack. With this political satire which aroused revulsion, McCarthy was launching a personal attack on the incumbent President of the United States (from 2001 to 2009), who was being widely criticised at the time for his foreign policy of pursuing war in Afghanistan and Iraq. For the artist, this piece was a response to the damage inflicted on American democracy between 2001 and 2009 and reflected a subconscious desire on the part of the public to see the president humiliated. McCarthy produced variations on the work including *Static (Pinck)* in 2004 and *Pig Island* in 2007. In 2001, the artist John Horowitz had incorporated the image of the US President into his work *Official Portrait of George W. Bush Available for Free from the White House Hung Upside Down*, in which George W. Bush's head is depicted upside down.

14 April 2003: researchers announced **the end of one of the largest scientific projects of modern times – the Human Genome Project**. The aim of this programme, launched in late 1988, was to map the DNA sequence of the entire human genome. This was a major advance not just for research into genetics, our understanding of diseases, and the development of gene therapies; it also made possible to identify the genetic differences between individuals, and between man and other species. The Human Genome Project reflected a desire for greater understanding and knowledge, and although DNA is considered to be the heritage of humanity, it is also "the chemical memory of living things".

June–August 2003: **Europe experienced a major heatwave**, with record-breaking temperatures in the first fortnight of August, especially in southern European countries (France, Italy, Spain, Portugal). This exceptional climate event claimed lives – 141 in Spain, approximately 15,000 in France, 8,000 in Italy, and 1,316 in Portugal – and had a profound impact on ecosystems, with forest fires causing damage to plant species, the loss of biodiversity in some regions, and infrastructure issues. In the 21st century, "extreme meteorological events" (heatwaves, drought, and torrential rain) are recurring and increasing in intensity due to global warming.

Kafka on the Shore is an important work by **Haruki Murakami**, acclaimed Japanese author of numerous novels, short stories, and essays. Murakami is a master of the art of deconstruction when it comes to the format of the novel, which here is centred on two protagonists, Kafka Tamura and Nakata, who come to question themselves about the meaning of life. Kafka Tamura, a young, 15-year-old teenager, runs away from his home in Tokyo to escape his father's terrible prophecy, while Nakata, an elderly, illiterate man who has lost his memory, takes to the road, propelled by an unknown force. On the road, the two heroes encounter multiple fantastical characters and live through absurd episodes, until their paths cross by destiny in the library of Miss Saeki, a beautiful, elegant and secretive woman.

In 2003, the Japanese artist **Takashi Murakami**, known since the mid-1990s for his works inspired by Japanese pop culture and heavily influenced by the world of manga, had his second exhibition in Europe, *Takashi Murakami: Kaikai Kiki* at the Serpentine Gallery (London, 2002–2003), and captivated the United States with his solo show *Reversed Double Helix* at the Rockefeller Center in New York. Following a collaboration in 2000 with the stylist Issey Miyake, Murakami became the leading light of the Japanese neo-pop movement known as *Superflat*, and a collaboration in 2003 with the Louis Vuitton leather goods brand pioneered the concept of working with a luxury brand and fully embracing the consumer aspect of art. With his playful approach and a body of work which reflects contemporary society, this artist is the heir to Andy Warhol, and has no qualms about breaking down the boundaries between fine art, fashion and pop music. In 2007, he produced the artwork for the album cover of *Graduation*, and the video *Good Morning* for US rap star Kanye West, and in 2010 he photographed the singer Britney Spears for the cover of the Japanese magazine *Pop*.

The author, critic and philosopher **Mark Fisher** created the **K-Punk blog**, acknowledged as one of the best blogs by a cultural theorist, on which he posted until 2015. Reviving the intellectual fervour of the postpunk music press, the K-Punk blog addressed not just music but everything that impinges on and feeds into it, such as film, television, capitalism, politics, philosophy and popular culture, and painted a critical portrait of an era. Between 2005 and 2006, Fisher's blog popularised the theory of hauntology, a neologism coined by Jacques Derrida in 1993 to describe how persistent elements from the past haunt the present, and which subsequently became an artistic trend in music (notably concrete music), film, photography, and videogames.

The launch of the video game ***Second Life*** by the US company Linden Lab. The concept involves offering players a "second life", a parallel universe where they can be who they want to be, and do what they like. For some, the game was just a form of entertainment, but others decided to actually live out their second life.

In 2002, **North Korea withdrew from the Nuclear Non-Proliferation Treaty** (1968), intended to stem the global spread of nuclear weapons, when Washington revealed the launch of a secret military nuclear programme by Pyongyang which gave rise to major international concern.

In 2003, the autobiographical graphic novel ***Pyongyang* by Guy Delisle** was published by L'Association. As a companion piece to *Shenzen* (2001), in which the Canadian author recounts his experiences as an animation project manager in this Chinese city, *Pyongyang* documents Guy Delisle's two-month trip to the capital of the Democratic People's Republic of Korea, a country still largely inaccessible to foreign visitors. Through a series of anecdotes and reflections, the author wryly describes the absurd situations he encountered under the peculiarly paradoxical dictatorship (e.g. the personality cult of Kim Il-Sung and the leader Kim Jong-Il, Korean propaganda music, the absence of people with disabilities, and the mandatory escort of a guide and translator at all times). *Pyongyang* was a major success and has been translated into several languages to allow Westerners to experience this autonomous country ruled by a Communist dynasty, and until then almost unknown to the rest of the world.

In 2003, ***Elephant* by Gus Van Sant** was released in the United States, winning the Palme d'or at the Cannes Film Festival, and the award for Best Director. It describes the events of the Columbine High School massacre (20 April 1999), in which two students killed 12 of their peers and a teacher. Taking an artistic and sensory approach, the film focuses on a defined space and timeframe: Columbine High School, Colorado, one hour before the massacre. This political masterpiece tackles the sensitive subject of firearms in the United States. In 2002, Michael Moore had already made the events of Columbine the focal point of his documentary *Bowling for Columbine*, in which he addressed the wider issue of violence in the US and asked the question: why is the number of deaths by shooting proportionally higher in the United States than in other countries? In 2012, after the Newtown shooting at a primary school in Sandy Hook, Michael Moore promoted the screening of his documentary on YouTube.

2004

At the invitation of the Laboratoires d'Aubervilliers, **Thomas Hirschhorn** created the installation ***Musée Précaire Albinet*** (20 April – 14 June 2004) at the foot of the Cité Albinet tower blocks in Aubervilliers. Convinced that works of art have the ability to change lives, Hirschhorn exhibited 20th century masterpieces loaned by the Centre Georges Pompidou and the Fond National d'Art Contemporain in his "temporary museum", comprising an exhibition space, library, refreshment area and studio, which local residents helped to build. Eight famous artists were presented: Marcel Duchamp, Kasimir Malevich, Piet Mondrian, Salvador Dali, Joseph Beuys, Le Corbusier, Andy Warhol, and Fernand Léger. By relocating world-famous works of art to the outskirts of Paris, Hirschhorn offered residents of deprived neighbourhoods an opportunity to encounter art at close quarters, as they were trained to act as security guards and to set up, coordinate and dismantle the venue. *Musée Précaire Albinet* brought a community together around a love of art.

June 2004: American and Austrian scientists announced, independently, that they had teleported an atom – i.e. they had copied properties of one atom to another. This represented the first step towards making the fantasy of teleportation a reality.

The international touring exhibition ***Africa Remix: Contemporary Art of a Continent***, which offered an overview of contemporary African creativity, was inaugurated in 2004 at the Museum Kunstpalast in Düsseldorf. Presenting over 200 works by 84 African artists or artists of African origin – including paintings by Chéri Samba and Ghada Amer, installations by Barthélémy Toguo, Pascale Marthine Tayou, and photographs by Guy Tillim, Samuel Fosso and Zwelethu Mthethwa – the exhibition was divided into three sections: History & Identity, Body & Soul, and City & Land. *Africa Remix* revealed the full complexity and wealth of influences and aesthetic idioms employed by artists to explore the topical issues of real life in postcolonial Africa. Following in the footsteps of the exhibition *Magiciens de la terre* (1989) curated by Jean-Hubert Martin, *Africa Remix* took a similar approach of raising the profile of non-Western art, establishing its credentials and calling for a "redistribution of opportunity" in an era of globalisation. Curated by Simon Njami, the exhibition travelled to the Hayward Gallery, London (2005); Centre Pompidou, Paris (2005); Mori Art Museum, Tokyo (2006); Moderna Museet, Stockholm (2006–2007); and Johannesburg Art Gallery, Johannesburg (2007).

Funeral was the debut album by the Montreal indie rock band **Arcade Fire**. With its strains of emotional anarchy and fusion of different musical styles and eras, *Funeral* describes death with sombre melancholy – the title refers to the deaths of the band members' close friends during the recording of the album – yet certain tracks transfigure these tragic events with the blinding light of hope. This critically acclaimed debut album was voted one of the best albums of the 2000s by several music industry magazines and websites, including Pitchfork (ranked in 2nd place), *Slant Magazine* (4th place), and *Rolling Stone* (6th place).

26 December: a huge tsunami in the Indian Ocean claimed at least 285,000 lives. An exceptionally powerful earthquake of magnitude 9 in the depths of the ocean off Sumatra caused the tidal wave. Several hours later, huge waves, some as high as 10 metres, battered the coast of Indonesia, Thailand, Sri Lanka, India and Malaysia, killing over 220,000 people and leaving over a million homeless.

2005

The creation of **YouTube**, a free online video-sharing platform, radically altered our relationship with entertainment. Initially created to facilitate the download of videos for streaming on blogs, etc., YouTube became an actual entity in its own right with users able to post all manner of video – personal, musical, educational, and cultural.

In 2005 **Samuel Kung**, a CEO in the gem industry and jadeite designer, **founded the MoCA (Museum of Contemporary Art) Shanghai**, the first privately owned museum of contemporary art in China. Located in a refurbished former greenhouse in People's Park, the museum sits under a monumental glass ceiling and boasts 1,800 m^2 of exhibition space. In addition to promoting contemporary Chinese and international art, MoCA Shanghai has opened its doors to some of the world's biggest names in fashion (with a Chanel retrospective in 2011), design, and the creative arts, such as the US animation giant, Pixar studios, and has also worked with major institutions, including the Solomon R. Guggenheim Museum in 2007. Throughout the 2000s, China saw a major increase in the number of private museums, which rose to 1,500 by 2019.

In 2001, the US company *Advanced Cell Technology*, took the first step towards cloning when it successfully produced the first human embryo stem cells for therapeutic purposes. In 2005, prompted by this type of experiment, the Legal Committee of the UN General Assembly adopted **a declaration to prohibit "all forms of human cloning"** to protect life and human dignity. This declaration did not mention therapeutic cloning, leaving this question unaddressed. The cloning process reflects man's desire for immortality, and radically transforms our relationship with nature, sexuality, and death, as we gradually distance ourselves from them.

In 2005, ***Lunar Park***, US author **Bret Easton Ellis'** sixth novel, was published. In this novel, which was well received by critics, the author adopts the new genre of autofiction. With dispassionate humour and consummate skill, Bret Easton Ellis mocks the myth of the writer and plunges readers into a nightmarish yet gleeful hallucinatory dream in which reality and fiction overlap. In this fantastical work set in the early 2000s, we learn about the author's literary success, his turbulent family life, but also his debauchery and drug use, in a sort of reappraisal of his life. Drawing inspiration from the horror fiction of Stephen King, aspects of his daily life take a chilling turn as strange paranormal events occur in the region and in Bret's new house, which appears to be haunted. His wife suddenly becomes insane, he is visited by the ghosts of his father and Patrick Bateman from *American Psycho*, and his step-daughter's soft toy tries to attack him. Bret Easton Ellis is keen to describe the anxiety, paranoia and suffocation experienced by bewildered parents and children on Ritalin and anti-anxiety medication. Blending nightmare with reality, the author pens a tribute to horror movies and literature, filled with manifestations of his inner demons.

From 30 April to 25 September 2005 a retrospective exhibition of photographic work by Canadian artist **Jeff Wall**, entitled ***Photographs 1978 – 2004***, was held at the Schaulager in Basel. The exhibition then transferred to the Tate Modern, London. Developed in close collaboration with the artist, the exhibition comprehensively retraced the photographic career of this internationally renowned figure who has played a major role in establishing the credentials of photography as a contemporary art form. In the 1970s, Jeff Wall reinvented the conventions of documentary photography and became a pioneer of digital and cinematographic techniques. The photograph *A Sudden Gust of Wind (After Hokusai)* from 1993, which pays tribute to the master Japanese printmaker Katsushika Hokusai, was presented at the retrospective and is an iconic example of his large format photographs inspired by 19th-century paintings and the cinema. With their meticulous composition techniques, his photographs create the illusion of documentary research. Mounted in light boxes on the wall, they blend the luminous aspect of a cinema screen with the physicality of sculpture.

In 2004, Madrid was rocked by a series of Islamist terrorist attacks; several bombs exploded on the morning of 11 March on rush-hour trains in Madrid and its suburbs. The attacks killed 200 people and injured 1,800, and are the most lethal terrorist crime in Europe after the explosion on Pan Am Flight 103 over Scotland in 1988. **In July 2005, a series of terrorist attacks in London was linked to radical Islamist movements.** On 7 July, several bombs exploded on public transport (underground trains and a bus) killing 56 people and wounding 700. On 21 July, there were four failed bomb attacks. The terrorist threat became entrenched, giving rise to a society focused on monitoring and surveillance.

Tino Sehgal presented ***This is so contemporary*** in the German Pavilion at the Venice Biennale in 2005. Known for his "staged situations" in which actors interact with the crowd through dance, speech, and movement, and for his philosophical debates, Tino Sehgal deals in immateriality and experience in a society which sets too much store by the value of objects. Three actors disguised as museum security guards appeared in the German Pavilion and danced around singing "This is so contemporary, contemporary, contemporary". Some spectators laughed or danced, others were stunned or left the space. Different reactions to this performance provided the focal point for Tino Sehgal's work and informed his practice. Like all of the artist's work, *This is so contemporary* was adaptable and opened up a wealth of possibilities. The hybrid aspect of Sehgal's practice blurs the distinctions between categories in the artistic landscape, and takes dance from the black box of the theatre to the white cube of the museum.

28 August 2005: Hurricane Katrina was one of the most powerful hurricanes in the history of the United States, and one of the six strongest ever recorded. Even though the catastrophe was predicted six days previously and more than 1 million people had been evacuated, the levees holding back the water collapsed and the city was flooded. Thousands of people from predominantly African-American communities and deprived backgrounds, who had been unable to leave, became prisoners and had to wait 48 hours for the emergency services to arrive. This desperate slowness and lack of proactivity on the part of President George W. Bush, the Federal Emergency Management Agency (FEMA), the state governor, and mayor of the city were condemned and criticised. The hurricane claimed the lives of approximately 1,836 people and the damage was estimated at over $81 billion (2005). This traumatic event highlighted the fragile social structure and widened the existing inequality gap in the two poorest states in the United States (Louisiana and Mississippi), where there are still significant levels of endemic racism towards African-Americans.

The adoption of the Kyoto Protocol in 1997 by 37 countries. The aim of this international treaty to combat global warming was to reduce greenhouse gas emissions (GHG) caused by human activity by 5.5% by 2012. The Kyoto Protocol marked the beginning of an ecological awareness on a global level, of the importance of the environment and the natural balance of the planet, and informed decision-making and practical actions taken by countries committed to fighting global warming. The data in the UN evaluation did not take account of the United States, China and Canada, some of the heaviest polluters on the planet.

27 November 2005: the first ever partial face graft was carried out at Amiens-Picardie University Hospital in France on a 38-year old woman who had been mauled by her dog. This graft in the nose-lips-chin area heralded a new era in the history of transplants, but raised ethical questions as it was carried out using tissue from the face of a clinically dead donor.

"From the luxuriant forests of Amazonia to the glacial spaces of the Canadian Arctic, certain peoples thus envisage their insertion into the environment in a manner altogether different from our own. They regard themselves, not as social collectives managing their relations with the ecosystem, but rather as simple components of a vaster whole within which no real discrimination is really established between humans and nonhumans." (p. 37) How can we think the world other than in terms of the dualism between nature and culture which pervades modern cosmology? **Philippe Descola**, a professor who held the Chair of the Anthropology of Nature at the Collège de France from 2000 to 2019, has been engaged in critical thinking on this topic for many years. In ***Par-delà nature et culture*** (Beyond Nature and Culture), published in 2005 and translated into 10 languages, he successfully developed a new theory which finally broke down the barriers of ethnocentrism. In an era of environmental crisis, this important book plays a part in rethinking the system for representing the world in our "modern" society.

2006

In 2005, the 18th century Venetian **Palazzo Grassi** was bought by businessman and collector **François Pinault** and became the headquarters of his foundation. The palace, which was transformed into a museum by the Japanese architect Tadao Andō, with lighting by Ólafur Elíasson, boasts 40 exhibition rooms over 5,000 sqm and was inaugurated in April 2006 with the exhibition *Where Are We Going?* showcasing François Pinault's collection of over 3,000 works of modern and contemporary art for the first time. The museum's first Director was Jean-Jacques Aillagon (former French Minister for Culture) and its Artistic Director, Alison Gingeras (a former curator at the Centre Pompidou).
In 2007, the Pinault Collection expanded into the Punta della Dogana (inaugurated in 2009) after submitting the winning bid in a call for tenders issued by the municipality for the creation of a contemporary art centre, in which the Guggenheim was also a competitor. The refurbishment of the Teatrino (a building adjacent to the Palazzo Grassi) into an exhibition space in 2013 was the third phase of the Pinault Foundation's cultural project in Venice.

In 2006, ***King Kong Théorie*, Virginie Despentes's** sixth novel, was published, and described by her publisher Grasset as a manifesto for a new feminism. The title refers to the creature in the film *King Kong* directed by Peter Jackson, a legendary hybrid figure and a metaphor for "sexuality before gender distinctions", and "before the binary imperative". This autofictional essay blends reflexion and lived experience: Virginie Despentes addresses her rape, described as a defining event, her experiences of prostitution, and her exploration of pornography. Painting a portrait of a woman at odds with societal norms, she uncompromisingly explores female sexuality and unpicks the mechanisms of domination and shame responsible for the political, economic and sexual domination of women. The anticapitalist and antinaturalist author incisively attacks the social order and the response of a male-oriented society. The mixed reception at the time of this visionary book's publication, which takes the pulse of the present and identifies avenues for the future, had turned into unanimous acclaim a decade later.

MASS MoCA in North Adams, USA, played host to a new installation by **Carsten Höller, *Amusement Park***, a huge environment of rides and illuminations operating at low speed. The German artist, an entomologist by training, uses scientific experiments as a vehicle for his artistic output, creating a whole new playground. Like willing guinea pigs, spectators experience something ordinary – an amusement park, in this case – but in an extraordinary way. Höller explores human perception, in this instance, spatial and temporal disorientation, and places the spectator in direct interaction with the work. The artist radically rethinks the exhibition space, a place for display regarded as sacred to art, and transforms it into a space for social interaction.

Members of the International Astronomical Union voted that **Pluto, the ninth planet in the solar system, was no longer a planet that constitutes the solar system but the first of its "dwarf planets"**. With developments in technology, and more powerful telescopes, we can see "better and further", and thousands of stars have been discovered in the solar system. These discoveries have prompted a reappraisal of the definition of a planet, which must now meet three criteria according to the International Astronomical Union: it must be in orbit around the sun, be large enough to form a sphere, and have sufficient mass to attract smaller stars and rocky debris into its gravitational field and fuse with them.

The Indian artist **Subodh Gupta** created ***Very Hungry God*** in 2006 in the Église Saint Bernard church in Paris for the Nuit Blanche all-night arts event. Following in the footsteps of Marcel Duchamp's ready-mades and the Italian Arte Povera movement of the 1970s, Gupta's practice focuses on everyday objects and ordinary materials which he rearranges and subverts. These symbolically charged artefacts are selected and assembled to create a new iconography in which Indian and Western conventions converge as a metaphor for universal issues. In this deeply resonant venue, occupied by undocumented workers, the artist installed *Very Hungry God,* a *memento mori* in the form of a huge skull made from hundreds of stainless-steel kitchen utensils from India. This vanitas reminds us of the ephemeral nature of life and explores the "fleeting nature of earthly pleasures", encouraging viewers to enter a meditative state of reflection about life and death, and the precarious state of the world in which we live.

The social network **Facebook**, created in 2004 by Mark Zuckerberg, Chris Hughes, Eduardo Saverin, Andrew McCollum and Dustin Moskovitz, opened up to the whole world in 2006, becoming one of the biggest online social networks. The arrival of Facebook – combined with the birth of smartphones – changed how we live and communicate. It has become an extension of who we are, over which we have total control. On Facebook, we can open up our private lives to the public gaze and consume the lives of others, thus transforming ourselves into narcissistic voyeurs.

In May 2006, ***Zidane, a 21st Century Portrait***, created by **Douglas Gordon and Philippe Parreno**, and focusing exclusively on the global football icon Zinédine Zidane, was selected for the Cannes Film Festival (outside the main competition). Shot during the Real Madrid-Villareeal CF match on 23 April 2005, this feature film, incorporating elements of cinema and painting adopts the football match format: for 90 minutes, seventeen HD cameras follow the football star and paint an inner psychological portrait of him, "deformatting the gaze" using close-ups and sound-track effects. The two artists rose to the ambitious challenge of blending the popular world of football with the visual arts to gain access to the entertainment business which is Cannes. The film contributed to the creation of a modern legend, but this status was challenged in 2012 by the artist Abdel Abdessemed who exhibited a monumental statue outside the Centre Pompidou in Paris immortalising the Frenchman's famous head-butt of the Italian player, Marco Materazzi, in the World Cup Final in 2006, which is still etched in spectators' memories.

On June 2006, the **Musée du Quai Branly** in Paris was inaugurated in the presence of the President of the French Republic, Jacques Chirac, who initiated the project in 1996 with Jacques Kerchache (an art dealer specialising in African art), and Claude Lévi-Strauss. The museum, designed by the architect Jean Nouvel, comprises four buildings and was created as a large ecosystem encompassing a 17,500 m^2 garden designed by landscape architect, Gilles Clément. One of the facades features a living wall inspired by the work of Patrick Blanc features 376 plant species from all over the world, reflecting the African, Oceanian, American and Asian continents. It remains one of the largest in the world. This public institution's mission is to foster fresh dialogue between the art and culture of Africa, Oceania, Asia and America, and it houses the ethnology collections formerly located at the Musée de l'Homme and the Musée national des Arts d'Afrique et d'Océanie (300,000 items). In addition to temporary exhibitions, the museum displays a very diverse collection of 3,500 exhibits in the central area (sculpture, textile, photography), dating from the Neolithic period to the 20th century.

August 2006: Luisel Ramos, a 20-year-old model died of a heart attack on the runway during a fashion show in Uruguay. Exhausted and worn out, Ramos had been put on a diet consisting solely of lettuce and low-calorie drinks. One month later, the organisers of the Madrid Fashion Week banned models with a body mass index (BMI) of less than 18 from its runway shows. In November, Brazilian supermodel Ana Caroline Reston died of a generalised infection probably linked to her extreme emaciation. The fashion industry began to realise that the feminine ideal promoted on runways and in the media, to which millions of women and young girls worldwide aspire, can no longer be associated with this type of body.

The Probo Koala case: in August 2006, the bulk carrier Probo Koala, chartered by the Swiss/Dutch company Trafigura, transported approximately 600 tonnes of toxic waste known as "slop", produced by cleaning the tanks of vessels, from Europe to Abidjan (Côte d'Ivoire). However, the waste, which was dumped at a dozen sites around the city by a local company without any safety precautions, was highly toxic; 17 people died, and thousands showed symptoms of poisoning. This was described by Amnesty International as "one of the worst industrial disasters of the 21st century" as the Probo Koala scandal revealed that Africa was being used by the West as the "trashcan" continent.

In 2006, the social network **Twitter** was launched to allow users to share short messages of up to 140 characters, known as "tweets", free of charge. Twitter quickly gained popularity and, in 2017, was the second largest social network in the world with 13 million active users per month. All manner of subjects are discussed instantly and frankly, ranging from the everyday to global topical issues. This new way of sharing information and incisive content in real time, without filters, has had a radical impact on modern journalism and politics. Twitter is used worldwide by tweeters ranging from the #MeToo movement to the Pope and Donald Trump to raise awareness, bring people together, and organise protests and uprisings using a hashtag. Twitter has played a key role in several revolutions such as the Arab Spring in Tunisia and Egypt, the revolution in Iran (2009-2010), and Venezuela. Although it is not a tool for organising people per se, Twitter provides maximum exposure and a constant stream of information.

In October 2006, Bernard Arnault, CEO of the LVMH group and Yves Carcelle, Chairman of Louis Vuitton, officially announced their plans for the **Fondation Louis Vuitton**, to be located close to the Jardin d'Acclimatation botanical gardens in Paris. Construction began in March 2008 with a public opening date set for 27 October 2014. The idea behind this museum devoted to contemporary art was inspired by a meeting between Bernard Arnault and Frank Gehry, the project's architect, and was heavily influenced by the Guggenheim Museum in Bilbao. Works are presented in 11 galleries over 3 floors in a unique building which is a true feat of architecture and technology, incorporating completely new forms. Frank Gehry drew his inspiration from 19th-century glass architecture and created a glass-clad building in the form of a ship. The 12 sails are covered with 3,600 curved glass panels, which add dynamism and volume. Set on a pond, the Fondation Louis Vuitton merges into the natural environment of the gardens and wood, and can rightly claim to be one of the most iconic architectural creations of the 21st century.

25 November 2006: **"Rules of the Internet"**, a manifesto written on the anonymous 4chan forum was posted by the hacktivist collective **Anonymous**, referring in a humorous and mocking internet style to the rules for online conduct which form the basic principles of the Anonymous community. This was the first mention of this group, which is now well known for its computer hacking activities. The manifesto consists of 47 rules, including: "4: Anonymous is legion; 5: Anonymous never forgives; 6: Anonymous can be a horrible, senseless, uncaring monster; 7: Anonymous is still able to deliver; 12: Anything you say, can and will be used against you; 38: No real limits of any kind apply here – not even the sky". In 2007, Anonymous launched its first hacktivist operation against the Church of Scientology: Project Chanalogy. This community of masked hackers, similar to organisations such as **WikiLeaks** (created in the same year by Julian Assange), reflects a new form of activism, protest and resistance against traditional authorities and injustice.

The **launch of Art Beijing**, the first contemporary art fair in Beijing, which became the third largest art market in the world in 2018, ahead of FIAC. In order to achieve its ambition of surpassing Western events and showcasing the Chinese and international art scene, Art Beijing opened itself up to the world and played host to some 100 art organisations from 12 countries and regions in Europe and Asia. In 2011, China became – for the space of a single year – the world's leading art market, ahead of the United States and the United Kingdom. Although it had almost no presence in the art market in the early 2000s, China now accounts for almost a third of its value.

Gender Trouble: Feminism and the Subversion of Identity is a key text in gender studies by the feminist philosopher **Judith Butler**, published in the United States in 1990 and translated into French in an extended version in 2006 by Cynthia Kraus. The writer invites us to consider gender identity through the lens of multiple identities, and advances a type of feminism based on the fundamental principle of fragmenting the stable identity constructed by society. Through her re-reading of Foucault, Freud, Lacan, Lévi-Strauss, Beauvoir, Irigaray and Wittig, Judith Butler reassesses these writers' different perspectives on gender, sexuality and sex, and offers a radical critique of the heteronormative and binary view, which contrasts man with woman, and heterosexuality with homosexuality.

The French writer and playwright **Pierre Guyotat**, "a humble ploughman of language", published his new autobiographical account ***Coma***, which traces the author's steep downward spiral into a nervous breakdown, a coma, and a severe artistic crisis. Guyotat's work on *Le Livre* (published in 1984), the story of the life of a young prostitute called Samora Mâchel, his abuse of medication, and malnutrition led to a mental and spiritual decline which assumed all the traits of a mythological tragedy.

2007

The 2000s saw a proliferation of exhibitions and institutional retrospectives featuring women. In the United States in 2007, two major exhibitions were organised: ***Global Feminisms*** and ***WACK! Art and the Feminist Revolution***. *Global Feminisms* was held at the Elizabeth A. Sackler Center for Feminist Art at the Brooklyn Museum in New York, and *WACK!* at MOCA, Los Angeles, before touring other US venues. These two largescale international exhibitions provided a vision of art by women artists from all over the world from the period 1965 to 2007. In France, from 2009 to 2011, the Musée National d'Art Moderne featured its third themed display of works from its permanent collections: **Elles@centrepompidou**. This exhibition, exclusively devoted to women artists, assembled 150 artists and 350 works spanning the 20th and 21st centuries. These exhibitions offered a new perspective on the modern and contemporary era through the lens of women artists, and acknowledged their influence and legacy in art history.

29 June 2007: launch of the first iPhone, which reinvented the telephone. It combined an iPod with a large multi-touch touchscreen display, a mobile phone which could connect seamlessly with thelinternet, and a camera. The iPhone became an extension of the user's hand, and revolutionised our habits by integrating IT into our daily life and changing how we communicate, socialise, access information, work, and watch videos and films. The iPhone also changed our relationship with time and space, and how we interact with the world: urgency, multitasking, immediacy are now the keywords for new types of practices. With the iPhone, and smartphones in general, we are constantly surfing and consuming information, which has inevitably led to an acceleration in image production.

16 February 2007: Britney Spears, a 2000s icon and sultry star who found international fame in 1998 with her hit *Baby One More Time*, was being harassed 24/7 by the media and paparazzi. She entered a downward spiral of depression, drugs, and misuse of prescription medication and shaved her entire head. The image of the bald star, which went viral, marked the dark moment when the celebrity tabloid press began to put intense pressure on young female stars (such as Paris Hilton, Lindsay Lohan, and Nicole Richie) whose public profiles were at odds with their private lives. Every detail of their existence was documented around the clock. The following year, Lady Gaga put out her single *Paparazzi*, which echoes the struggle for glory and the complex relationship maintained with paparazzi and the tabloid press.

On 30 May 2007, the inaugural edition of the ***Monumenta*** art exhibition opened in the central nave of the Grand Palais in Paris. Held annually, through to 2014 (with the exception of 2009 and 2013), and then every second year since then, Monumenta has offered a national or international artist the opportunity to fill this majestic space with a work of art specially created for the event. With a surface area of 13,500 sqm and a ceiling height of 45 metres, the unusual glass architecture can host monumental artworks. In 2007, the German artist Anselm Kiefer presented *Falling Stars*, a multi-component installation comprising 7 "houses" made of steel sheets, concrete slabs and other salvaged materials for his paintings, and three monumental sculptures: a 17-metre tower, an 8-metre tower and a collapsed tower on the ground. This ruined and destroyed landscape echoed the title of the exhibition. Ultimately, the end is just a new beginning.

On 25 May 2007, the contemporary art institution **WIELS**, which is entirely devoted to presenting and producing temporary exhibitions by Belgian and international artists, was inaugurated in Brussels. The centre, named after the beer brand *Wiels*, is located in a refurbished former brewery designed and built by architect Adrien Blomme in the 1930s in the industrial modernist style. The institution has three exhibition spaces spanning 1,800 m^2. Emerging and established artists alike are exhibited, and the centre also hosts residencies for artists, and has a visitor facilitation and cultural education programme.

In 2007, filmmaker and renowned visual artist, **Steve McQueen**, exhibited his work ***Queen and Country*** at the Great Hall in Manchester's Central Library. In 2003, the artist had been commissioned by the Imperial War Museum in London to create a work as a tribute to the British armed forces during the Iraq War. After visiting Iraq, he exhibited a series of sheets of postage stamps featuring private and domestic portraits of the soldiers who had died to date. The sheets were placed in drawers that visitors could open, reminiscent of missing persons files or morgue drawers. The choice of the postage stamp format (official, institutional objects) and the association of the image of the Queen with these faces amplified this tribute to the deceased. These rather subversive reworkings invited the viewer to question the justification for war, alongside identity, national loss, and government institutions. Steve McQueen wanted the Royal Mail to issue the stamps, but his suggestion was declined. He felt that his work was incomplete and circulated petitions in support of his request. Opinion was divided on this work by an artist who was determined to defy invisibility and death.

In 2007, the Manchester International Festival (MIF) hosted the world premiere of ***Il Tempo del Postino*** (Postman Time), a unique group exhibition organised by Hans Ulrich Obrist and Philippe Parreno. Through this project commissioned by MIF and the Théâtre du Châtelet (Paris), the curators attempted to reinvent the group exhibition format by offering artists time slots instead of a space. This experimental play was organised like a game with the following rules: 15 artists have 15 minutes to present a work in any medium except film or video which can be performed again by anybody who wishes to do so. Situated in a theatre, the show transformed the gallery or museum space into a shared experience of time and the performance onstage. The title refers to "postman time", as if the exhibition were being delivered directly to the audience and not perused by individuals at their own pace. Like a "visual art opera" in several acts, or a performance divided into episodes, *Il Tempo del Postino* was a single work demonstrating a keen interest in collaboration and collective production.

Swiss artist **Urs Fischer**, renowned for his irreverent and subversive works, created the installation ***You*** at the Gavin Brown Enterprise Gallery in New York. The gallery space, reduced to a huge hole in the ground – 11.5 by 9 metres wide and 2.4 metres deep – became a hostile, physically dangerous area with a risk of serious injury or death, as indicated on the sign at the entrance. Following in the footsteps of artists from the 1960s and '70s such as Gordon Matta-Clark, Robert Smithson, Walter De Maria and Chris Burden, Fischer addressed themes of destruction, transformation, and disturbance by inflicting damage on the "sacred" space of the gallery. In an approach reminiscent of the Expressionist movement and via a surrealist situation, *You* assaulted the senses and unsettled the mind.

The band **Radiohead** released its self-produced album, ***In Rainbows***, in 2007 which was made available for purchase online at a discretionary price. Since the early 2000s, humankind had experienced many profound changes, and the UK band embarked on an experiment. They adopted a completely different production approach, focusing on machines, keyboards, sound loops and textures rather than the ubiquitous guitars of alternative rock. Radiohead albums in the first decade of the new millennium – *Kid A* (2000), *Amnesiac* (2001) and *Hail to the Thief* (2003) – revealed a new cosmic, anguished musical aesthetic, featuring deconstructed rhythms and harmonies perfectly reflecting the radical civilizational upheavals that afflict us.

As the first significant philosophical movement to emerge in the 21st century, **speculative realism** was born at a conference organised on 27 April 2007 at Goldsmith's, University of London, and attended by key figures from the movement: Ray Brassier, Ian Hamilton Grant, Graham Harman, and Quentin Meillassoux. This thinking, which had been widely communicated in blogs and open source publications, sits at the interface of different theories with a shared stance against the common foe of "correlationism": the belief that all of existence can be reduced to subjective human experience. These thinkers believe that a world exists beyond the mind, language and economic forces. However, the exact nature of this world is still subject to debate.

2008

12 May 2008: **a magnitude 8 earthquake** hit Sichuan Province in China. This disaster claimed over 70,000 lives, 18,000 people were reported missing, and approximately 300,000 people were injured. Buildings, schools, homes and villages collapsed within minutes as they were not built to the appropriate safety standards. The Chinese artist, Ai Wei Wei, condemns the country's downplaying of the resulting damage, and creates a series of photographs illustrating the real material and human costs. He collects the name of all the children killed in the wreckage of their school, whose building was not constructed to seismic standards. This provocation led to the artist's beating and incarceration.

On 15 September 2008, the day the **Lehman Brothers bank collapsed** as a result of the sub-prime crisis, the artist **Damien Hirst** achieved a new and historic masterstroke that radically challenged the rules of the art market. He organised a two-day auction directly with Sotheby's in London, bypassing art galleries, and kept almost all of the profits from the sale of 223 of his works, i.e. 147 million dollars. Bought for 16.5 million dollars by François Pinault, *The Golden Calf* (a symbol of idolatry in the Bible) became the symbol for the state of the contemporary art market. In 2007, the artist had already demonstrated his skills as a strategist by selling *For the Love of God*, a mould of a human skull set with 8,601 diamonds, for 74 million euros to an investment group of which he was a member. Hirst therefore pushed up his own price and the *memento mori* became the most expensive work sold in the artist's lifetime to date. Along with Jeff Koons, Hirst belongs to the first generation of artists since the Renaissance to redevelop the model of the artist's studio in an entrepreneurial spirit, with dozens of assistants working in these creative factories.

4 November: **Barack Obama became the first black President of the United States.** After 43 white presidents and a history characterised by slavery and racism, Obama made history when he was elected with a majority of over 9 million votes, defeating the Republican candidate John McCain. From the start of his campaign, Obama not only highlighted his rift with the Bush administration, but also aligned himself with the African-American community, thus rewriting race history. The following year, on 4 June 2009, Obama delivered a speech entitled "A New Beginning" at the University of Cairo in Egypt, with the aim of drawing a line under past relationships between the United States and the Muslim world during the Bush administration. In his speech, Obama called for nations to work together to combat extremism and violence and also addressed themes such as the war in Iraq and the divisions it was causing, the nuclear threat in Iran, the fight against terrorism in Afghanistan, the Israeli-Palestinian conflict, colonialism, and an end to negative stereotypes of Islam. The President's words were widely reported on global television stations and social media in order to increase their impact and resonance.

On 12 June 2008, **Garage Center for Contemporary Culture**, the first private art centre in Russia devoted to developing contemporary art was inaugurated in Moscow, co-founded by art collector Dasha Zhukova, and businessman and politician, Roman Abramovich. The museum was originally housed in the

Bakhmetevsky bus garage built by the constructivist architect Konstantin Melnikov and the engineer Vladimir Shukhov in 1927/1928. At the inauguration, Amy Winehouse gave a private performance and Mexican artist Rafael Lozano-Hemmer, credited with disseminating the idea of "relational architecture", presented the work *Pulse Spiral*, commissioned by the art centre for the opening and inspired by the engineer Vladimir Shukhov. The three-dimensional spiral-shaped paraboloid comprising 400 lights arranged according to a mathematical equation reflects the phyllotaxis of plants (the arrangement of leaves or root cells). The interactive work responds to the heartbeat of spectators using a detector. The art centre's main aim is to raise the profile of Russian art from the 1950s to the present day, but it also organises exhibitions by international artists. In 2009, it hosted the third Moscow International Biennale of Contemporary Art.

On 10 September 2008 the exhibition ***Jeff Koons in Versailles*** opened, curated by Laurent Lebon and Elena Deuna as a tribute to one of the most high-profile artists of our time who had almost never exhibited in France before. Seventeen monumental pop sculptures were exhibited in the palace and grounds, such as the famous red aluminium *Lobster* (2003) suspended from the ceiling of the Salon de Mars. The presence of the American kitsch artist in the temple of French classicism sparked controversy. The Committee for the Protection of Versailles' Heritage and the National Union of French Writers protested vociferously against the display of work by the contemporary art star in this location. The Palace of Versailles has been a creative laboratory and home for continuous transformation since the time of King Louis XIV, as was recalled by Laurent Lebon, and has hosted works by a number of contemporary artists, including Takashi Murakami (2010) and Anish Kapoor (2015), whose sculpture *Dirty Corner* – immediately dubbed "the Queen's vagina" – prompted fresh debate.

9 November 2008: the CBS show ***60 Minutes*** **featured a report on waste at the disposal facility in Guiyu (China) transported illegally from the United States**, which outsources e-waste disposal. Guiyu is the largest electronic and electrical equipment waste facility in the world. A true symbol of our excessively consumerist society, this dump-town receives over a million tonnes of electronic waste per year, causing serious health and environmental issues.

Following the devastation of the war with Serbia in the late 1990s and administration by a UN protectorate, **Prime Minister Hashim Thaçi declared unilateral independence for Kosovo on 17 February 2008**. Recognised by the United States and a large number of European countries, Kosovar independence was rejected by Serbia, Russia and other countries including Spain, Romania, and Greece.

2007–2012: a **huge global stock market crisis**, the Great Recession, affected almost every trading centre in the world. With its origins in the US property market, and more specifically in the subprime mortgage market (based on high-risk loans), the crisis affected American, European and Asian financial institutions, followed by stock markets. The real economy was affected in 2008, and most affluent countries entered recession. This first global financial crisis since World War II was considered to be the most severe since the Great Depression of 1929, and had a number of disastrous consequences, such as a hike in the price of oil and raw materials, increased unemployment, and tumbling GDP in the main global economic powers.

The American singer, songwriter, dancer and actress **Beyoncé**, who rose to fame with the R&B group Destiny's Child and her solo albums *Dangerously in Love* (2003) and *B'Day* (2005), released her third album, *I Am... Sasha Fierce*, in 2008. The track ***Single Ladies (Put a Ring on It)***, was ranked No. 1 in *Rolling Stone* magazine's Top 100 singles of the year, and was voted the second-best song of the year by MTV. This worldwide hit became a phenomenon and was seen as a manifesto and anthem for strong, emancipated women. The highly effective pared-down video directed by Jake Nava and choreographed by Frank Gatson and JaQuel Knight, shows Beyoncé accompanied by two dancers in high heels wearing black leotards. As soon as the video – a tribute both to *Mexican Breakfast* by choreographer Bob Fosse (1969) and to *J-setting* (a dance style popular in African-American gay clubs around Atlanta) – was put online, the choreography to *Single Ladies* was copied by thousands of fans who streamed their own videos. Beyoncé, who has been described as "the most important and compelling popular musician of the 21st century", benefitted from a new phenomenon – interactive Internet – which made *Single Ladies* "the first major dance craze of both the new millennium and the Internet".

In May 2008, the skyscraper known as ***Burj Dubai*** (Dubai Tower), on which construction work began in 2004, became the tallest human structure ever built. In 2003, Emaar, the prominent Dubai real estate company behind the project, announced plans to build the tallest tower in the world, which reached a completed height of 828 metres in 2009. It forms part of a huge urban planning and real estate project – the Downtown Burj Khalifa development – comprising a man-made lake, apartment buildings, hotels and shopping malls. Designed as a residential building, the 160 floors also include offices and a luxury hotel. The architecture and engineering of this reinforced concrete, steel and aluminium construction in a contemporary style were designed by an American company. When it was inaugurated in 2010, the tower was renamed *Burj Khalifa*, to thank Sheik ben Zayed Al Nahyan, the President of the United Arab Emirates, for supporting projects in Dubai following the financial crisis of 2008. The *Burj Khalifa* reflects a competitive spirit and confirms the United Arab Emirates' willingness to engage in the global pursuit of gigantism, spectacularism, and excess.

On 12 October 2008 the exhibition ***Franz West: To Build a House You Start with the Roof: Works (1972–2008)*** opened at the Baltimore Museum of Art, before travelling to the Los Angeles County Museum of Art through to 2009. This major retrospective was the most comprehensive exhibition to date of the work of the Viennese artist Franz West, spanning sculpture, installation and design. This seminal artist had been redefining the social and environmental experience of sculpture for three decades, prefiguring the aesthetic of the 1990s. In his practice, which is profoundly influenced by philosophy, the work often takes second place to its function, and the tactile exploration of the object supersedes any visual interest. The exhibition provided a large overview of his work, from early interactive pieces from the 1970s to monumental installations made from brightly coloured aluminium and epoxy objects.

The term **post-Internet** attempts to describe and define the practices of a new generation of artists born in the 1980s and influenced by the Internet during their art education in the 2000s. It was coined by artist Marisa Olson in 2008 to describe online and offline artistic practices which reflect the impact of the Internet on our lives. Just as mass media formed a popular environment in the second half of the 20th century, so the Internet can be considered a significant part of our shared world as it surrounds us on all sides and plays a role in our daily life. The Internet has become part of our zeitgeist and, in this respect, the term post-Internet reflects this Internet-world as the tangible medium of our times.

Mathias Enard's contemporary Homeric epic, ***Zone***, is a novel divided into 24 chapters, each consisting of a single sentence without punctuation marks. Characters, subject matter, and centuries change from one line to the next. Formal prowess aside, this approach, known as stream of consciousness, allows the author to roam widely, from one individual's life to the history of humanity, and from one location to another (Lebanon, the Balkans, Algeria, Spain, Troy). This geography of the dead recounts conflicts both past and present, and the countless acts of barbarism and violence which they have caused. A novel of all our wounded worlds and doubts, *Zone* tells the story of the Mediterranean and its uninterrupted stream of violent events. The book delivers a real exploration of history, a sombre meditation on the human condition, and pulls off a literary tour de force.

Spanish author and philosopher **Paul B. Preciado** publishes his "body essay", ***Testo Junkie: Sex, Drugs and Biopolitics in the Pharmacopornographic Era***. Described as a work of auto-theory, this philosophical, autobiographical and autopornographic text retraces the author's experience of his own body and gender. Following a strict, voluntary regime of taking testosterone, Preciado examines the effects of this product on his body, sexuality and psyche. Inspired by the writings of Judith Butler and the performative construction of gender, as well as Michel Foucault's theory of biopolitics, Preciado challenges the capitalist system, especially the pharmaceutical industry, that seeks to control bodies, genders and the construction of sexual identity. As a political protest against binary norms enforced by society, the author hacks and deconstructs all forms of fatality in being and reinvents himself freely.

An important figure on the French and international art scenes of the 1990s, **Pierre Huyghe** creates a 24-hour immersive installation, ***A Forest of Lines***, at the Sydney Opera House as part of the 16th Sydney Biennale, *Revolutions – Forms that Turn*. Curled up in the middle of the Opera's immense concert hall – radically transformed for the occasion – the artist creates a wild, dreamlike environment hidden by mist. The forest, comprising 1,000 trees, is experienced by the public as a natural space, all the while being anchored in an urban site, the ultimate symbol of culture. This monumental work, emblematic of experiential art, blurs the boundaries between the public and the work, reality and dream, at the same time as it turns on its head the contradiction between nature and culture.

2009

North Korea became a fully-fledged "nuclear power". Following its first nuclear test in 2006, North Korea carried out a second more powerful test in 2009, shortly after launching a ballistic missile over Japan, despite being involved in the six-party talks (South Korea, the United States, Russia, Japan and the People's Republic of China) to find a peaceful solution to international security issues arising from the North Korean nuclear programme.

In 2009, **183 countries ratified the Kyoto Protocol.** According to data published in the journal *Nature* in 2019: "global temperatures have never risen as rapidly as at present". An Australian paper published in 2019 by the Breakthrough National Centre for Climate Restoration announced an increase of the Earth's temperature by at least three degrees Celsius by 2050, which will make some areas of the planet uninhabitable, bringing about "a breakdown of nations and the international order". Reports in this vein predicting the imminent end of the world are proliferating exponentially and making the future appear ever more worrying and uncertain.

New York's New Museum launches the first edition of its triennial – ***The Generational: Younger than Jesus*** – which brings together 50 emerging artists from 25 countries, all under 33 years old. Focusing on the so-called Y Generation, also known as generation me, generation Facebook or millennials, born in the 1980s, the exhibition explores the diversity and richness of the artistic vision and production of this disparate group. Painting, drawing, photography, film, animation, installation, as well as dance, post-internet art and videogames, are the mediums privileged by these artists who, along with the explosion of communication, the Internet, social networking and frenetic mobility, offer a sense of the chaotic world of the 21st century. Although firmly facing the future, the curators of *Younger than Jesus* don't abandon the past, history or tradition, but instead attempt to conceive new communities and expand the realm of the possible. The exhibition brings to light numerous artists who have, since, become household names, such as Ryan Trecartin, Anna Molska, Cyprien Gaillard, Cory Arcangel and Chu Yun.

On 25 June 2009, Michael Jackson died of a massive overdose of a powerful anaesthetic. A shocked world mourned the death of the King of Pop.

On 20 August 2009 Gallimard published the novel ***Trois femmes puissantes* by Marie Ndiaye**, winner of that year's Goncourt Prize. Partly inspired by the author's own life, the book consists of three narratives describing three women whose lives are divided between Africa and France. Marie Ndiaye's fragmented work mirrors the life stories described in it, touching on issues such as migration and the sense of belonging which lie at the heart of our contemporary human existence. She describes with unbearable, radical, and almost Kafkaesque strangeness, the suffering and psychological torture caused by the violent separations experienced by these women torn between two countries, two cultures, and two lives, who become virtually unable to connect with their own existence.

Usain Bolt broke the world 100-metre record with a time of 9.58 seconds at the World Athletics Championships in Berlin. He knocked his fellow Jamaican Asafa Powell off the top spot which he had held with a world record time of 9.74 seconds set at the IAAF Grand Prix meeting in Rieti in 2007. Bolt became the fastest man of all time and still holds this title.

In 2009, Chinese artist **Xu Zhen**, an iconic member of the new generation of young Chinese artists, founded the **MadeIn Company**, a contemporary art manufacturing business. By sublimating his artistic identity, Xu Zhen signalled his rejection of the contemporary art world focused primarily on the individual, and created his own autonomous system. Between 2009 and 2013, all of his works were attributed to the MadeIn Company, and in 2013, he turned himself into a product of the capitalist infrastructure by launching the Xu Zhen brand. As the business' CEO, he pursued his personal artistic practice, but also worked as a curator and art promoter, roles which he had carried out for some time. As a prominent player in the promotion of the Shanghai art scene, he created one of the most popular contemporary art websites in China, Art-Ba-Ba, in 2006 as a discussion space for artists, critics and curators. He also set up BizArt, a non-profit organisation run by and for emerging artists, in association with Shangart, one of the most influential galleries in China. Setting up his own business has made it possible for him to develop this type of project.

2010

On 30 May 2010, MAXXI, the National Museum of 21st Century Art opened in Rome. Anglo-Iraqi architect Zaha Hadid submitted the winning design in the architecture competition for the MAXXI construction project launched in 1998 by the Italian Ministry of Culture. This major work of architecture, with its ultramodern steel, glass and concrete building, plays with transparency and incorporates a complex array of volumes (curved walls, different floor levels). The surface area of 25,000 sqm reflects the period's vogue for gigantism. The museum is divided into two spaces, one for the visual arts (showcasing more contemporary and 20thcentury works) and the other for architecture, with a collection relating to 20th and 21st century architects (design drawings, models).

On 12 January 2010, **a magnitude 7.0 earthquake struck Haiti**. The damage was colossal: over 200,000 fatalities, thousands of injured, more than a million people left homeless, and towns like Léogâne 90% destroyed. This disaster occurred at a time when the Haitian state had just experienced a social and political crisis in 2004 and several natural disasters in 2008, including tropical storm Fay and hurricanes Gustav, Hanna and Ike. Numerous donations were made by major institutions and celebrities, and inhabitants of the United States made hundreds of thousands of micro-donations, notably by phone, to provide assistance to the people of Haiti. This new type of telephone donation campaign and extreme mediatisation of the event raised $9.9 billion in November 2010.

On 15 April 2010, an ash cloud erupted from the Eyjafjallajökull volcano in Iceland causing massive disruption to air travel worldwide for over a week. The eruption of the Eyjafjallajökull volcano in southern Iceland occurred on 20 March and triggered a significant melting of ice leading to glacial flooding and the formation of clouds, called volcanic plumes, composed of volcanic gas, ash and water vapour. As the smoke could cause major damage to aircraft jet engines, global air travel was significantly impacted. This event was the most severe restriction imposed on world air travel since America closed its airspace for several days following the 11 September attacks in 2001.

On 25 September 2010, **the 29th São Paulo Biennale** opened, just before the first round of the Brazilian presidential elections, in a highly politically-charged climate. Curators Agnaldo Farias and Moacir dos Anjos, and their international team of five curatorial assistants, brought together fifty predominantly Latin American artists in the Parque Ibirapuera. A true reflection of Latin America, the Biennale was organised around six "Terreiros", conceptual spaces designed to explore issues relating to ideas and political action. Offering an opportunity to reflect on democracy and the notion of society, the works echoed upheavals in the South American continent and the recent increase in Brazil's influence. The work *Bandeira branca* (White Flag) by Brazilian artist Nuno Ramos depicting vultures in a huge cage, conjured up the ghosts of the dictatorship still haunting the continent. After several decades of forgiveness and enforced burying of the past, Latin American society and its artists were addressing and taking ownership of these painful memories. With over one million visitors, the São Paulo Biennale once again made its mark as a major contemporary art event. In 2005–2006, São Paulo hosted another event, SP-Arte, a new international contemporary art fair founded by Fernanda Feitosa.

On 20 April 2010, the Deepwater Horizon oil platform exploded, killing 11 people, causing a fire, and creating an oil slick in the Gulf of Mexico of an estimated 780,000 million litres of oil. This unprecedented environmental disaster had huge economic and environmental repercussions: the region's ecosystems were significantly affected and 400 species of animal were endangered, including whales, dolphins, manatees, and a large number of birds.

On 14 March 2010, the retrospective ***Marina Abramović: The Artist is Present***, devoted to one of the pioneers of performance art, opened at MoMA, New York. The exhibition presented some fifty works (installations, videos, photographs, solo performances or duos with fellow artist Ulay) showcasing the career of Marina Abramović, known mainly for her performances focused around the body, often involving nudity and physical privation. In an unusual move, her historic performances were re-enacted live by other performers in order to "recreate the artist's presence". Marina Abramović also surprised visitors by presenting a new performance, *The Artist is Present*. For over three months, whenever MoMA was open to visitors, the artist sat on a chair without eating, drinking or getting up, for seven and a half hours at a stretch. Opposite her was another chair for members of the public to take turns sitting down for silent eye-to-eye interaction. This "presence" offered by the artist attracted over 750,000 people, who came to experience this "direct dialogue of energies" between the artist and visitors.

In 2010, the musician, composer and artist **Christian Marclay created *The Clock***. The artist and his assistants plumbed the history of cinema and selected 12,000 excerpts from thousands of films which all feature an indication of time (on sundials, hourglasses, pocket watches, microwave oven LED displays). They were meticulously orchestrated into a perfectly technically executed 24-hour film in which the time displayed onscreen corresponds to the actual screening time. Marclay's hypnotic, spectacular and immersive work is art about time set within the context of time. He uses sound as a link, composing music which makes the viewer a "prisoner" of sound. This experimental film is a true *memento mori* as it engages with spectators' time, inviting them to reflect on and reminding them of the luxury of time in our fast-paced, busy society. The film traces the history of cinema and is in fact a film about humanity. After an inaugural screening at White Cube in London in 2010, *The Clock* was presented in 2011 at the 54th Venice Biennale, where Marclay won the Golden Lion for this contemporary masterpiece.

Following the discovery in 1997 of the first trash vortex in the North Pacific, one third of the size of the United States and containing 750,000 pieces of plastic per square kilometre, variously referred to as "the seventh continent", "plastic soup" or the world's biggest garbage can", **a trash vortex was uncovered in the North Atlantic** in 2010 with 200,000 fragments of waste per square kilometre. In 2020, a further three vortices were identified in other oceans.

On 11 February 2010 the world lost one of its most eminent and talented designers. **Alexander McQueen committed suicide** at the age of 40, a month after his latest show, *The Bone Collector*. The designer, who worked with Gucci and Givenchy, and set up his own British fashion house in 1992, had received unanimous acclaim for his extravagant runway shows, avant-garde installations and close relationship with the performing arts. A year later, he was the focus of a retrospective entitled *Savage Beauty*, at the MET, New York. Curator Andrew Bolton assembled some 170 items of clothing and accessories designed by Alexander McQueen over the course of his 19-year career. The exhibition, which was organised around six themes (The Romantic Mind, Romantic Gothic, Romantic Nationalism, Romantic Exoticism, Romantic Primitivism and Romantic Naturalism), was opened by François-Henri Pinault, Salma Hayek, Colin Firth, Stella McCartney, and Anna Wintour. It was one of the most popular events in the museum's history, attracting over 660,000 visitors. This revolutionary fashion genius worked with some of the greatest artists (David Bowie, Lady Gaga, Vanessa Beecroft, Björk), and set his stamp on history; he "challenged and expanded the understanding of fashion beyond utility to a conceptual expression of culture, politics, and identity." (Andrew Bolton).

In October 2010 Kevin Systrom from the United States and Michel Mike Krieger from Brazil launched the **Instagram** app, a social network, photo, and live video sharing service. This application, whose name is a portmanteau word comprising *Insta* for instant camera and *gram* for telegram, was an immediate hit and had one billion active users per month by 2018. Far from merely satisfying an increasingly narcissistic world where everything is an ego trip, Instagram helps many causes to raise their profile and go viral (such as #MeToo and #blacklivesmatter), to make perceptions of beauty more diverse, and to create new businesses and careers. Instagram fosters phoneography (photos taken on mobile phones), which democratises photography, but which in the long term could lead to a form of desensitisation due to the sheer volume of images consumed. The app is an integral part of a society which focuses increasingly on images and appearance, many of which are fake, and, a decade late, the dangers posed to the mental health of young people by its popularity are now apparent .

LISTE DES ŒUVRES EXPOSÉES

Kai Althoff
Untitled [Sans titre], 2010
Huile et vernis sur tissu
95,6 × 79,4 cm ;
99,1 × 82,6 × 6,4 cm (encadré)

Francis Alÿs
The Nightwatch [La ronde de nuit], 2004
Vidéo monocanal, couleur, silencieux
Durée : 6:17 min.
Documentation vidéo d'une action, National Portrait Gallery, Londres
En collaboration avec Rafael Ortega et Artangel

John Baldessari
Two Person Saw (Orange): With Standing Person (Blue) [Scie pour deux personnes (orange) : avec personne debout (bleu)], 2004
Impression photographique numérique avec peinture acrylique montée sur planche de PVC de mousse
213,4 × 152,4 × 8,9 cm

Louise Bourgeois
Maison, 2000
Acier, verre, miroirs, tissu, perles, bois
170,2 × 144,8 × 89 cm

Louise Bourgeois
Untitled [Sans titre], 2003
Tissu tissé
101,6 × 121,9 cm

Louise Bourgeois
Mothers & Children [Mères et enfants], 2003
Aquarelle, encre et voile sur papier
20,3 × 23,8 cm

Louise Bourgeois & Tracey Emin
Looking for Mother [À la recherche de Mère], 2009-2010
Colorants d'archive imprimés sur tissu
76,2 × 61 cm

Glenn Brown
Lemon Sunshine [Soleil citron], 2001
Huile sur planche
71 × 57 cm

Spartacus Chetwynd
The Hulk [Hulk], 2004
Huile sur papier entoilé
15 × 20 cm

Spartacus Chetwynd
Bat Opera [L'opéra des chauve-souris], 2004
Huile sur papier entoilé
4 pièces, 15 × 20,5 cm chacune

Spartacus Chetwynd
Bat Opera [L'opéra des chauve-souris], 2008
Huile sur toile
2 pièces, 24 × 29 cm chacune

Phil Collins
they shoot horses [on achève bien les chevaux], 2004
Installation vidéo sur deux écrans, couleur, son
Durée : 420 min.

Abraham Cruzvillegas
Metamorfosis del cuarteto [Métamorphose du quatuor], 2005
Miroir en plexiglas, polystyrène, acier
95 × 101 × 51 cm

Edith Dekyndt
Drawing 011 Volcan – Reunion [Dessin 011 Volcan – Réunion], 2009
Terre, feu sur papier, encadré dans une boîte en plexiglas et bois
47 × 63 cm

Olafur Eliasson
Eye see you [Œil te voit], 2006
Acier inoxydable, aluminium, filtre à effet de couleur, ampoule, câble
230 × 120 × 110 cm

Isa Genzken
Orang-Utan, 2008
Animal en peluche, cheval jouet, plastique, peinture en aérosol, acrylique, métal, tissu, MDF
175 × 100 × 130 cm

Wade Guyton
Untitled [Sans titre], 2006
Jet d'encre Epson UltraChrome sur lin
216 × 175 cm

Wade Guyton
Untitled [Sans titre], 2006
Jet d'encre Epson UltraChrome sur lin
203 × 175 cm

Guyton\Walker
Untitled [Sans titre], 2009
Peinture, sérigraphie et jet d'encre numérique sur toile
175,3 × 132,1 cm

Rachel Harrison
Avatar, 2010
Bois, acrylique, jeans et impression jet d'encre pigmentée
188 × 45,7 × 48,3 cm

Mona Hatoum
Grater Divide [Division de la râpe], 2002
Acier doux
204 × 3,5 cm (largeur variable)

Thomas Hirschhorn & Marcus Steinweg
Hannah Arendt-Map [Carte-Hannah Arendt], 2003
Carton, papier, film plastique, ruban adhésif, impressions, marqueur, stylo à bille
230 × 325 cm

Damien Hirst
Love Unparalleled [Amour inégalé], 2001
Papillons et peinture laquée sur toile
255,9 × 162,8 cm

Damien Hirst
Something and Nothing [Quelque chose et rien], 2004
Verre, acier inoxydable, acier, nickel, laiton, caoutchouc, MDF peint et laqué, acrylique, squelettes de poisson, poissons et solution de formaldéhyde
205,7 × 375,9 × 121,9 cm

Sergej Jensen
Untitled [Sans titre], 2009
Tissu cousu
115 × 80 cm

Mike Kelley
Snakeskin Studloaf, 2005
Techniques mixtes
114,3 × 30,5 × 35,6 cm

Karen Kilimnik
Boy Actor – The Little Devil on Stage, Drury Lane, 1644, 2000
Huile hydrosoluble sur toile
17,6 × 12,6 cm

Karen Kilimnik
Mary Shelley Writing Frankenstein [Mary Shelley écrivant Frankenstein], 2001
Huile hydrosoluble sur toile, 50,8 × 40,6 cm

Karen Kilimnik
The Archangel Adrian [L'archange Adrian], 2003
Huile hydrosoluble sur toile
61 × 40,6 cm

Karen Kilimnik
the angel of the plague [l'ange de la peste], 2005
Huile hydrosoluble sur toile
50,8 × 40,6 cm

Michael Krebber
1 Castel Street [1, rue du Château], 2001
Acrylique sur toile
120 × 100 cm

Michael Krebber
Untitled [Sans titre], 2005
Laque sur toile
105 × 85 cm

Glenn Ligon
Stranger #23 [Etranger #23], 2006
Bâton d'huile, gesso, poussière de charbon et acrylique sur toile
243,8 × 182,9 cm

Glenn Ligon
Figure #42, 2010
Acrylique, sérigraphie et poussière de charbon sur toile
152,4 × 121,9 cm

Sarah Lucas
Fuck Destiny [Baiser le destin], 2000
Canapé-lit rouge, lumière fluorescente, ampoules, fil électrique, coffret en bois à charnière
95 × 165 × 197 cm

Sarah Lucas
The Stinker [Le puant], 2003
Chaise, collants, kapok, fil, pince, jesmonite,

cigarettes, canettes
de cola et casque
76 × 160 × 118 cm

Albert Oehlen
Schmilzender...
[Fusion...], 2002
Acrylique et huile
sur toile
280 × 200 cm

Albert Oehlen
Gezeichnete Hunde (Drawn Dogs) [Chiens dessinés], 2005
Huile sur toile
210 × 260 cm

Albert Oehlen
3 Amigos I [3 amis I],
2000/2006
Huile sur toile
280 × 230 cm

Gabriel Orozco
Untitled (from the flag series) [Sans titre (de la série des drapeaux)],
2003
Acrylique, techniques mixtes sur carton
35 × 73 cm

Damian Ortega
Materia en Reposo II (Brasil) [Matière au repos II (Brésil)], 2004
20 C-prints
27,9 × 35,6 cm chacune

Raymond Pettibon
No Title (So many urgent...) [Sans titre (Tellement urgent...)],
2000
Plume et encre
sur papier
76,2 × 55,9 cm

Raymond Pettibon
No Title (Marie, Cassandre, and)
[Sans titre (Marie, Cassandre, et)], 2000
Plume et encre
sur papier
28,3 × 38,1 cm

Raymond Pettibon
No Title (Don't you know) [Sans titre (Ne savez vous pas)], 2001
Plume et encre
sur papier
33 × 25,4 cm

Raymond Pettibon
No Title (Supply not only) [Sans titre (Fournir non seulement)], 2001
Plume et encre
sur papier
38,1 × 33,7 cm

Raymond Pettibon
No Title (She was musical) [Sans titre (Elle était musicale)], 2001
Plume et encre
sur papier
41,6 × 35,6 cm

Raymond Pettibon
No Title (Not Bazooka Joe) [Sans titre (Pas Bazooka Joe)], 2003
Plume et encre
sur papier
57,2 × 71,1 cm

Raymond Pettibon
No Title (I have toed),
2006
Plume et encre
sur papier
127 × 96,5 cm

Sigmar Polke
Untitled [Sans titre],
2007
Technique mixte
sur tissu
4 pièces, 240 × 200 cm chacune

Ken Price
Lazo, 2006
Acrylique sur terre cuite
47 × 53 × 36 cm

Walid Raad / The Atlas Group
Civilizationally We Do Not Dig Holes to Bury Ourselves
[Civilisationnellement nous ne creusons pas de trous pour nous enterrer], 1958/2003
24 impressions numériques en noir et blanc, 28 × 21,5 cm chacune (encadré)
Édition de 7 + 1 AP; 3/7

Gerhard Richter
Abstract Painting
[Peinture abstraite],
2000
Huile sur toile
147 × 102 cm

Ugo Rondinone
sunrise. west. october
[aube. ouest. octobre],
2004
Aluminium coulé
96 × 71,5 × 31,5 cm

Edward Ruscha
Erupt Pure, Open Book
[Eruption pure, livre ouvert], 2002
Acrylique et encre
sur lin
50,8 × 61 cm

Thomas Schütte
Green Head [Tête verte], 2006
Céramique émaillée,
acier
64 × 50 × 32 cm

Thomas Schütte
12 Portraits, 2009
Point sec, demi-ton et carborundum imprimé sur un fond coloré
90 × 70 cm

Cindy Sherman
Untitled #419
[Sans titre #419], 2004
C-print
167,6 × 124,5 cm

Josh Smith
Untitled [Sans titre],
2004
Huile sur toile
152 × 122 cm

Josh Smith
Untitled [Sans titre],
2007
Huile sur toile
153 × 122 cm

Wolfgang Tillmans
Installation Summer 2000 [Installation été 2000], 2000
Installation de 22 impressions chromogènes, une impression jet d'encre sur papier, clips
Dimensions variables

Wolfgang Tillmans
Einzelganger III [Loup Solitaire III], 2003
C-print
237 × 181 cm

Rirkrit Tiravanija
Untitled (only two cups of rice) [Sans titre (seulement deux tasses de riz)], 2006
Piédestal en acier inoxydable poli, deux tasses de riz argenté et deux tasses en verre
98 × 30 × 30 cm

Rosemarie Trockel
Zum schwarzen Ferkel 3
[Vers le porcelet noir 3],
2006
Céramique, platine émaillée
198 × 110 × 6 cm

Kelley Walker
Untitled [Sans titre],
2008
Sérigraphie à processus en quatre couleurs sur toile avec The Chief; le vendredi 18 juillet 2008
213,4 × 165,1 cm

Kelley Walker
Untitled [Sans titre],
2011-2012
Pantone et sérigraphie quadrichromie à l'encre acrylique sur MDF, composée d'une suite de 195 panneaux
166 panneaux :
40,64 × 46,64 cm ;
29 panneaux :
60,96 × 60,96 cm
Dimensions générales variable

Jeff Wall
Dressing Poultry
[Préparer la volaille],
2007
Boîte lumineuse transparente
201,5 × 252 × 26 cm

Rebecca Warren
CC, 2007
Bronze
120 × 40 × 35 cm

Rebecca Warren
Fascia, 2009
Bronze sur socle
en MDF peint
Bronze : 142 × 29 × 51 cm ;
socle : 50 × 35 × 35 cm

Franz West
Appartement, 2001
Technique mixte, installation, 3 pièces
Pièce 1 : 60 × 95 × 90 cm, 84 × 95 × 162 cm ; pièce 2 : 40 × 81 × 240 cm ; pièce 3 : 140 × 100 cm

Franz West
Untitled [Sans titre],
2003
Papier mâché, métal, laque, acrylique, carton
80 × 63 × 87 cm

Franz West
Sitzskulptur [Sculpture de siège], 2004
Aluminium enduit
de poudre
57 × 155 × 131 cm

Christopher Wool
Untitled [Sans titre],
2007
Encre de sérigraphie
sur papier
182,9 × 140,3 cm

Christopher Wool
Untitled [Sans titre],
2008
Émail sur toile de lin
269,2 × 243,8 cm

Christopher Wool
Untitled [Sans titre],
2009
Encre de sérigraphie
sur papier
243,8 × 269,2 cm

LIST OF EXHIBITED WORKS

Kai Althoff
Untitled, 2010
Oil and varnish on fabric
95.6 × 79.4 cm; 99.1 × 82.6 × 6.4 cm (framed)

Francis Alÿs
The Nightwatch, 2004
Single channel video, colour, silent
Length: 6:17 min.
Video documentation of an action, National Portrait Gallery, London
In collaboration with Rafael Ortega and Artangel

John Baldessari
Two Person Saw (Orange): With Standing Person (Blue), 2004
Digital photographic print with acrylic paint mounted on PVC foamboard
213.4 × 152.4 × 8.9 cm

Louise Bourgeois
Maison [House], 2000
Steel, glass, mirrors, fabric, beads, wood
170.2 × 144.8 × 89 cm

Louise Bourgeois
Untitled, 2003
Woven fabric
101.6 × 121.9 cm

Louise Bourgeois
Mothers & Children, 2003
Watercolour, ink and whiteout on paper
20.3 × 23.8 cm

Louise Bourgeois & Tracey Emin
Looking for Mother, 2009–2010
Archival dyes printed on cloth
76.2 × 61 cm

Glenn Brown
Lemon Sunshine, 2001
Oil on board
71 × 57 cm

Spartacus Chetwynd
The Hulk, 2004
Oil on canvas paper
15 × 20 cm

Spartacus Chetwynd
Bat Opera, 2004
Oil on canvas paper
4 parts, 15 × 20, 5 cm each

Spartacus Chetwynd
Bat Opera, 2008
Oil on canvas
2 parts, 24 × 29 cm each

Phil Collins
they shoot horses, 2004
Two-channel synchronised video installation, colour, sound
Length: 420 min.

Abraham Cruzvillegas
Metamorfosis del cuarteto [Quartet Metamorphosis], 2005
Plexiglas mirror, styrofoam and steel
95 × 101 × 51 cm

Edith Dekyndt
Drawing 011 Volcan – Reunion, 2009
Earth, fire on paper, framed in a plexiglas box and wood
47 × 63 cm

Olafur Eliasson
Eye see you, 2006
Stainless steel, aluminium, colour-effect filter, bulb, cable
230 × 120 × 110 cm

Isa Genzken
Orang-Utan, 2008
Stuffed animal, toy horse, plastic, spray paint, acrylic, metal, fabric, MDF
175 × 100 × 130 cm

Wade Guyton
Untitled, 2006
Epson UltraChrome inkjet on linen
216 × 175 cm

Wade Guyton
Untitled, 2006
Epson UltraChrome inkjet on linen
203 × 175 cm

Guyton\Walker
Untitled, 2009
Paint, silkscreen and digital inkjet print on canvas
175.3 × 132.1 cm

Rachel Harrison
Avatar, 2010
Wood, acrylic, jeans and pigmented inkjet print
188 × 45.7 × 48.3 cm

Mona Hatoum
Grater Divide, 2002
Mild steel
204 × 3.5 cm (variable width)

Thomas Hirschhorn & Marcus Steinweg
Hannah Arendt-Map, 2003
Cardboard, paper, plastic foil, tape, prints, marker, ballpoint pen
230 × 325 cm

Damien Hirst
Love Unparalleled, 2001
Butterflies and household gloss on canvas
255.9 × 162.8 cm

Damien Hirst
Something and Nothing, 2004
Glass, stainless steel, steel, nickel, brass, rubber, painted and lacquered MDF, acrylic, fish skeletons, fish and formaldehyde solution
205.7 × 375.9 × 121.9 cm

Sergej Jensen
Untitled, 2009
Sewn fabric
115 × 80 cm

Mike Kelley
Snakeskin Studloaf, 2005
Mixed media
114.3 × 30.5 × 35.6 cm

Karen Kilimnik
Boy Actor – The Little Devil on Stage, Drury Lane, 1644, 2000
Water soluble oil colour on canvas
17.6 × 12.6 cm

Karen Kilimnik
Mary Shelley Writing Frankenstein, 2001
Water soluble oil colour on canvas
50.8 × 40.6 cm

Karen Kilimnik
The Archangel Adrian, 2003
Water soluble oil colour on canvas
61 × 40.6 cm

Karen Kilimnik
the angel of the plague, 2005
Water soluble oil colour on canvas
50.8 × 40.6 cm

Michael Krebber
1 Castel Street, 2001
Acrylic on canvas
120 × 100 cm

Michael Krebber
Untitled, 2005
Lacquer on canvas
105 × 85 cm

Glenn Ligon
Stranger #23, 2006
Oil stick, gesso, coal dust and acrylic on canvas
243.8 × 182.9 cm

Glenn Ligon
Figure #42, 2010
Acrylic, silkscreen and coal dust on canvas
152.4 × 121.9 cm

Sarah Lucas
Fuck Destiny, 2000
Red sofa bed, fluorescent light, bulbs, electrical wire, hinged wooden box
95 × 165 × 197 cm

Sarah Lucas
The Stinker, 2003
Chair, tights, kapok, wire, clamp, jesmonite, cigarettes, cola cans and helmet
76 × 160 × 118 cm

Albert Oehlen
Schmilzender... [Melting...], 2002
Acrylic and oil on canvas
280 × 200 cm

Albert Oehlen
Gezeichnete Hunde (Drawn Dogs), 2005
Oil on canvas
210 × 260 cm

Albert Oehlen
3 Amigos I [3 Friends I], 2000/2006
Oil on canvas
280 × 230 cm

Gabriel Orozco
Untitled (from the flag series), 2003
Acrylic, mixed media on cardboard
35 × 73 cm

Damian Ortega
Materia en Reposo II (Brasil) [Matter at Rest II (Brasil)], 2004
20 C-prints
27.9 × 35.6 cm each

Raymond Pettibon
No Title (So many urgent...), 2000

Pen and ink on paper
76.2 × 55.9 cm

Raymond Pettibon
No Title (Marie, Cassandre, and), 2000
Pen and ink on paper
28.3 × 38.1 cm

Raymond Pettibon
No Title (Don't you know), 2001
Pen and ink on paper
33 × 25.4 cm

Raymond Pettibon
No Title (Supply not only), 2001
Pen and ink on paper
38.1 × 33.7 cm

Raymond Pettibon
No Title (She was musical), 2001
Pen and ink on paper
41.6 × 35.6 cm

Raymond Pettibon
No Title (Not Bazooka Joe), 2003
Pen and ink on paper
57.2 × 71.1 cm

Raymond Pettibon
No Title (I have toed), 2006
Pen and ink on paper
127 × 96.5 cm

Sigmar Polke
Untitled, 2007
Mixed media on fabric
4 parts, 240 × 200 cm each

Ken Price
Lazo, 2006
Acrylic on fired clay
47 × 53 × 36 cm

Walid Raad / The Atlas Group
Civilizationally We Do Not Dig Holes to Bury Ourselves, 1958/2003
24 digital black and white prints
28 × 21.5 cm each (framed)
Edition of 7 + 1 AP; 3/7

Gerhard Richter
Abstract Painting, 2000
Oil on canvas
147 × 102 cm

Ugo Rondinone
sunrise. west. october, 2004
Cast aluminium
72 × 98 × 32 cm

Edward Ruscha
Erupt Pure, Open Book, 2002
Acrylic and ink on linen
50.8 × 61 cm

Thomas Schütte
Green Head, 2006
Glazed ceramic, steel
64 × 50 × 32 cm

Thomas Schütte
12 Portraits, 2009
Drypoint, half-tone and carborundum printed on coloured ground
90 × 70 cm

Cindy Sherman
Untitled #419, 2004
C-print
167.6 × 124.5 cm

Josh Smith
Untitled, 2004
Oil on canvas
152 × 122 cm

Josh Smith
Untitled, 2007
Oil on canvas
153 × 122 cm

Wolfgang Tillmans
Installation Summer 2000, 2000
Installation of 22 chromogenic prints, one inkjet print on paper, clips
Dimensions variable

Wolfgang Tillmans
Einzelganger III, 2003
C-print
237 × 181 cm

Rirkrit Tiravanija
Untitled (only two cups of rice), 2006
Polished stainless steel pedestal, two cups of silver rice and two glass cups
98 × 30 × 30 cm

Rosemarie Trockel
Zum schwarzen Ferkel 3, 2006
Ceramic, glazed platinum
198 × 110 × 6 cm

Kelley Walker
Untitled, 2008
Four-colour process silkscreen on canvas with The Chief; Friday, July 18, 2008
213.4 × 165.1 cm

Kelley Walker
Untitled, 2011–2012
Pantone and four-colour process silkscreen with acrylic ink on MDF, composed of a suite of 195 panels
166 panels: 40.64 × 46.64 cm; 29 panels: 60.96 × 60.96 cm
Overall dimensions variable

Jeff Wall
Dressing Poultry, 2007
Transparency in light-box
201.5 × 252 × 26 cm

Rebecca Warren
CC, 2007
Bronze
120 × 40 × 35 cm

Rebecca Warren
Fascia, 2009
Bronze on painted MDF plinth
Bronze: 142 × 29 × 51 cm; plinth: 50 × 35 × 35 cm

Franz West
Appartement, 2001
Mixed media, installation, 3 pieces
part I: 60 × 95 × 90 cm, 84 × 95 × 162 cm; part II: 40 × 81 × 240 cm; part III: 140 × 100 cm

Franz West
Untitled, 2003
Papier-mâché, metal, lacquer, acrylic, cardboard
80 × 63 × 87 cm

Franz West
Sitzskulptur, 2004
Powder coated aluminium
57 × 155 × 131 cm

Christopher Wool
Untitled, 2007
Silkscreen ink on paper
182.9 × 140.3 cm

Christopher Wool
Untitled, 2008
Enamel on linen
269.2 × 243.8 cm

Christopher Wool
Untitled, 2009
Silkscreen ink on linen
243.8 × 269.2 cm

CRÉDITS DES IMAGES / IMAGE CREDITS

Kai Althoff ***Untitled***, 2010 © Kai Althoff. Courtesy the artist and Gladstone Gallery, New York and Brussels | **Francis Alÿs** ***The Nightwatch***, 2004 © Francis Alÿs; Courtesy of the Artist | **John Baldessari** ***Two Person Saw (Orange): With Standing Person (Blue)***, 2004 © John Baldessari, Courtesy The Estate of John Baldessari | **Louise Bourgeois** ***Maison***, 2000 © The Easton Foundation / Adagp, Paris 2020 | **Louise Bourgeois** ***Mothers & Children***, 2003 © The Easton Foundation / Adagp, Paris 2020 | **Glenn Brown** ***Lemon Sunshine***, 2001 Photo: Glenn Brown Studio | **Spartacus Chetwynd** ***Bat Opera***, 2004 © Monster Chetwynd, courtesy Sadie Coles HQ, London | **Spartacus Chetwynd** ***Bat Opera***, 2008 © Monster Chetwynd, courtesy Sadie Coles HQ, London | **Phil Collins** ***they shoot horses***, 2004 Courtesy Shady Lane Productions, Berlin | **Abraham Cruzvillegas** ***Metamorfosis del cuarteto***, 2005 Courtesy of the artist and kurimanzutto, Mexico/New York | **Edith Dekyndt** ***Drawing 011 Volcan – Reunion***, 2009 © Edith Dekyndt and Konrad Fischer Galerie | **Isa Genzken** ***Orang-Utan***, 2008 Courtesy Galerie Buchholz, Berlin/Cologne/New York © Adagp, Paris 2020 | **Wade Guyton** ***Untitled***, 2006 © Wade Guyton | **Wade Guyton** ***Untitled***, 2006 © Wade Guyton | **Guyton\Walker** ***Untitled***, 2009 © Guyton\Walker | **Rachel Harrison** ***Avatar***, 2010 Photo: John Berens © Rachel Harrison Courtesy the artist and Greene Naftali, New York | **Mona Hatoum** ***Grater Divide***, 2002 © Mona Hatoum. All rights reserved, DACS 2020. Photo © Iain Dickens. Courtesy White Cube | **Thomas Hirschhorn & Marcus Steinweg** ***Hannah Arendt-Map***, 2003 © Thomas Hirschhorn / Adagp, Paris, Courtesy the artist and Stephen Friedman Gallery, London | **Damien Hirst** ***Love Unparalleled***, 2001 © Damien Hirst and Science Ltd. All rights reserved, DACS / Adagp, Paris, 2020 | **Damien Hirst** ***Something and Nothing***, 2004 © Damien Hirst and Science Ltd. All rights reserved, DACS / Adagp, Paris, 2020 | **Sergej Jensen** ***Untitled***, 2009 Courtesy of the artist, Galerie Neu, Berlin and Cranford Collection | **Mike Kelley** ***Snakeskin Studloaf***, 2005 © Adagp, Paris, 2020 | **Karen Kilimnik** ***Mary Shelley Writing Frankenstein***, 2001 © Karen Kilimnik, courtesy 303 Gallery, New York | **Karen Kilimnik** ***The Archangel Adrian***, 2003 © Karen Kilimnik, courtesy 303 Gallery, New York | **Karen Kilimnik** ***the angel of the plague***, 2005 © Karen Kilimnik, courtesy 303 Gallery, New York | **Michael Krebber** ***1 Castel Street***, 2001 © Michael Krebber Courtesy the artist and Greene Naftali, New York | **Glenn Ligon** ***Stranger #23***, 2006 © Glenn Ligon; Courtesy of the artist, Hauser & Wirth, New York, Regen Projects, Los Angeles, Thomas Dane Gallery, London and Chantal Crousel, Paris | **Glenn Ligon** ***Figure #42***, 2010 © Glenn Ligon; Courtesy of the artist, Hauser & Wirth, New York, Regen Projects, Los Angeles, Thomas Dane Gallery, London and Chantal Crousel, Paris | **Sarah Lucas** ***Fuck Destiny***, 2000 © Sarah Lucas, courtesy Sadie Coles HQ, London and Gladstone Gallery, New York | **Albert Oehlen** ***Schmilzender...***, 2002 © Adagp, Paris, 2020 | **Albert Oehlen** ***Gezeichnete Hunde (Drawn Dogs)***, 2005 © Adagp, Paris, 2020 | **Damian Ortega** ***Materia en Reposo II***, 2004 Courtesy of the artist and kurimanzutto, Mexico/New York | **Raymond Pettibon** ***No Title (So many urgent...)***, 2000 © Raymond Pettibon, Courtesy Regen Projects, Los Angeles | **Raymond Pettibon** ***No Title (Marie, Cassandre, and)***, 2000 © Raymond Pettibon, Courtesy Regen Projects, Los Angeles | **Raymond Pettibon** ***No Title (Don't you know)***, 2001 © Raymond Pettibon, Courtesy Regen Projects, Los Angeles | **Raymond Pettibon** ***No Title (She was musical)***, 2001 © Raymond Pettibon, Courtesy Regen Projects, Los Angeles | **Sigmar Polke** ***Untitled***, 2007 © The Estate of Sigmar Polke, Cologne / Adagp, Paris, 2020 | **Ken Price** ***Lazo***, 2006 © Estate of Ken Price, Courtesy Matthew Marks Gallery | **Walid Raad / The Atlas Group** ***Civilizationally We Do Not Dig Holes to Bury Ourselves***, 1958/9-2003 © Walid Raad. Courtesy Paula Cooper Gallery, New York | **Gerhard Richter** ***Abstract Painting***, 2000 © Gerhard Richter 2020 | **Ugo Rondinone** ***sunrise. west. october***, 2004 © Ugo Rondinone. Courtesy the artist and Gladstone Gallery, New York and Brussels | **Thomas Schütte** ***12 Portraits***, 2009 Courtesy of the artist and carlier | gebauer, Berlin/Madrid © Adagp, Paris, 2020 | **Cindy Sherman** ***Untitled #419***, 2004 Courtesy of the artist; Metro Pictures, New York; and Sprüth Magers | **Josh Smith** ***Untitled***, 2004 © Josh Smith, Courtesy the artist and David Zwirner | **Wolfgang Tillmans** ***Installation Summer 2000***, 2000 © Wolfgang Tillmans, courtesy Maureen Paley | **Wolfgang Tillmans** ***Einzelganger III***, 2003 © Wolfgang Tillmans, courtesy Maureen Paley | **Rirkrit Tiravanija** ***Untitled (only two cups of rice)***, 2006 Courtesy of the artist and kurimanzutto, Mexico/New York | **Rosemarie Trockel** ***Zum schwarzen Ferkel 3***, 2006 © Rosemarie Trockel and ADAGP, 2020 | **Kelley Walker** ***Untitled***, 2008 © Kelley Walker. Courtesy Paula Cooper Gallery, New York | **Kelley Walker** ***Untitled***, 2011-2012 © Kelley Walker. Courtesy Paula Cooper Gallery, New York | **Jeff Wall** ***Dressing Poultry***, 2007 © Jeff Wall. Courtesy White Cube | **Rebecca Warren** ***CC***, 2007 © Rebecca Warren, courtesy Maureen Paley, Matthew Marks Gallery and Galerie Max Hetzler | **Franz West** ***Untitled***, 2003 © Archiv Franz West, Estate Franz West Courtesy Cranford Collection | **Christopher Wool** ***Untitled***, 2008 © Christopher Wool; courtesy of the artist and Luhring Augustine, New York | **Christopher Wool** ***Untitled***, 2009 © Christopher Wool; courtesy of the artist and Luhring Augustine, New York.

Ce catalogue est publié à l'occasion
de l'exposition

00s
Collection Cranford :
les années 2000

MO.CO. Hôtel des collections
24 octobre 2020 – 31 janvier 2021

Sous la direction artistique de
Nicolas Bourriaud
Directeur général, MO.CO.

Commissariat :
Vincent Honoré
Directeur des expositions, MO.CO.
Victor Secretan
Senior curator, MO.CO.
Anya Harrison
Curator, MO.CO.

Chargée de projet :
Rahmouna Boutayeb, MO.CO.

Assisté·e·s de :
Justine Vic

Scénographie :
Marie Corbin
Graphisme :
Benoît Cannaferina

EPCC MO.CO. bénéficie du soutien de la Ville de Montpellier, de Montpellier Métropole Méditerranée et de la Direction Régionale des Affaires Culturelles Occitanie

Montpellier Contemporain (MO.CO.) fonctionne comme un écosystème artistique réunissant une école d'art et deux lieux d'exposition : MO.CO. ESBA (Ecole Supérieure des Beaux-Arts de Montpellier), MO.CO. Panacée (centre d'art contemporain) et depuis juin 2019, MO.CO. Hôtel des collections, espace dédié à l'exposition de collections du monde entier, publiques ou privées.

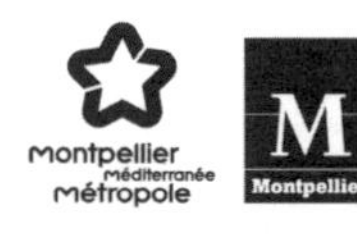

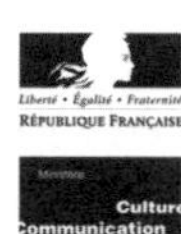

MO.CO.MONTPELLIER
CONTEMPORAIN

MO.CO. Montpellier Contemporain
Directeur général :
Nicolas Bourriaud
Directeur des expositions :
Vincent Honoré
Directeur de MO.CO. ESBA – Ecole supérieure des Beaux-Arts :
Yann Mazéas
Directeur ressources :
Julien Fournel
Coordination générale et développement des partenariats :
Delphine Goutes
Équipe curatoriale :
Caroline Chabrand, Pauline Faure, Anya Harrison, Anna Kerekes, Victor Secretan
Chargée de projet :
Rahmouna Boutayeb
Chargée de mission sur les collections :
Gwendoline Corthier-Hardoin
Administration :
Marc Choinard, Françoise Tilly
Ressources humaines :
Géraldine Siedel
Communications :
Margaux Strazzeri, Sémiha Cebti, Adeline Touraut, Chloé Mellet
Régie technique :
Pierre Bellemin, Maurice Schmitt, Jean-Adrien Arzilier, Christophe Blanc, Patricia Gloria, Thomas Bertetti
Montage :
Frédéric Brisset, Luc Castanie, Amandine Contat, Pierre-Guilhem Coste, Christophe Dansard, Eric Dupin, Bruno Ferrier, Marie Havel, Anouk Lepeigneul, Reno Leplat Torti, Marion Lisch, Marilou Martinez, Karine Secretan, Thomas Pelet, Clément Philippe
Public et médiation :
Stéphanie Delpeuch, Fanny Berquière, Charlotte Winling, Pascale Battistelli, Corinne Gèrent, Emeline Sivadier
Les médiateur·ice·s :
Julie Chazard, Fabien Garcin, Audrey Martin, Aurore Murcia-Maquenhen, Philippe Pancrace, Marie-Cécile Perez, Clément Philippe, Lucile Ramirez-Thiers

Remerciements
Muriel et Freddy Salem

Anne Pontegnie
Amy Berg

Remerciements de Muriel et Freddy Salem :

A nos enfants Mark, Caline, Philip et Lawrence, ainsi qu'a leurs conjoints Melody et Marcos, et à nos petits-enfants. Aux équipes du MO.CO. et de Cranford : Anne Pontegnie, le professeur Andrew Renton, Lisa Slominski et Amy Berg. Et aux innombrables artistes, galeries et personnes qui nous ont aidés à construire la collection au cours des vingt dernières années.

This catalogue is published on
the occasion of the exhibition

00s
Cranford Collection: the 2000s

MO.CO. Hôtel des collections
24 October 2020 – 31 January 2021

Under the artistic direction of
Nicolas Bourriaud
Chief Executive Officer, MO.CO.

Curators:
Vincent Honoré
Head of Exhibitions, MO.CO.
Victor Secretan
Senior Curator, MO.CO.
Anya Harrison
Curator, MO.CO.

Project Manager:
Rahmouna Boutayeb, MO.CO.

Assisted by
Justine Vic

Exhibition Design:
Marie Corbin
Graphic Design:
Benoît Cannaferina

EPCC MO.CO. is supported by the Ville de Montpellier, Montpellier Métropole Méditerranée and the Direction Régionale des Affaires Culturelles Occitanie

Montpellier Contemporain (MO.CO.) is an artistic ecosystem, ranging from practical training through to academic research. The model encompasses an arts school and two exhibition centres: MO.CO. ESBA (Montpellier Art School), MO.CO. Panacée (Contemporary Arts Centre) and, since June 2019, MO.CO. Hôtel des collections, an exhibition centre dedicated to public and private international collections.

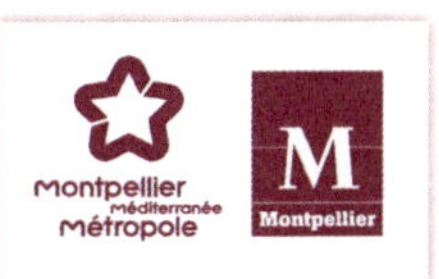

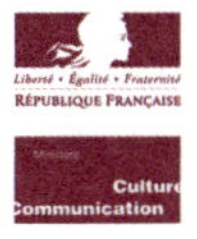

MO.CO.MONTPELLIER CONTEMPORAIN

MO.CO. Montpellier Contemporain
Chief Executive Officer:
Nicolas Bourriaud
Administrative Director:
Julien Fournel
Head of Exhibitions:
Vincent Honoré
General Coordination and Partnerships:
Delphine Goutes
Curatorial Team:
Caroline Chabrand, Pauline Faure, Anya Harrison, Anna Kerekes, Victor Secretan
Project Manager:
Rahmouna Boutayeb
Collections Project Manager:
Gwendoline Corthier-Hardoin
Administration:
Marc Choinard, Françoise Tilly
Human Resources:
Géraldine Siedel
Communications:
Margaux Strazzeri, Sémiha Cebti, Adeline Touraut, Chloé Mellet
Technical Management Team:
Pierre Bellemin, Maurice Schmitt, Jean-Adrien Arzilier, Christophe Blanc, Patricia Gloria, Thomas Bertetti
Installation Team:
Frédéric Brisset, Luc Castanié, Amandine Contat, Pierre-Guilhem Coste, Christophe Dansard, Eric Dupin, Bruno Ferrier, Marie Havel, Anouk Lepeigneul, Reno Leplat-Torti, Marion Lisch, Marilou Martinez, Karine Secretant, Thomas Pellet, Clément Philippe
Education Department:
Stéphanie Delpeuch, Fanny Berquière, Charlotte Winling, Pascale Battistelli, Corinne Gèrent, Emeline Sivadier
Gallery Guides:
Julie Chazard, Fabien Garcin, Audrey Martin, Aurore Murcia-Maquenhen, Philippe Pancrace, Marie-Cécile Perez, Clément Philippe, Lucile Ramirez-Thiers

Remerciements
Muriel et Freddy Salem

Anne Pontegnie
Amy Berg

Muriel and Freddy Salem would like to thank:

Our children Mark, Caline, Philip and Lawrence together with their partners Melody and Marcos, and our grandchildren. The teams at MO.CO. and Cranford: Anne Pontegnie, Professor Andrew Renton, Lisa Slominski and Amy Berg. And the countless artists, galleries and persons that helped us build the collection over the last twenty years.

Catalogue

Coordination éditoriale / Editorial Coordination: Anya Harrison
Assisté·e de / Assisted by: Justine Vic

Création graphique et mise en page / Graphic Design: Sara De Bondt
Assisté·e de / Assisted by: Sarah Horn

Traductions / Translations:
Denyse Beaulieu, Maxime Brousse, CG Traductions, Daniel Lühmann

Relecture / Proofreading:
Pauline Faure, Anya Harrison, Stéphanie Quillon, Justine Vic

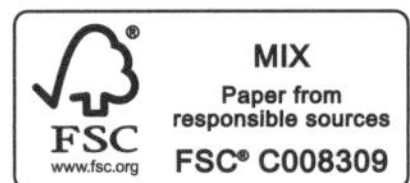

En couverture
Isa Genzken
Orang-Utan, 2008

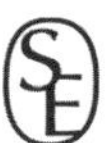

Silvana Editoriale

Direction éditoriale / Direction
Dario Cimorelli

Directeur artistique / Art Director
Giacomo Merli

Coordination d'édition / Editorial Coordinators
Sergio Di Stefano, Chiara Golasseni

Rédaction / Copy Editor
Carlotta Santuccio

Organisation / Production Coordinator
Antonio Micelli

Secrétaire de rédaction / Editorial Assistant
Giulia Mercanti

Iconographie / Photo Editors
Alessandra Olivari, Silvia Sala

Bureau de presse / Press Office
Lidia Masolini, press@silvanaeditoriale.it

ISBN 9788836645916

Dépôt legal / Legal Deposit
Octobre 2020

Silvana Editoriale S.p.A.
via dei Lavoratori, 78
20092 Cinisello Balsamo, Milano
tél. + 39 02 453 951 01
fax + 39 02 453 951 51
www.silvanaeditoriale.it

Les reproductions, l'impression et la reliure ont été réalisées en Italie
Achevé d'imprimer en 2020 /
Reproductions, printing and binding in Italy in 2020